JN272572

意識の人間学

林 信弘

人文書院

序文

いきなり変なことを言うようだが、単に意識とは何かと問わないことにしよう。たしかにそう問うこともできるが、しかしそれではあまりにも漠然としていてとりとめがなく、結局は網羅的だが、単なる教科書的な概説に終わってしまうのが落ちであろう。そこで問いをより明確にするために、非実体性の意識とは何か、そう問うことにしよう。もとよりこの問いへの応答は容易ではない。それはわかっている。わかりすぎるほどわかっている。それでもやはり何としても応答しなければならない。なぜならこの問いに応答することこそが取りも直さず真の意識の解明につながるからである。

しかしそれにしても非実体性の意識とは何か。非実体性の意識とは我々が限りなく深い底無き底に開かれてあるということの意識である。我々の知情意の届かないところ、我々の知情意では如何ともなしがたいところにおいて我々はあるのだということ、いや単に我々のみならず、自然も宇宙も、神も仏も、およそいかなるものにも実体がなく、すべては底無き底としての絶対の無においてあるのだということの意識である。つまり非実体性の意識とは絶対の無の意識の別名なのである。しかもこの無の意識は無が無自身を意識することだから、これを無の自覚と言ってもまったく同じことである。あるいはこの「無の自覚」の自覚それ自体もまた無なので、これを端的に無と言ってもよいし、さらにまたこの無は無で、有無を絶対的に超えた無なので、これを絶対無と呼ぶこともできるのである。

しかしそれならば、いったいどうすればこの非実体性の意識に達することができるのか。それには、何にもまして坐る省察、坐る瞑想、坐るメディテーションとしての坐禅の徹底的遂行が必要である。ものの非実体性を暴き出す意識訓練法としての坐禅の徹底的遂行が必要である。もちろん坐禅でなくとも、一向にかまわない。肝心なことは、ものの非実体性を徹底的に暴き出すことであり、そのことが可能であるならば、何でもかまわない。立とうが、歩こうが、跪こうが、踊ろうが、何でもかまわない。だがそうは言うものの、やはり筆者自身としては、坐禅が一番自然で、最適だと思っている。

そしてその坐禅により非実体性の意識に達し、これに徹するならば、自ずからそのときには、いわゆる論理学で言う「自同律（同一律）」が転倒される。一般に「私は私である」として定式化される自同律が転倒される。自同律が転倒され、「私は私ではない、ゆえに私は私である」として定式化される。あるいはこれを宗教哲学者・上田閑照の定式化に従って、「私は、私ならずして、私」と言ってもいい。換言すれば、私はいったん私から離脱し、絶対の無に滅しつつ、そこからあらためて私に還ってきて私ということである。徹底した自己否定を通った自己肯定である。しかもこの「自己否定を通った自己肯定」は時間的な間を置くことなく、同時相即的に遂行される。「自己否定即自己肯定」なのである。筆者はこれを「無的自己限定」と呼んでいる。あるいは「色即是空、空即是色」というあの有名な仏教的定式化に倣って言えば、「我即是無、無即是我」である。簡潔に言えば、要するに無我ということである。

それゆえ我々が何を感じ、考え、為していようと、何も感じ、考え、為していないのである。そしてそうであるがゆえに、さまざまなことを感じ、考え、為しているのである。それが無的自己限定においてあるということである。

そしてそうであるがゆえに、非実体性の意識は、その根底において、すべてをあるがままに受け入れる。我々めあっていようと、たとえそれがどれほど醜悪な利己心であろうと、そうしたことにかかわりなく、あるがままに受け入れる。絶対に受け入れないがゆえに、絶対に受け入れるのである。

このことは「もの」にとらわれないことを意味している。「もの」にとらわれることは「もの」に怯えることである。「もの」をあるがままに受け入れ、とらわれることがなければ、「もの」に怯えることはない。それゆえ金にとらわれることは金に怯えることであり、権力にとらわれることは権力に怯えることであり、名誉にとらわれることは名誉に怯えることである。身体にとらわれることは身体に怯えることであり、心にとらわれることは心に怯えることである。生にとらわれることは生に怯えることであり、死にとらわれることは死に怯えることである。非実体性の意識すら、それにとらわれれば、それに怯えることになる。だからこそ仏教は何ものにもとらわれるなと説くのである。もとより凡夫の我々にそれはとても適わぬことである。しかし適わないながらも、適うように努めることはできるし、また努めなければならないのである。

しかしそれでは、あるがままに受け入れたうえで、そのうえでいったい非実体性の意識は我々をして、いかなるあり方においてあらしめるのか。これについては「無的相互限定」においてあらしめると答えよう。では無的相互限定においてあらしめるとはどういうことか。それは我々が何を感じ、考え、為していようと、つねに合一しながら分離し、分離しながら合一しているということである。我々がどのような自他関係においてあろうとも、つねに「合一即分離、分離即合一」においてあるということである。つまり一方では、自他一元、自他合一、他者のなかに私が生き、私のなかに他者が生きながら、しかも同時に他方では、自他二元、自他分離、他者が他者として生き、私が私として生きることである。あるいは別な言い方をすれば、他者は他者であって私ではなく、私もまた私であって他者ではなく、しかも同時に他者は私を通して他者であり、私もまた他者を通して私であるということである。要するに、自他一元的であって同時に自他二元的であり、自他二元的であって同時に自他一元的だということである。しかも我々はこの無的相互限定の外に絶対に出られないのである。

しかし単に外に出られないと言うだけでは、ああそうですかで、それでどうなるわけのものでもない。問題は、その外に出られない無的相互限定のなかで、いったいどうすればよいのかということである。

非実体性の意識は無の愛を志向する。つまり無的相互限定のなかで、可能なかぎり利己心を浄化しつつ、我も生かし他も生かそうとするということである。互いが互いに自立的に生きるよう促すということである。仏教で言う「自利利他」である。それは困難な道、現在の人類の発展段階においては絶望的と言ってもよい道だけれども、それでもやはりその道を歩まねばならない。さもなければ、我々はいつまでも互いに傷つけあい、苦しめあい続けるほかないであろう。

しかしそれにしても、ここにこそまさに非実体性の意識の根源的矛盾がある。なぜなら我々が互いに傷つけあい、苦しめあうような利己心を生み出したのはほかならぬ非実体性の意識自身でありながら、その当の非実体性の意識自身が他方ではその利己心を浄化しようとするからである。それは解き難い矛盾である。抜き差しならぬ矛盾、どうしようもない矛盾である。しかもこのどうしようもない矛盾をも非実体性の意識はあるがままに受け入れる。そして受け入れつつ、なしうるかぎり無の愛を志向するのである。

以上が本書全体を貫く基本思想である。すべては結局ここからさまざまなヴァリエーションをとりながら語り出されている。本書には非実体化療法、非実体的個人主義、心の直立歩行、自我超出型、則天立私等々、耳慣れない筆者自身の造語が少なからず出てくるが、これもまたこの基本思想を何とかうまく語り出そうとする試みと受け取ってもらいたい。成功したかどうかは読者の判断に待つほかはない。

なお本書全体のタイトルを「意識の人間学」としたのは、本書の課題が人間の底知れない欲望をどうコントロールするのか、人間のどうしようもない分裂・矛盾・葛藤状態とどうつきあっていくのかといった根本的な人間学的課題を意識研究の立場から探究し解明することにあるからである。

しかしそれはともかくとして、とにかく本書を手にされた方は、最初から順次読み継いで行くもよし、最後から逆に読み返して行くもよし、アトランダムに読みちらかすもよし、自由にお読みいただければと思う。もっとも、本来どう読もうと、読者の勝手なのだから、これ自体、言わずもがなのことである。筆者としては、どう読もうと、そこからほんのささやかなりとも、読者の心に届くものがあれば、それで十分である。

目次

序文

第一章　非実体性の意識 15

第一節　自立的共感　15
第二節　坐る省察としての坐禅　18
第三節　坐禅的懐疑　22
第四節　非実体性の意識　28
第五節　非実体性の信仰　32
第六節　生への促し　34
第七節　他者性の尊重　37
第八節　「独り」から「共に」へ　39

第二章　非実体化療法 42

第一節　非実体性の意識に徹すること　42
第二節　あるがままに受け入れること　45
第三節　利己的情念を浄化すること　48
第四節　対人援助関係に入ること　50

第三章　非実体的個人主義　53

第一節　生き方としての個人主義　53
第二節　快楽主義の終焉　57
第三節　非利己主義の悲願　62
第四節　実質主義の陥穽　66

第四章　心の直立歩行　70

第一節　家庭から　70
第二節　学校批判再考　73
第三節　押しつけ教育を超えて　75
第四節　待つこと　78
第五節　私主義　85
第六節　矛盾の受容　88

第七節　甘えの浄化　91
第八節　他愛　93

第五章　無の意識　96

第一節　非実体性の意識　96
第二節　無的限定　99
第三節　あるがまま　102
第四節　自立　104

第六章　自立論　107

第一節　憑依と自立　107
第二節　自立的依存　112
第三節　心の民主化　114

第七章　意識改革論　118

第一節　産業社会と学校　118
第二節　意識改革の推進　124
第三節　大らかな心の育成　129

第八章　意識の三者構造　138
第一節　意識の三者構造　138
第二節　自我強化型人間　143
第三節　自我包摂型人間　145
第四節　自我超出型人間　148
第九章　矛盾論　155
第一節　在ると持つ　155
第二節　全体化と個性化　161
第三節　性善と性悪　164
第四節　他愛と自愛　167
第十章　自我超出論　171
第一節　自我包摂型と自我強化型　171
第二節　自我超出型　174
第三節　実質主義からアイデンティティ混乱型へ　177
第四節　無の愛　178

第十一章　思想認識管見 181
第一節　思想的雑居性の容認　181
第二節　思想認識の方法　183
第三節　思想認識の基本的立場　185
第四節　思想認識の喜び　186

第十二章　自我主義批判 190
第一節　サルトルの実存主義　190
第二節　マルセルの希望論　199
第三節　自我主義批判　208

第十三章　則天立私 212
第一節　対人関係の基本型　212
第二節　自己本位　216
第三節　四賓主　220
第四節　私は、私ならずして、私　224

第十四章　自己変革論——上田閑照『私とは何か』をめぐって—— 228

第一節　自己変革から　228
第二節　自己否定に徹した自己肯定　230
第三節　実存の病を超えて　238

第十五章　西田幾多郎の純粋経験　244
第一節　純粋経験の基本構造　244
第二節　合一力としての純粋経験　252
第三節　合一力の起源　256
第四節　人生の悲哀と無の自覚　262

第十六章　無我論　269
第一節　思う我　269
第二節　無我　275
第三節　無的相互限定　278

第十七章　大らかな心　285
第一節　大らかな心の基本構造　285
第二節　無の自覚　290

第三節　国際化私論　296
第四節　他愛の実践　302
あとがき

意識の人間学

第一章　非実体性の意識

第一節　自立的共感

最近、共感、共感と、さかんに共感ということが言われるが、では共感とはどういうことなのか。共感とは簡単に言えば、他者を受け入れることである。では他者を受け入れるとはどういうことか。それは、他者の「ものの見方や感じ方や考え方や行動様式」、つまり要するに他者の言動を自らのものとして受け入れることである。ところで、私は、誕生以来、いや誕生以前からこのかた、質、量ともに厖大な他者の言動を受け入れてきている。何が自分固有の言動なのか、わからないほど受け入れてきている。自分固有の言動などというものが本当にあるのか、疑わしくなるほど受け入れてきている。

私は他者の言動とともに、生きている。だから、たとえある他者の言動を拒否することがあっても、それは、私自身が拒否するというよりも、すでにこれまでに受け入れてきた他者の言動が、その他者の言動を拒否するのである。それほどに私は他者の言動に取り憑《つ》かれている。外なる他者の言動が受け入れ可能かどうかを決定するのは、私の内なる他者の言動である。他者の立ち居振る舞い、他者の喜びや悲しみ、他者の価値観等々が受け入れ可能かどうかを決定するのは、私の内なる他者の言動である。たとえば、ある人が悲しんでいるとき、その悲しみを受け入れるかどうかは、私がこれまでに受け入れてきた他者の悲しみが決定することである。それが受け入れれば、受け入れるし、受け入れなければ、受け入れないのである。

しかし、それでもなお、私はある。私の内なる他者を超えて、私はある。たとえば、思いがけないまったく新たな悲しみに直面したとき、私の内なる他者は当惑し、混乱する。あるいは強い拒否反応を示す。そうした当惑、混乱、拒否反応を超えて、その悲しみを受け入れるのは、私である。時には、強い葛藤状態を引き起こしながらも、受け入れるのは、私である。もちろんその悲しみも、いったん受け入れてしまうと、それ自体がまた内なる他者に変容してしまうことは事実である。しかしそれでも、受け入れるのは私なのである。

では、この私とは、どのような私なのか。感情移入的私なのか。いや、違う。感情移入的私は、私の内なる他者の言動に取り憑かれた私にすぎない。では、深層意識的私なのか。これもまた、違う。深層意識的私もまた、私のなかに蓄積された厖大な内なる他者の言動に取り憑かれた私にすぎないからである。では、いったいこの私とは何なのか。

この私は、ある特定の存在するものではない。それゆえ、感覚でもなければ、理性でもなければ、想像力でもなければ、感情でもなければ、意志でもない。無意識でも、霊魂でも、精神でも、物質でもなければ、悪魔でも、天使でも、神でも、仏でもない。およそ存在するいかなるものでもない。しかも、そうであるがゆえに、感覚であり、理性であり、想像力であり、感情であり、意志であり、無意識であり、霊魂であり、精神であり、物質であり、悪魔であり、天使であり、神であり、仏である。およそ存在するすべてのものである。そのような私である。言い換えれば、非実体性の意識としての私、それがこの私なのである。

この私があるがゆえに、自立性が失われることなく、柔軟に他者の受容としての共感が可能となる。こう言ってよければ、「自立的共感」が可能となるのである。逆に言えば、もしこの私が抑圧されるならば、いくら共感、共感と言ってみても、所詮は、内なる他者に取り憑かれた、いわゆる「憑依《ひょうい》的共感」にすぎなくなるということとである。

しかしそれでも、憑依的共感のどこが悪い、それでいいではないか、と反論されるかもしれない。たしかに憑依的共感が必ずしも悪いわけではない。時にそれは創造的な自己変容をもたらすことがあるからである。それに人は現に、憑依的共感とともに生きているのである。だがそれでもやはり憑依的共感は自立的共感に支えられていないかぎり、きわめて危険である。なぜなら憑依的共感はしばしば、過剰な依存関係・転移関係を生むことによって、自立性の減退、あるいは場合によっては、その完全な解体をもたらすからである。

この自立的共感の教えるところによれば、自立から共感へであって、共感から自立への方向性は原理的にない。より正確に言えば、自立から共感への方向性がないならば、共感から自立への方向性はない、自立的共感なきところに共感的自立はないということである。一見すると、いや、何見しても、共感から自立への方向性があるかのように思われるかもしれないが、しかしそれは錯覚にすぎない。もしある人が共感から自立への方向性にあるとすれば、それはその人に、すでにもともと自立性が育成されているからである。自立から共感への方向性があるからである。

おそらくこれについては、共感を通じて、自立性が育成される、自分はそのことをしばしば経験したという反論が出されることであろう。特に心理臨床や教育、看護や福祉といった対人援助の専門家から、強い反論が出されることであろう。しかし経験といっても、経験には、経験したいことを経験し、経験したくないことは経験しないところがあるので、ここで経験をもち出されても、その経験自体が錯覚だとしか言いようがないのである。

自立性が育成されないままに、共感にはまると、憑依的共感に陥る。そしてそれは自立性を育成するどころか、かえってただですら弱い自立性をなお一層弱め、過剰な依存関係・転移関係のなかに、過剰な自我縮小と自我肥大の悪循環のなかに人をおとしいれることになるであろう。

しかし、だからといって、今度は、共感の裏返しとして、ものごとを客観的に認識する、いわゆる「対象化」

を通じて、自立性を育成しようとしても、無駄である。この場合においても同じく、自立から対象化への方向性がないかぎり、対象化から自立への方向性は、自立どころか、かえって過剰な支配欲を煽り立てることになるだけであろう。

では、いったいどうすれば、自立性を育成できるのか。どうすれば、自立から共感へ、そしてまた共感から自立へと戻って行くことができるのか。非実体性の意識に徹すること、突きつめれば、そう言う以外にない。それほどに、自立性の育成は容易なことではないのである。

それは、あなたの独断と偏見だ、それもまた、あなたの都合のよい経験でしかないと反論されるかもしれない。たぶんそうかもしれないと思いつつも、それでも筆者自身には、これ以外に適当な経験が見つからないのである。だがそれならば、いったい非実体性の意識とは何か、いったいどうすれば、この非実体性の意識に達することができるのか、また何をそれは我々にもたらすのか。結局、問題はそれに行き着くのである。

第二節　坐る省察としての坐禅

非実体性の意識に達するには、「もの」を追いかけない意識訓練法が必要である。もちろん、追いかけるなと言われても追いかけるし、追いかけまいとすると、今度は「もの」のほうが追いかけてくるのが意識訓練法の常であるが、それでも「もの」を追いかけない意識訓練法が必要である。追いかけ、追いかけられながらも、追いかけない意識訓練法が必要である。これを省察と呼んでもよいし、精神集中と呼んでもよいし、あるいは端的に禅と呼んでもよい。あるいは、「もの」追求的に受けとりさえしなければ、瞑想と呼んでもよい。

立ちのぼってくる「もの」を追いかけないこと、感覚的なものであれ、想像的なものであれ、意志的なものであれ、理性的なものであれ、霊性的なものであれ、その他何であれ、いかなるものをも追いかけないこと、たとえそれが、どれほど真善美にかなっているように見えようと、たとえそれが、どれほど神的に魅惑的であろうと、あるいは悪魔的に魅惑的であろうと、追いかけないこと、ましてやそれに取り憑かれたりしないようにすることである。意識訓練法と言うと、とかく人は、「もの」追求に陥りがちである。とりわけ祈りや観想として意識訓練法をとらえるときには、特にそうである。しかし「もの」追求としての意識訓練法では、非実体性の意識に達することはできない。では、「もの」を追いかけない意識訓練法を実践するには、いったいどうすればよいのか。

坐る省察、坐る精神集中、坐る瞑想、坐るメディテーション、つまり坐禅、これが一番いい。もちろん坐禅でなくとも、一向にかまわないが、しかしやはり坐禅が自然で、一番いい。坐禅はたしかに歴史的に見れば、東洋から生まれた意識訓練法であるが、しかし決して単に「東洋的」という、特殊の枠内に限定できるものではない。それは本来、ある特定の宗教・宗派、ある特定の文化、ある特定の民族、ある特定の地域その他、いかなるものにも限定されることのない人類普遍の財産であり、それを生かすも殺すも我々の実践工夫如何にかかっており、実を言えば、すぐ後で取り上げる「非実体化療法」という意識訓練法も、ここにベースを置いているのである。坐る省察、坐るメディテーションとしての坐禅、それが非実体化療法のアルファであり、オメガなのである。

では、坐禅とは何か。これについては、筆者が拙劣な説明をするよりも、鎌倉時代の禅僧・道元が、簡にして要を得た説明をしているので、まずそれを引用することにしよう。

「坐禅は静処《じやうしょ》よろし。坐蓐《ざにく》あつくしくべし。風烟をいらしむる事なかれ、雨露をもらしむることなかれ。容身の地を護持すべし。かつて金剛《こんがう》のうへに坐し、盤石《ばんじやく》のうへに坐する蹤跡あり、かれらみな草をあつくしきて坐せしなり。坐処あきらかなるべし、昼夜くらからざれ。冬暖夏涼をその術とせり。諸縁を放捨し、万事を休息すべし。善也不思量なり、悪也不思量なり。心意識にあらず、念想観にあらず、作仏《さぶつ》を図することなかれ。坐臥を脱《とつ》落《らく》すべし、飲食《おんじき》を節量すべし、光陰を護惜《ごしゃく》すべし。頭燃《づねん》をはらふがごとく坐禅をこのむべし。黄梅山《わうばいさん》の五祖、ことなるいとなみなし、唯務坐禅のみなり。

坐禅のとき、袈裟をかくべし、蒲団をしくべし。蒲団は全跏にしくにはあらず、跏趺の半よりはうしろにしくなり。しかあれば、累足のしたは坐蓐にあたれり、脊骨のしたは蒲団にてあるなり。これ仏仏祖祖の坐禅のとき坐する法なり。

あるいは半跏趺坐し、あるいは結跏趺坐す。結跏趺坐は、みぎのあしをひだりのもものうへにおく、ひだりの足をみぎのもものうへにおく。あしのさき、おのおのももとひとしくすべし、参差《しんし》なることえざれ。半跏趺坐は、ただ左の足を右のもものうへにおくのみなり。

衣衫《えさん》を寛繋《くわんけ》して斉整ならしむべし。右手を左足のうへにおく、左手を右手のうへにおく。ふたつのおほゆびさきあひさささふ。両手かくのごとくして、身にちかづけておくなり。ふたつのおほゆびのさしあはせたるさきを、ほそに対しておくべし。

正身端坐すべし。ひだりへそばだち、みぎへかたぶき、まへにくぐまり、うしろへあふぐことなかれ。かならず耳と肩と対し、鼻と臍と対すべし。舌はかみの腭《あぎと》にかくべし。息は鼻より通ずべし。くちびる歯あひつくべし。目は開すべし、不張不微なるべし。かくのごとく身心をととのへて、欠気《かんき》一息あるべし。

（坐禅をするには、静かなところがよい。敷物を厚く敷きなさい。強い風を入れてはならない。自分のからだを置くところを大切にして安楽に坐り得るように心しなさい。むかし、わが釈尊が成道された菩提樹下の金剛座（坐禅の座）である大きな石の上に坐禅せられたり、過去七仏がみな、この金剛座に吉祥草をあつく敷いて坐禅せられたのである。坐禅のところは、明かるくしておきなさい。昼も夜も、暗くすることのないように。冬は暖かく、夏は涼しくしておくのが正しい方法である。一切の環境に促われる心の働きを投げ捨てて、身心を休息させなさい。善の心、悪の心に促われないそのままの心が坐禅である。坐禅は思いはからいでも瞑想でもない。仏になろうとしてはいけない。坐ったり寝たりするという差別の気持を捨てなさい。飲食をひかえめにしなさい。刻々の時を惜みなさい。頭の上で燃えている炎を消すように、暫くの休みもなく坐禅に努めなさい。黄梅山の五祖（弘忍）が、外になにもせずに、ただ坐禅に努めたことを見習いなさい。

坐禅のときには袈裟をかけ、坐蒲（直径三十六センチの円形の蒲団）を敷きなさい。坐蒲は足の下全体に敷くのではなく、組んだ足の中央から後に敷くのである。従って足を重ねたところが敷物の上となり、背骨の下に坐蒲が来るのである。これが諸仏の坐禅の方法である。

足の組み方には、半跏趺坐《はんかふざ》と結跏趺坐《けっかふざ》がある。結跏趺坐というのは、右の足を左のももの上に置き、左の足を右のももの上に置くことである。両足の先は、ももと水平に置きなさい。不揃いにしてはならない。半跏趺坐とは、左の足を右のももの上に置くことである。

衣をゆるやかに整えなさい。右手を左足の上に置き、左手を右手の上に置いて、二つの親指が向いあって支え合うようにし、両手を胴に近づけ、親指の先が臍の上に来るようにしなさい。

からだを真直にして正しく坐りなさい。左右に傾いたり、前にかがんだり、後にのめったりしてはならない。横から見ると耳から肩への線が垂直になり、前から見ると鼻から臍への線が垂直になるようにしなさい。舌は上あごにつけなさい。息は鼻から吸い、唇も歯も結びなさい。目は開いたまま、広げ過ぎもせず、細め過ぎないようにしなさい。そのようにして身心を整えて、腹中の気を吐き出しなさい。）」（『全訳　正法眼蔵』巻一、「正法眼蔵第十一　坐禅儀」、中村宗一、誠信書房、一六八―一七〇頁）

しかしこの説明はどちらかというと、坐禅の身体的側面に比重のかかった説明であって、坐禅には、この身体的側面に折り重なり、これを貫くかたちで、坐禅の精神的側面があり、これについては、たとえば『大乗起信論』が、「止《し》」という用語を使って、これまた簡にして要を得た説明をしているので、それを引用することにしよう。

「若し止を修せんとせば、静処《じょうしょ》に住し、端坐《たんざ》して意を正し、気息にも依らず、形色《ぎょうしき》にも依らず、空にも依らず、地水火風にも依らず、乃至《ないし》、見聞覚知《けんもんかくち》にも依らざれ。一切の諸想を念に随って皆除《のぞ》き、亦《また》、想を除くということをも遣《おいや》れ。一切の法は本来無相なるを以て、念念に生ぜず念念に滅せざればなり。亦、心外《しんげ》に随って境界《きょうがい》を念じて後に、心を以て心を除くことをも得ざれ。心にして若し馳散《ちさん》せば、即ち当《まさ》に摂《おさ》め来って正念に住すべし。是の正念とは、当に知るべし、唯心のみにして外の境界無く、即ち復《また》、此心にも亦自相無くして、念念不可得なりと。（もし止を修しようとするならば、静かな場所で正しい姿勢で坐り、意（思い）を正し、息づかいにもとらわれず、形や色にもとらわれず、天空にもとらわれず、地水火風にもとらわれず、さらにはまた見たり聞いたり認識したりするところにもとらわれてはならない。一切の諸想を、それが生ずるたびごとにことごとく除き、また除こうとする想いをも捨て去りなさい。一切のものには本来、固有の実体はなく、一瞬たりとも生じたり滅したりすることがないからである。また心の外に対象を立てた後に、その立てる心を止を修する心でもって除こうとしてもならない。もし心が分散し拡散するならば、心を集中して正念に住するようにしなければならない。この正念とは、まさに知るべし、一切はただ心のみにして外の対象はそれ自体においては存在せず、しかもこの心自体にもまた固有の実体はなく、一瞬たりともとらえることはできないということであると。）」（『大乗起信論』、宇井伯寿・高崎直道訳注、岩波文庫、九五頁、九七頁。但し、漢文読み下し文は多少、筆者により加筆・変更してある。また現代語訳は筆者自身のものである。）

結局、坐禅はこれに尽きるのであって、要はこれを素直に実践するかどうかであり、もし実践するなら、そのときには必ずや非実体性の意識に達するであろう。

第三節　坐禅的懐疑

坐禅の核心を貫いているものは仏教的に言えば、疑団である。つまり全身全霊でもって懐疑することである。そこで今これに、耳慣れない言い方だが、「坐禅的懐疑」という筆者なりの名を与え、これについて、従来の伝統的な仏教的言説にとらわれることなく、主としてデカルト的懐疑と関連させながら、自由に論じてみよう。

坐禅的懐疑とは、すべて存在するものは、暫定的な見せかけの存在理由以外、いかなる絶対的な存在理由もなく存在しているのではないのか、これには例外はなく、神も仏も世界も自己も、すべて存在するものはいかなる絶対的な存在理由もなく存在しているのではないのか、と疑うことである。「いかなる絶対的な存在理由もなく存在しているのではないのか」と疑うのであって、「いかなる絶対的な存在理由もなく存在している」と判断するのではない。判断してしまえば、懐疑は終わる。坐禅的懐疑は、存在するすべてのものの存在理由の否定ではなく、否定もしなければ肯定もしないという、いわば現象学的な判断停止なのである。

それゆえ、たとえば仮に私が、すべて存在するものには、いかなる存在理由もないと判断し、絶望して自殺したとしても、この自殺は坐禅的懐疑の結果として起こったのではなく、この坐禅的懐疑の結果としてたどりついた救いようのない一つの断定的な絶望的判断の結果として起こったのである。だが坐禅的懐疑はこうしたかたちの自殺を引き起こしはしない。いやそれどころか、こうしたかたちの自殺を不可能なものにする。なぜなら坐禅的懐疑は、こうしたかたちの自殺の基底にある存在論的絶望とは違って、どのような絶望的な判断をも断定的なかたちで下すようなことはないからである。むしろ坐禅的懐疑は存在論的絶望をすら懐疑のなかに置くのである。もっとも、ただ一つ、もし坐禅的懐疑の結果として起こる自殺があるとすれば、それは、この坐禅的懐疑が不可避的に内包する心理的不安定に耐えきれなくなって起こる自殺であろう。だがそれは、この坐禅的懐疑からの最終的な逃亡であって、何らこの坐禅的懐疑を克服したことにはならないのである。

さらに、この坐禅的懐疑は、存在するものの存在理由を疑うのみならず、そもそも存在するすべてのものの存在性、つまり存在するすべてのものの存在することそれ自体をも疑うのである。換言すれば、神や仏であれ、世界であれ、自己自身であれ、その他何であれ、およそ存在するすべてのものがはたして本当に存在するのかどうか、と問うのである。こうして坐禅的懐疑は存在するすべてのものを宙ぶらりんの根なし草の状態に置く。

しかるに近代哲学の祖デカルトは、存在するすべてのものの存在性を疑ってかかったある段階において、一挙に反転して、次のように言う。

「われわれが疑っている間われわれが存在しているということは、疑うことができない。そしてこれは、順序正しく哲学する場合に、われわれが認識する最初のことである。

ところで、このように何らかの仕方で疑いうるものはすべて斥け、また誤っているものであるとさえ思いめぐらしてみるならば、なるほど神もなく、天空もなく、物体もないと、またわれわれ自身が手も足も、最後には身体をもたないと想定することは容易であるが、しかしだからといって、このようなことを考えているわれわれが無であると想定するわけにはいかない。なぜなら、考えるところのものが考えているまさにそのときに、存在していないと思うことは、矛盾しているからである。したがって〔あらゆる途方もない想定にもかかわらず〕、「私は考える、ゆえに私はある」というこの認識〔結論〕は、あらゆる認識のうちで、順序正しく哲学している人の誰もが出会う最初の最も確実な認識である。」（『哲学原理』、三輪正・本多英太郎共訳、デカルト著作集第3巻、白水社、三五―三六頁）

これが有名なデカルトの存在論的判断である。この判断がまず最初に指示する根本原理は、存在するすべてのものの存在性を疑うことはできても、そのように疑っている私の存在性は絶対に疑うことはできないということ、疑う私は絶対に存在するということである。次いでこの原理に立って、さらにこの原理を一般化することにより、考える私の存在性が絶対確実なこととして確認されるのである。すなわち、私がどのような事象を考えようとも、私がその事象を考えているまさにその時、たとえその事象の存在性は疑わしいものであっても、その事象を考えている私の存在性は絶対に疑うことはできないということである。こうしてデカルトは、いわゆる「方法的懐疑」を通じて、「私は考える、ゆえに私はある」（コギト・エルゴ・スム＝cogito, ergo sum）という、あの周知の命題に到達したのである。

だがデカルトのこの存在論的判断は、ただ疑い・考える私の存在性を指示するだけのことであって、この疑い・考える私の存在理由を何ら指示するものではない。なぜ疑い・考える私は存在するのか、いかに私は生きるべきか、といった問いに対して、デカルトは何ら確固たる解答を指示してはいないのである。なるほどデカルトは、疑い・考える私の存在性の確認から出発して、次いで心理学的証明と本体論的証明（存在論的証明）、並びに宇宙論的証明という、あの三つの有名な証明手続きを通じて、神の存在性を演繹的に導き出してくる。そしてそこから翻って今度は、この神の存在性こそが疑い・考える私の存在性の究極の根拠であることを証明して見せる。だが、たとえこの証明手続きが絶対確実であり、それゆえ神は絶対確実に存在するにしても、しかしそれだけでは、決して疑い・考える私の確固たる存在理由は出てこないのである。なぜ、何のために私は生まれ、生き、死ぬのか、そうした人生の根本問題は、ただ神の存在性を証明しただけでは出てきようがないのである。

周知のようにデカルトは、『方法序説』第三部で、次の四つの道徳上の格率を定立している。

「第一の格率は、私の国の法律と慣習に従うことでした。それも神のめぐみによって子供のころから教えをうけた宗教を変わることなく守りつづけ、またほかのどんなことでも、私がいっしょに暮らしていかなければならないような人びとのなかでもいちばん良識のある人たちみんなに実践のうえでひろく受け入れられる、いちばん穏健で、いちばん行き過ぎから遠い意見に従って、自分の舵をとりながら、そうするということでした。……

私の第二の格率は、行動にあたってできるだけしっかりした断固とした態度をとること、どんなに疑わしい意見でも、いったんそれに決めたときには、りっぱに保証されたものであったばあいに劣らず、変わらぬ一貫した気持でその意見に従うということでした。……

私の第三の格率は、運命に打ち勝つよりはむしろ自分に打ち勝つこと、世間の秩序を変えるよりも私の欲望を変えることにいつも努力するということでした。また一般的に言えば、私たちの力でそっくり扱いきれるものは、私たちの考え以外になにもないと信じる習慣をつけることでした。そうすれば、私たちの外にあるものに関して最善をつくしたうえは、うまくいきそこねるものは何でも私たちにとってどうしても不可能だということになります。そして、これだけでも私には、手に入れられないものを何かこれからさき望むのを妨げるのにじゅうぶんであり、したがって自分を満足させるのにじゅうぶんであると思われました。……

最後に、この〈道徳〉のしめくくりとして、私はこの世で人びとがたずさわっているいろいろな仕事に再吟味を加えようと思いついて、いちばんいいものを選び出そうとつとめました。そしてほかの人たちの仕事についてはとやかく言いたいとは思いませんが、私はたまたま自分がはいりこんでいたその仕事のなかでつづけていき、つまり私の全生涯を私の理性をつちかうことに使い、そして自分で決めた〈方法〉に従って、真理の認識にできるだけ歩みを進めるのがいちばんだと思いました。……」（『方法序説』、三宅徳嘉・小池健男共訳、デカルト著作集第1巻、白水社、三〇―三四頁）

これについては、ジルソン以来定説となっている、方法的懐疑と直接関連した「暫定的道徳」とする解釈に対して、『デカルトの旅／デカルトの夢』（岩波書店）という好著のなかで、田中仁彦氏が大変興味深い説を提出している。それによると、方法的懐疑と直接関連した格率は第一の格率だけであり、しかもこの格率も「暫定的道徳」に属するよりも、むしろ方法的懐疑が引き起こしかねない、無神論者という嫌疑から、あらかじめ自己を防衛するために立てられたものであり、それにくらべてあとの第二・第三・第四の格率は、「今まさに真理探求の旅に旅立たんとするデカルトが、その準備として自分自身のために立てた生活の規範なのだ」（前掲書、一四八頁）と解釈されるのである。これはなかなか説得力のある説である。

しかしながら、どう解釈するにせよ、いずれにしてもとにかく、これらの格率が、デカルト自身にとってはもちろんのこと、私たちにとっても、何ら絶対的な存在理由を指示する格率として定立されたものでないことだけは確かなのである。

それにまた、そもそも先のデカルトの存在論的判断がそれほど確実なものかどうか、それ自体がはなはだ疑わしいものなのである。私が、存在するすべてのものの存在性をどれほど疑ってかかろうとも、そのように疑っている私自身の存在性は疑うことができない。したがって、「私は疑う、ゆえに私はある」は絶対確実である。したがってまたこの命題の一般的定式化としての「私は考える、ゆえに私はある」は絶対確実である。なぜなら、もし私が、存在するすべてのものの存在性を疑う私の存在性を疑うならば、否定の否定は肯定という論理により、私はすでにあらかじめ、存在するすべてのものの存在性を信じていることになり、それでは懐疑そのものがはじめから成り立たなくなってしまい、自己矛盾に陥るからである。そうデカルトは判断しているとみなすほかはなく、だからこそ彼は自らの存在論的判断を、存在するすべてのものの存在性を絶対確実に基礎づける、いわば「アルキメデスの点」として提起したのである。

だがはたして本当にそうであろうか。はたして本当に、疑う私の存在性を疑うことは、存在するすべてのものの存在性を信じることになってしまうのであろうか。それは単なる形式論理にすぎないのではないのか。むしろ事態はまったく逆で、疑う私の存在性をも疑ってこそ、真に存在するすべてのものの存在性を疑うことになるのではないのか。それに、デカルトの神の存在証明にしても、心理学的証明と本体論的証明は神の存在性をもって神の観念を証明し、神の観念をもって神の存在性を証明するという堂々めぐりの悪循環に陥っており、また宇宙論的証明も「疑い・考える私はある、ゆえに神はあるはずである」という蓋然的推測以上の域を出るものではなく、坐禅的懐疑に十分耐えうるほどの説得力をもってはいないのである。

こうして坐禅的懐疑は、デカルトの「疑う私」をも懐疑のなかに置く。したがってまた当然それは、この「疑う私」の一般的定式化としての「考える私」（正確には、「考えるもの」（レス・コギタンス＝res cogitans）としての私）をも懐疑のなかに置くのである。

坐禅的懐疑は存在するすべてのものの存在理由、並びに存在性を懐疑する。それは、フッサールの用語を使って言えば、現象学的判断停止の徹底である。もちろんフッサール自身の言う「純粋自我」や「超越論的主観性」もまた、この現象学的判断停止を受けることから免れることはできない。坐禅的懐疑は文字通り、すべてを懐疑するのである。
そしてこの坐禅的懐疑を通じて、非実体性の意識が自ずからに立ち現われてくる。ものはすべて、ただ見せかけの存在性しかもっていないという非実体性の意識、つまりおよそ存在するいかなるものにも実体がないという非実体性の意識が立ち現われてくる。もとよりこの意識にも実体がないけれども、実体がないながらに、立ち現われてくるのである。そしてひとたび立ち現われてくるや、その後の坐禅は様相を一変し、ただひたすらこの非実体性の意識に徹することが、その第一の課題となるであろう。

第四節　非実体性の意識

「それゆえに、シャーリプトラよ、実体がないという立場においては、物質的現象もなく、感覚もなく、表象もなく、意志もなく、知識もない。眼もなく、耳もなく、鼻もなく、舌もなく、身体もなく、心もなく、かたちもなく、声もなく、香りもなく、味もなく、触れられる対象もなく、心の対象もない。眼の領域から意識の領域にいたるまでことごとくないのである。（是故空中。無色。無受想行識。無眼耳鼻舌身意。無色聲香味触法。無眼界。及至無意識界。）」（『般若心経・金剛般若経』、中村元・紀野一義訳註、岩波文庫、一一頁）

我々は、『般若心経』のこの言葉をこの上もない真理として素直に受け入れるべきではないか。すべてのものには実体がない。すべてのものには実体がないという意識にも実体がない。すべてのものはただかりそめの非実体的イマージュにすぎない。生まれることも、生きることも、老いることも、病み死ぬことも、この世もあの世も、地獄も天国も極楽浄土も、なにもかもが非実体的イマージュにすぎない。しかもこの「すぎない」ということにもまた実体がないのである。すべては絶対の空である。

これは見ようによれば、徹底したニヒリズムを意味していると言えなくもない。だが誤解してはならない。一般にニヒリズムと言えば、すべてのものには実体がないと言いながら、その実ひそかにある何らかのものの実体性を願っているところがある。しかもそれでいて、それに確信がもてない。ニヒリズムは、非実体性の意識において中途半端であり、それに徹し切れていない。ニヒリズムがつねに不安や絶望とワンセットであることがそのなによりの証拠である。ニヒリズムに徹すること、もし徹するならば、そのときには必ずや、不安や絶望ではなく、むしろかえって限りなく深い安らぎを生むであろう。もとよりこれにも実体がないけれども、実体がないながらに、限りなく深い安らぎを生むであろう。しかしもしそうだとすれば、逆説的なことだが、徹底したニヒリズムはもはやニヒリズムではないということになるであろう。なぜなら、ニヒリズムの徹底は結果として、不安や絶望とワンセットのニヒリズムを超えてしまうからである。

いったい我々の生きる拠り所はどこにあるのだろうか。金？　それともギャンブル、酒、セックス？　あるいは権力や地位や名誉？　あるいは身分意識、階級意識、それとも愛国心？　いやそれとも子育てや親孝行や先祖崇拝や子孫繁栄といった血のつながり？　あるいは文学的・芸術的作品や学問的業績？　あるいはその背後にある美意識や知的優越感？　それともアーメン、南無阿弥陀仏、南無妙法蓮華経？　あるいはまた山登りやゴルフや俳句といった趣味に生きる？　いやそれとも、ただもうひたすら生きながらえること？

だが残念ながら、そうしたものには実体がない。いかなるものにも実体がないのである。そう本当に意識したとき、不安や絶望よりも、かえって限りなく深い安らぎに包まれる。アイデンティティがないというアイデンティティに安らぐのである。奇妙に聞こえるかもしれないが、そう言うほかないのである。

それゆえ非実体性の意識においては当然、いかなる欲望にも実体がない。所有欲や支配欲や性欲や権力欲や名誉欲等々、いかなる欲望もそれ自体に実体はない。さりとて、そうした欲望に関して、その由って来たるある何らかの実体的根拠をどこか他所に探し求めても、これまた無駄である。脳細胞やＤＮＡも、原子や素粒子も、デカルトの「コギト」もカントの「物自体」もヘーゲルの「絶対精神」も、あるいはフロイトの「リビドー」やユングの「集合的無意識」も、あるいはまた唯識仏教の「アラヤ識」や道教の「気」といったものも、さらには神や仏や天使や悪魔といったものすらも、決して実体的根拠たりえない。肝心のそうしたもの自体が非実体的イマージュにすぎないからである。

欲望には実体がない。いかなる実体もない。内にも外にもない。そうはっきりと意識すること、そのときはじめて我々は欲望への惑溺から解放されるのである。

ところで、ここでこう反論することもできよう。すなわち、たとえ欲望の非実体性が意識されたとしても、それでもなお欲望が快楽をもたらすかぎり、欲望への惑溺がなくなることはないであろう、と。しかしこの反論は成り立たない。なぜなら、欲望への惑溺がなくならないとすれば、実はそれは欲望の非実体性の意識が全然できていないからである。ただ口先だけの表面的な意識だからである。もちろんこの意識は持続的に維持することが非常にむつかしい。いったん意識しても、長続きせず、すぐに失われてしまい、元の木阿弥になりがちであり、そうなるとたちどころに再び欲望への惑溺に落ち込んでしまうであろう。

欲望は快と苦をもたらす。しかもこの快と苦は複雑に絡みあって混在している。いかなる快にも苦があり、いかなる苦にも快がある。純粋な快、純粋な苦など存在しない。しかも多くの場合、快よりも苦が上まわっている。そこでなんとかして苦を減らし、快を増そうとする。そして時として、大きな快に包まれることがある。だがその快にも苦がつきまとう。そこでなお一層大きな快を求めようとする。しかしどれほど大きな快にも、なお執拗に苦がつきまとう。そしてその苦が次第に大きくなり、いつの間にか再び苦のなかに落ち込んで行く。こうして断え間のない快と苦の循環運動に縛りつけられる。

仏教に六道輪廻という教えがある。六道とは、地獄、餓鬼、畜生、修羅、人間、天の六界を指し、その六界のうち地獄界が苦が最大で、以降順次、苦が減小し、快が増して行き、天界に至って快が最大となる。しかし天界といえども、なお苦は存続しており、その苦が次第に大きくなって行き、ついには再び地獄界に反転してしまう。

この断え間のない六界の循環運動、それが六道輪廻である。これは、快と苦の循環運動についてのなかなか巧妙な象徴的表現として大変興味深い。いや、これは単なる象徴的表現などではなく、現にその通りに実在する事実的表現だと言いたければ、それならそれでかまわない。かまわないどころか、その場合には、なお一層興味深いものと言ってよい。

だが仏教の本来の眼目はただ単に、この六道輪廻を説くことにあるのではなく、この六道輪廻の悪循環を断ち切ることにある。すなわち、六道の非実体性を意識することにより、六道輪廻の悪循環から解放されることにある。だがそのためには、まずなによりも欲望の非実体性を意識しなければならない。なぜなら快と苦の循環運動の仏教的教えとしての、この六道輪廻を作動させているものの核心を成すものはまさに欲望にほかならないからである。

しかし我々にとって、欲望の非実体性を意識することはきわめて困難である。神や物質の非実体性や、感覚や理性や想像力の非実体性の意識なら、容易とは言わないまでも、それほど困難ではないが、肝心の欲望の非実体性の意識となると、きわめて困難である。ちょうど夢を見ているとき、その夢に実体がないことを意識することが困難であるように。いや、夢以上に困難である。なぜなら、まだしも夢なら、いずれ必ず夢から醒め、醒めたときには、その夢に実体がないことがすぐにわかるが（もっとも、時にはわからない場合もあるが）、しかし欲望の場合には、その欲望への惑溺から醒めることがきわめて困難だからである。むしろ順序は逆で、まずなによりも欲望の非実体性を意識しないかぎり、絶対に欲望への惑溺から醒めることがないのである。そして欲望への惑溺から醒めないかぎり、実を言えば、神や物質の非実体性や、感覚や理性や想像力の非実体性その他、いかなるものの非実体性も、本当のところは全然、意識できていないのである。まず欲望の非実体性を意識すること、どれほど困難であっても、意識すること、さもなければ、我々はいつまでも欲望に翻弄され、互いに傷つけあうほかないであろう。

第五節　非実体性の信仰

霊魂に惑溺しないこと、それは決まってとめどもない言い争い、敵意、憎悪を生むからである。もちろん霊魂の運命についてどのようなイメージを思い描こうと、それは各自の自由である。死後、霊魂は天空や山のかなたの奥深い山中に赴き、定期的にある一定期間、この世に残した子孫のもとに還ってくると見ようと、あるいは生前の行状により、ある霊魂は地獄行き、ある霊魂は天国行きになると見ようと、あるいはまた阿弥陀如来の本願を信じれば、必ずや極楽往生できると信じようと、あるいはまたキリストの福音を信じれば、最後の審判において天国に行けると信じようと、あるいはまた霊魂は輪廻転生的に永遠に生まれかわり、死にかわりし続けると見ようと、その他どのようにイメージしようと、それは各自の自由である。ただし、どのようにイメージしようとも、決してそれを他に押しつけてはならない。霊魂をめぐる戦いは悲惨かつ醜悪である。

それゆえ当然、この霊魂イメージとワンセットで、通常神や仏と呼ばれている超越的存在者にも惑溺してはならない。超越的存在者をどのように思い描こうと、これまた各自の自由である。シャーマニズム的に思い描こうと、汎神論的に思い描こうと、有神論的に思い描こうと、あるいは自力的信仰の対象として思い描こうと、逆に他力的信仰の対象として思い描こうと、それは各自の自由である。イメージしたいようにイメージすればよい。だが決してそれを他に押しつけてはならない。神々の戦いほど残忍なものはないからである。

それゆえにまた、これと関連して、いかなる人間をも神格化してはならない。釈迦であれ、キリストであれ、孔子であれ、老子や荘子であれ、最澄や空海であれ、親鸞や道元や日蓮であれ、あるいは天皇やマルクス・レーニンや毛沢東であれ、その他誰であれ、決して神格化してはならない。ある人間を深く尊敬し、その言動から学ぶことはかまわない。かまわないどころか、むしろ積極的に学ぶべきである。だが決して神格化してはならない。

それは確実に不寛容で閉鎖的な宗教集団や政治集団を生むからである。

以上が非実体性の信仰の要点である。いかなるものにも実体がないという、非実体性の意識自身に向けられた信仰の要点である。非実体性の意識から非実体性の意識自身に向けられた信仰の要点である。あるいはこの非実体性の意識というのは無の意識・空の意識の別名であるから、これを無の信仰・空の信仰と言い換えてもよい。いずれにしろ、おそらくこれのみが真に欲望のコントロールへと我々を導いて行くであろう。

人間は死ぬ。それはごくあたりまえの事実であるが、しかし人間には、どうしてもこの事実を認めたくない、どこまでも生き続けたいという欲望がある。それは執念といってもよい欲望である。そしてそれがさまざまな霊魂不滅説や超越観念や神格化を作り出す。だが残念ながら、この欲望には実体がないのである。

だから死後について、あれこれ云々しないほうがよい。云々してもよいが、決してそれに執着しないほうがよい。ただ素直に死をあるがままに受け入れることである。先祖供養も、したければすればよいが、それも死者への思い出供養として行なえば、それで十分であろう。過剰に執着しないことである。

しかしそれにしても、いったいどの時点をもって死と見なせばよいのであろうか。これについても、完全に各自の判断に任せればよいであろう。心臓の停止をもって死と見なしたければ、そう見なせばよいし、今風に脳死を死と思いたければ、そう思えばよい。あるいは身体（からだ）から霊魂が分離した時が死だと思うなら、そう思えばよい。あるいは伝統的な慣習に従って、一応埋葬の時点を死と見るのが穏当だと思うなら、そう思えばよい。いや、埋葬が終わっても、その埋葬された人の思い出が存続しているかぎり、まだその人は死んではいない、その人の思い出が完全に消滅した時、その時が死だと思いたければ、そう思えばよいであろう。要するに、死を決して一義的に確定してはならないし、また確定することができないのである。なぜなら死もまた実体がないからである。

第六節　生への促し

死は生よりも尊いという思い、生は死よりも尊いという思い、この相矛盾する思いに引き裂かれた漱石がいる。不愉快に充ちた生よりも、死のほうがよほど楽だという思い、いやいかに苦しくとも、いかに醜くとも生きて行かねばならないという思い、このジレンマに引き裂かれた心をじっと見つめている漱石がいる。では、もし私が漱石ならば、どうするであろうか。

私もまた漱石と同じく、「硝子戸の中《うち》」にじっと座り続けるほかないのであろうか。もしこれが「待つこと」の象徴的あり方だとするならば、そうするほかないであろう。とりあえずは座り続けること。焦ってこのジレンマを解こうとしても仕方がない。無理に解こうとしても解けるものではない。待つこと、自然に任せておくことである。自ずから解が出てくるであろう。もしかしたら、解けないままに、生を終えてしまうかもしれない。それならそれでかまわない、そう覚悟を決めて、自然に任せて待つことである。待ち続けることである。

そのとき、もしかしたら、時の流れがこのジレンマ自体を洗い流してくれるかもしれない。いや、そんなことはありえない。このジレンマは人間という存在者の根本に根ざしているものだから。だがそれでも、このジレンマをかかえたまま生きていると、時の流れとともにいつしか、ひそかな快楽が生まれてくるかもしれない。それは十分にありうる。いかなる苦にも快があるからである。このジレンマがもたらす苦に快が寄り添う。切っても切れない仕方で寄り添う。それでよいのだろうか。そうした状態のままに生きればよいのだろうか。おそらく、よい悪いの問題ではなく、現に人はそうした状態のままに生きているのではないのか。それは免れがたい人間の運命なのではなかろうか。そうかもしれない。だがそれにしても、それでよいのだろうか。私には、どうしてもそれでよいとは言い切れぬものが残る。

あるいは、もしかすれば、待ち続けたあげくのはてに、結局は自殺することになるかもしれない。無理矢理の自殺ではなく、どうしようもない衝迫に駆られて、自ずからに自殺に向かうかもしれない。ちょうど『こころ』の先生のように。そのときには、もう止められないであろう。いかなる論理をもってしても、止められないであろう。人間はたしかに自殺しうる存在者だからである。だがそれでもやはり、それでよいのだろうか。この場合にもまた私には、どうしてもそれでよいとは言い切れぬものが残る。

では、その残るところの「言い切れぬもの」とはいったい何であろうか。生への執着か。漱石はそう言っている。

「現在の私は今のあたりに生きている。私の父母、私の祖父母、私の曾祖父母《そうそふぼ》、それから順次に溯《さかの》ぼって、百年、二百年、乃至《ないし》千年万年の間に馴致《じゅんち》された習慣を、私一代で解脱《げだつ》する事が出来ないので、私は依然としてこの生に執着《しゅうじゃく》しているのである。」(『硝子戸の中』、岩波文庫、一二五頁)

だがそこにあるのは、はたして単に生への執着ということだけで片づけられるものであろうか。片づかないのではないか。たしかに生への執着はある。それは認める。だがその生への執着の底には、単なる生きたいという執着ではなく、生きたいという素直な心があるのではないか。生きたいという単純素朴な心、あるいは生きてもらいたい、生かしてやりたいという単純素朴な心の働きがあるのではないか。しかし漱石はそのことに気づいていないのである。

ある時ある女性が漱石のもとを訪ねてきて、自身のつらく悲しい恋物語を漱石に打ち明けたが、そのなかで彼女は次のようなことを言っているところがある。

「私は今持っているこの美しい心持が、時間というもののために段々薄れて行くのが怖くって堪《たま》らないのです。この記憶が消えてしまって、ただ漫然と魂の抜殻《ぬけがら》のように生きている未来を想像すると、それが苦痛で苦痛で恐ろしくって堪らないのです。」(前掲書、一二三頁)

この言葉はつくづく人間というものの逆説的性格を考えさせる。彼女は挫折した恋に深く傷ついている。取り返しのつかないほどに傷つき、苦しんでいる。しかもそれでいて一方では、彼女を今なお傷つけ、苦しめ続ける、その当の挫折した恋の甘美な記憶に酔い痴れている。それを失うぐらいなら、死んだほうがましだと思いつめている。いったいどうすればよいのか。

　これに対して、漱石は、ついに最後まで死をすすめることができなかったと告白したうえで、次のように書きつける。

「彼女はその美しいものを宝石の如く大事に永久彼女の胸の奥に抱き締めていたがった。不幸にして、その美しいものは取《とり》も直さず彼女を死以上に苦しめる手傷その物であった。二つの物は紙の表裏の如く到底引き離せないのである。

　私は彼女に向って、凡《すべ》てを癒《いや》す「時」の流れに従って下《くだ》れといった。彼女はもしそうしたらこの大切な記憶が次第に剥《は》げて行くだろうと嘆いた。

　公平な「時」は大事な宝物を彼女の手から奪う代りに、その傷口も次第に療治《りょうじ》してくれるのである。烈《はげ》しい生の歓喜を夢のように暈《ぼか》してしまうと同時に、今の歓喜に伴なう生々《なまなま》しい苦痛も取り除《の》ける手段を怠《おこ》たらないのである。

　私は深い恋愛に根ざしている熱烈な記憶を取り上げても、彼女の創口《きずくち》から滴《したた》る血潮《ちしお》を「時」に拭《ぬぐ》わしめようとした。いくら平凡でも生きて行く方が死ぬよりも私から見た彼女には適当だったからである。

　かくして常に生よりも死を尊《たっと》いと信じている私の希望と助言《じょごん》は、遂《つい》にこの不愉快に充ちた生というものを超越する事が出来なかった。しかも私にはそれが実行上における自分を、凡庸な自然主義者として証拠立てたように見えてならなかった。私は今でも半信半疑の眼で凝《じっ》と自分の心を眺めている。」（前掲書、二六―二七頁）

　私はこの言葉に一方では深い共感をおぼえながらも、どうにも納得しがたいところがある。それは結局、漱石が彼女に生きることを促した、その根拠を生への執着に求めたところにある。そうではなくて、この生への執着の底にある、生きたいという素直な心、生きてもらいたい、生かしてやりたいという素直な心にこそ求めるべきであった。だが漱石はそれに気づかない。だから、自分自身が凡庸な自然主義者に見えてならなかった。もし気づいておれば、そんな屈折した見方をしなかったはずである。では、なぜ気づかないのか。それは漱石が非実体性の意識に徹しないからである。結局、それに帰着するのである。

第七節　他者性の尊重

対人関係において重要なことは、他者の他者性を尊重することである。教育や心理臨床、医療や看護や福祉といった対人援助活動の場面は言うに及ばず、あらゆる対人関係において、他者の他者性を尊重することである。では他者の他者性を尊重するとはどういうことであろうか。

それは他者をあらゆる関係性を超えてあるものとして尊重することである。スキルやテクネーといった、ハウ・ツー的に他者をとらえる功利化のレベルを超えたものとして、あるいは功利化の一環として科学的に他者を認識する対象化のレベルを超えたものとして、あるいはまた憑依や共感、甘えや転移や共依存といった自他合一化のレベルを超えたものとして、要するにアクティヴな働きかけ、パッシヴな働きかけの如何を問わず、こちら側のいかなる働きかけをも超えたものとして他者を尊重することである。他者をその絶対的な他者性において尊重するのである。そしてそのことが、翻って必然的に他者にとっての私の他者性を、他者のいかなる働きかけをも超えた私の絶対的な他者性を尊重することにつながるのである。

たとえば人はよく、夫婦なんて所詮は他人だと言う。たしかにその通りで、夫婦もまた、互いが互いに他にとって他者であることは間違いがない。間違いがないけれども、しかしとかくそこには、何か屈折した思いがわだかまっていて、そのため相手を冷たく突き放すことになったり、逆に他人だと言いながらも、その他人性を深い結合感によって夫婦間において消去しようとする、もし夫婦間で消去できなければ、別の他者との間において消去しようとする。いずれにしろ、とかくそこには、他者の他者性を素直に尊重することがない。その結果、不可避的に、他人だと言いながら、その実その他人の他人性を抑圧、消去することになってしまうのである。

では他者性を尊重するには、どうすればよいのか。これについては、「フェイス・トゥ・フェイス」(face to face)の関係、つまり正面から他者と向きあう対面の関係が大事である。対面の関係が対人関係の基軸とならねばならない。恋人関係であれ、友人関係であれ、夫婦関係であれ、親子関係であれ、その他いかなる関係であれ、対人関係の基軸とならねばならない。あらゆる対人関係がそこから出て、そこへとかえって行く基軸とならねばならない。「サイド・バイ・サイド」(side by side)の、相並び、かたわらに寄り添う側面の関係や、円く輪になる円環の関係においては、とかく自他合一化が強く前面に顕在化することにより、他者性が抑圧、消去されがちであり、また互いに斜に構える斜交《はすかい》の関係や背面の関係が逆に功利化や対象化の関係に陥ることで、これまた他者性を抑圧、消去しがちなのにくらべて、対面の関係においては比較的、他者性が尊重される可能性が高いからである。

それゆえ、たとえば夫婦関係や親子関係のように、とかく「サイド・バイ・サイド」の関係に陥りやすい場合には、特に注意して対面の関係を維持するように心がける必要があろう。あるいはまた、逆説的なことを言うようだが、たとえば教師・生徒関係において、一斉授業は通常、画一教育として厳しい批判を受けるけれども、しかしもしそこに一人ひとりの生徒との対面の関係が生きて働いているなら、十分に評価に値する教育となるし、逆に一般に評価の高い「協同学習」や「問題解決学習」といえども、もしそこに対面の関係が希薄なら、かえって不健全な教育となりかねないのである。

もちろん、だからといって、対面すれば、必ず他者性の尊重が起こるというものでもない。むしろ対面しても、やはり依然として、功利化や対象化や自他合一化により、他者性が抑圧、消去されるのが常態だと言ってよい。では、いったいどうすれば、対面の関係において、他者性の尊重が可能となるのか。

それは、私にとっての他者の他者性も、他者にとっての私の他者性も、共に決して実体化しないことによってである。それによってはじめて、真の他者性の尊重が起こる。そしてこの他者性の尊重こそが、私と他者の自立性を促すのである。

要するに、非実体性の意識の徹底、これが他者性尊重の根拠なのである。

第八節　「独り」から「共に」へ

非実体性の意識においては、人は、どのような役割演技においてあろうとも、どのような対立関係においてあろうとも、どのような共感関係、依存関係においてあろうとも、どのような存在のつながり、命のつながりにおいてあろうとも、そのつどそのつどのそれが、その人の「私」である。何をどう為していようと、そのつどそのつどのそれが、その人の「私」である。そこには、偽りの「私」と本当の「私」という区別はない。偽りの私といえば、すべてが偽りの私であり、本当の私といえば、すべてが本当の私なのである。

しかもそれでいて、人は誰もみな、あらゆる役割演技を超えて、あらゆる対立関係を超えて、あらゆる共感関係、依存関係を超えて、あらゆる存在のつながり、命のつながりを超えて、「独り」である。ある時は独り、ある時は独りでないというのではない。何をどう為していようと、つねに独りなのである。その意味で、それを存在論的孤独と呼んでもよいであろう。

しかしこう言うと、きまって強い拒否反応が返ってくる。その好例が心理学者のユングである。かつてルソーが、「自然人の単独性」を強調したが、それに対して、ユングは、強い拒否反応を示す。冷静さを失うほどの強い拒否反応を示す。ユングにとって、ルソーの単独性は絶対に認められるものではなかった。それも無理からぬことである。ユング心理学は、「集合的無意識」という仮説を大前提にしている。つまり、人間の根源的集合性を大前提にしている。だから、もしルソーの単独性を認めてしまったら、彼の心理学は根底から瓦壊してしまうからである。

さらにまた、いくら人類学的資料を積み重ねて反論してみても、無駄である。なぜなら、ここで言う「独り」とは、人間が群れをなしていると否とに関わらない、根源的な存在論的孤独を意味しているからである。

人間は「独り」である。しかも、そうであるがゆえに、「共に」を求める。求めずにはおられない。たとえ、その「共に」が、他人から非難されるものであろうと、いやそれどころか、自分自身から見ても、決して好ましいものではなくとも、求めずにはおられない。それほどに人間は「共に」に飢えているのである。

しかし、同じ「共に」を求めるなら、存在の充実、生の充実をもたらす「共に」であるに越したことはない。互いに傷つけ、苦しめあうことのない「共に」であるに越したことはない。そして、その「共に」においてある「私」を、本当の「私」と呼んでもよい。もとよりその「共に」においても存在論的孤独は解消されないままに「共に」である。では、そのような「共に」は、いったいどうすれば可能なのか。

私は他者の悲しみを自分の悲しみとして共感しようとする。他者の悲しみと一体になり、やさしく慰めようとする。他者が悲しみのなかで、身に引き受けねばならないところの世界を自らのものとして共感しようとする。だが、私のこの企てを冷笑するかのように、奥深い心の淵には、ひそかなズレの感覚がある。そのズレの感覚は、いくら解消しようとしても、解消しきれない。それどころか、解消しようとすればするほど、かえってますます、そのズレの感覚は強くなる。解消できないのではないかという不安が、心の片隅に宿る。共感化の企ての挫折の予感が心をよぎる。だが一縷の望みを失っているわけではない。それが、他者の悲しみを共感するようにと、私をかりたてる。しかし執拗にズレの感覚がつきまとう。そのズレの感覚がいよいよ、共感化の企てを切実なものにする。

　にもかかわらず、他者は、悲しみが悲しみを募らせて、すでに抜き差しならぬ悲しみの深淵に沈み込んでいる。もはや涙も枯れ果て、ただ茫然としているばかりである。全身はぐったりと弛緩し、視線はあらぬ所を漂っている。今やもう私の入り込む余地がないことを覚らざるをえない。他者のその悲しみの姿が、まさに私の共感化の企ての挫折を痛感させる。他者は、ただ一人、己が悲しみのなかに閉じ込もっている。もはや私の共感化の企てを拒絶することさえしない。他者にとって、すでに私など存在しないも同然なのである。

　ここにおいて、いったい私はどうすればよいのか。ただ一言、非実体性の意識に徹すること、そう答えよう。共感の途絶えたところ、もはや共感の及ばぬところ、そこにもなお、非実体性の意識は働く。この非実体性の意識は他者をあるがままに受け入れる。何とか共感しようとあくせくすることなく、従ってまた、ズレの感覚を解消しようとあれこれ作為を弄することもなく、そのままにしておいて、ただあるがままに受け入れる。いつの日か、悲しみから解放される時が来る、そうした希望とすら関わりなく、ただあるがままに静かに他者を受け入れるのである。

第二章　非実体化療法

第一節　非実体性の意識に徹すること

ありきたりの前置きは省略して、いきなり単刀直入に「非実体化療法」と筆者が呼ぶところのものについて、その基本的特性を説明して行きたいと思う。

まず最初に、この非実体化療法も、療法と言うかぎり、一つの治療技術である。何の治療技術かというと、欲望を正しくコントロールするための治療技術である。しかし治療技術といっても、もちろん何かある特殊な医療技術や薬物療法といったようなものでもなければ、またある特殊な心理療法や身体訓練法でもない。それゆえ当然、とりたてて特別の施設や器具も必要としない。まったくの無い無いづくし、それで療法なのかと言われても仕方がないほどの無い無いづくし、あるのはただ、いつでも、どこでも、誰でもが実践可能な、ごく単純な意識訓練法だけである。そして、それで十分なのである。

考えてみれば、あの手この手、さまざまな治療技術が次々と開発されてきたが、それで欲望のコントロールに成功してきたか。お世辞にも成功してきたとは言えないであろう。むしろ事態は逆で、治療技術が複雑で高度になればなるほど、また施設や器具が大がかりになればなるほど、かえってますます欲望は異常に屈折・歪曲し、コントロール不能に陥ってきた。もうそろそろこの辺で、複雑化・高度化の方向から反転し、むしろ単純化・簡素化の方向に向かうべきではなかろうか。俗に「シンプル・イズ・ザ・ベスト」（単純が最善）と言うではないか。

非実体化療法の根底にあるのは、非実体性の意識である。感覚的なものも、想像的なものも、理性的なものも、霊性的なものも、意志的なものも、所有欲も、支配欲も、権力欲も、名誉欲も、虚栄心も、嫉妬も、甘えも、自己も、世界も、神も、仏も、およそいかなるものにも実体がなく、すべては幻想だという意識である。この意識に徹すること、そのときはじめて、癒される。限りなく深い安らぎのなかで、真に癒されて在るのである。

ということは、これ以外の方法では真に癒されることがないということである。ないというのが言いすぎなら、ほとんどないという和らげた言い方をしてもよいが、しかし筆者としては、ないと断定的に言いたいところである。なぜなら自由連想法においても、夢分析においても、能動的想像においても、行動療法や催眠療法や遊戯療法や箱庭療法においても、あるいは観想念仏やマンダラ観、アーメンや称名念仏やお題目においても、その他何においても、明示的か黙示的かはともかくとして、結局つねにある何らかの実体にとらわれており、そのため得られるのはせいぜい、ただ見せかけの対症療法的癒しだけだからである。いや実際には、それすらあやしいものである。

それゆえ非実体性の意識に徹するべきである。ただ単純に徹するべきである。

だが思い返してみるに、実は単純なことほど、かえってむつかしいのである。先に「単純が最善」と言ったが、その裏には「単純が一番むつかしい」がつきまとうのである。

現にたとえば、「すべては幻想だ」と言っている人に、ではあなたは、ものがあるから時間があるのか、それとも時間があるからものがあるのか、どちらだと思うかと問い返したときに、ものがあるから時間があると答えたなら、すべては幻想だという、その人の言説は所詮はただの口先だけのものにすぎないとみなしてよいし、ましてや時間は我々人間に固有のものであり、動物は時間をもたないとか、時間は我々人間の悔恨から生まれたなどというのは論外のことである。なぜなら、もし非実体性の意識に徹するなら、すべてのものは時間という乗物に乗る乗客だからである。いや、これはあまり適切な比喩ではない。むしろ端的にこう言うべきである。人間や動物のみならず、山川草木、およそ存在するすべてのものが時間の表現形態だ、と。

もう一つ、同じような例を挙げよう。ものは運動する。この世のものであれ、あの世のものであれ、その他何であれ、ものはすべて運動する。おそらくこれには、誰も異論はないであろう。しかしそれでは、この「ものの運動」に関して、ものがあるから運動があるのか、運動があるからものがあるのか、いったいどちらであろうか。もし非実体性の意識に徹するなら当然、後者になる。だがその場合であっても、もしこの運動が、たとえば「存在エネルギー」や「カオス的無」、あるいは「絶対無分節者」や「無境界」といったような、ある特定のイマージュでとらえられた途端、たちまちこの運動自体がひそかに実体化されてしまい、不可避的に前者に転化してしまうことになる。それほどに、非実体性の意識に徹するのは容易なことではないのである。

しかもこの運動は能動的（自発的）運動である。それゆえ山川草木地水火風空、その他いかなるものも能動的に運動する。もちろん身体もまた能動的に運動する。しかもこの運動の背後に精神や霊魂といった、ある何らかの能動的に運動する心的なものを想定する必要は必ずしもない。想定してもかまわないが、必ずしも想定する必要はない。想定しようとしまいと、そうしたことには関わりなく、ものはすべて能動的に運動するのである。

これは、ものがあるから運動があるとする立場に立つ人からすれば、まことに奇妙なことに思われるであろう。この立場から見れば、心的なものだけが能動的であり、それ以外のものは受動的だからである。そこであとに残る問題は、この能動と受動の仕切りをどこに置くかということだけになる。つまり心的なものの範囲をどこまで想定するかということである。それをある人は神だけに限定する。ある人はそれに人間を加える。またある人はさらに動物や植物を加える。さらにある人は森羅万象すべてのものの背後に心的なものを想定する。しかし実際には、心的なものをどこまで縮小しようと、あるいは拡大しようと、そうしたこととはまったく関わりなく、ものはすべて能動的に運動するのである。その意味でこの運動は絶対能動である。「絶対能動即絶対受動、絶対受動即絶対能動」の絶対能動である。非実体性の意識に徹すれば、当然そういうことになる。だが肝心のこの非実体性の意識に徹するのが容易なことではないのである。

しかしそれでもなおやはり、非実体性の意識に徹するべきである。ただ単純に徹するべきである。非実体化療法はここから始まる、またここから始まらねばならないのである。

第二節　あるがままに受け入れること

いかなるものにも実体がない、そうはっきりと意識したとき、そのとき人は自ずから、あるがままに受け入れることができるようになる。そのものが価値的にプラスであろうと、マイナスであろうと、喜びをもたらすものであろうと、苦痛をもたらすものであろうと、その他何であろうと、そうしたことにかかわりなく、あるがままに受け入れることができるようになる。なぜそうなるのか。ものへのとらわれ、執着から解放されるからである。

だが思うに、人生は本当に、ままならぬものである。愛されたいのに愛されず、愛したいのに愛することができず、愛したくないのに愛さずにはいられなかったり、自分が思うほど誰も自分を評価しておらず、そのことで苛立ってみても、どうしようもなかったり、いくら努力しても、報われないときは報われないし、大して努力もしていないのに、うまく行くときは不思議なぐらいうまく行ったりする。何の罪もない子が事故で大怪我をしたり、友人を助けようとして、わざとウソをついたのに、かえって友人のみならず、周りの者からさえ不信の眼で見られたり、人の不幸に深く同情しながらも、反面どこか心の片隅で、自分には関係ないという、冷ややかな思いがちらっとかすめるのをどうすることもできなかったりする。こんな氏素性や容貌で生まれたくなかったし、こんな仕事など本当はしたくなかったりする。そもそも生まれたくて生まれたわけでもなく、死にたくないのに死んで行くのである。人生は本当に、ままならぬものである。思い通りの人生、何の矛盾も障害もない人生などありえない。もしあれば、それはそれで、かえって今度は逆に、何の矛盾も障害もないという矛盾や障害に悩まされずにはいないであろう。実に人生とは、ままならぬものである。

だから大事なことは、このままならぬものを、ままならぬままに、そのまま受け入れることである。目をそらしたり、逃げたり、抑圧したり、悪あがきせずに、素直に受け入れることである。そして受け入れたうえで、欲望を正しくコントロールすること、つまり可能なかぎり利己的情念を浄化することにより、甘えもせず、うぬぼれもせず、卑屈にもならず、ましてや嫉妬したりすることもなく、心をまっすぐにして生きることである。いわば心の直立歩行、それが非実体化療法の課題なのである。

今日、自立という言葉がしばしば使われる。教育はもとよりのこと、心理相談、看護や福祉、あるいは宗教活動や政治活動その他、さまざまな対人援助活動の場面で使われる。たしかに自立は、従来にもまして、今後ますます重要なキー・ワードになって行くことは間違いないであろう。だがそれならば、自立とはいったいどういうことなのか。心の直立歩行、要するにそれが自立の核心である。

我々人間が身体（からだ）の直立歩行に成功して以来、すでに数百万年が経っているのに、心（こころ）の直立歩行にはいまだに成功していない。よたよたと、つねに何かに寄りかからずには歩いて行けず、うかうかすると這いつくばってしまう有様で、そのなかで互いに傷つけあい、苦しめあい続けているのである。

それゆえどうしても、心の直立歩行が求められる。一歩一歩着実に、まっすぐに立って歩いて行かねばならない。だがそのためには、まず何よりも、自然に対する関係、他者に対する関係、社会や国家に対する関係、神や仏に対する関係、その他いかなる関係であれ、それが苦渋をもたらすものであろうと、親和的なものであろうと、そうしたことにかかわりなく、あるがままに受け入れることである。それ以外に方法がないのである。

だがここにもまた、悪魔が忍び込む。あるがままに受け入れるという、そういう仕方で受け入れる自分自身に対する甘えという悪魔がひそかに忍び込む。時として、当人自身も気づかないままに忍び込む。この悪魔は最も悪質で、これに取り憑かれるや、すべてが台無しになる。たとえば、自分はどうしようもない人間だと言う場合、そう言っている自分にひそかに酔い痴れ、甘ったれていることがしばしばある。だいたいそういうことを口に出して言うこと自体、おかしい。本当に心底、自分がどうしようもない人間だと思っていたら、口に出して言ったりしないであろう。それをわざわざ口に出して言うのは甘ったれている証拠である。そう指摘されても仕方がないであろう。あるがままに受け入れるということに潜む、この悪魔に取り憑かれることだけは絶対に避けなければならない。これに取り憑かれた途端すでに、あるがままに受け入れるということから大きくズレてしまい、それ以前の段階に後戻り、もはや心の直立歩行もなにもあったものではないからである。

　自分自身に対する甘えという、この悪魔こそ、あるがままに受け入れることを妨げる最大の招かれざる客である。では、いったいどうすれば、これを追い払うことができるのか。答えは簡単、非実体性の意識に徹すること、ただ単純に徹することである。

　非実体性の意識に徹しないかぎり、真にあるがままに受け入れることはできない。もとより、「あるがまま」の重要性についてはすでに、森田療法やロジャーズ派の来談者中心療法など、少なからざる心理療法において強調されてきていることであるが、しかしそうした心理療法のいずれもが、あるがままに受け入れるように求める、その当の「もの」をいつもすでに実体化してしまっている。人や物であれ、欲望や想像力であれ、見方や考え方であれ、苦しみや悲しみや喜びであれ、その他何であれ、あるがままに受け入れるように求める、その当の「もの」を実体化してしまっている。そして、実体化してしまっているかぎり、あるがままに受け入れることはできない。あるがまま、あるがままと、いくら自分に言い聞かせ、自己暗示をかけようと、受け入れることはできない。受け入れているつもりにはなれても、受け入れることはできない。実体化してしまっているかぎり、我々と「もの」とのあいだの関係は、自他二元的に「もの」対峙的であるか、自他一元的に「もの」が我々に取り憑く

「もの」憑依的であるかであって、決して「もの」受容的であることはないからである。

それゆえ大事なことはまず何よりも、非実体性の意識に徹すること、ただ単純に徹することなのである。

第三節　利己的情念を浄化すること

経験的に言いうることは、人間というものは、その言動のいかなる面から見ても本質上、オモテ・ウラのある、まことに矛盾した逆説的存在者だということである。表向きは陽気で明るい人間なのに、実は裏では陰気で暗い人間だったり、逆に外見はいつも寡黙で物思いに沈んでいる感じを与えるが、しかし実際には何も大したことは考えておらず、かえって外見は大ざっぱで粗い印象の人間が実は内面では、いつもあれこれ思い悩んでいたりする。人前ではニコニコと社交的で、いつも笑いをさそう言動をとる人間ほどかえって、私生活では険があり、気むずかしく、周りの人を困らせており、逆に一見すると無愛想で取っ付きにくそうな人間が、話してみると意外と人なつっこく、素朴な人間だったりする。愛想の悪い人ほど単純で、愛想のよい人ほどかえって、腹の底で何を考えているかわからないところがある。理想主義者にかぎって、実際は打算的な実利主義者であり、打算的な実利主義者がかえって内心にロマンティックな夢を抱き続けていたりする。また、これは依存症や神経症に悩んでいる人によくあることだが、治りたいけれども、治ったあとの生活のことを考えると、治りたくないというふうに、治りたいが、治りたくなく、治りたくないが、やはり治りたいといったジレンマに置かれたりもするのである。あるいはまた、自分はダメな人間だと言っている人間が必ずしも本心からそう思っているわけではないし、それどころかそういう人間にかぎって、自分にひそかに酔い痴れ、甘ったれている場合すらあるし、反対に自信満々で態度のでかい人間が実はひそかな劣等感に悩まされていたりするのである。人間とはそういうものだと言ってしまえば、それまでのことだが、それにしてもつくづく人間とは矛盾に満ちた逆説的存在者である。

とはいえ、こうした人間の逆説性をいくら詳細に並べ立ててみたところで、それ自体に大した意味はない。要は、いったいどうすればよいのかということである。

結論的に言えば、言動にオモテ・ウラがあること自体は、必ずしも悪いことではなく、悪いのはむしろ、オモテ・ウラのあるなしにかかわらず、言動が利己的になることであり、それゆえ大事なことは、できるかぎり我々の言動から、それに染みついた利己的情念を浄化すること、換言すれば、利己的情念を非実体化することにより、その力を無効にしつつ、その汚れを解消することである。

一般にオモテ・ウラのある言動は悪く評価され、逆にオモテ・ウラのない首尾一貫した言動は良い評価を受ける。あの人は影・日なたのない人だと言えば、まず間違いなくほめ言葉であろう。しかし考えてみれば、この評価は必ずしも妥当なものとは言いがたい。もちろん当人の前では、いい顔をしながら、陰でこそこそとその人の足を引っ張るような言動をとる人を誰も信用しないであろう。ウソつきは嫌われる。しかし実はこの場合においても、嫌われるのは、言動にオモテ・ウラがあるからではなく、オモテ・ウラのある言動のその全体が利己的だからである。裏返して言えば、たとえオモテ・ウラがあっても、もしその言動が人助けのためであれば、ほめられこそすれ、何ら非難される謂われはないであろう。俗に「ウソも方便」と言うではないか。

しかしそれにしても、オモテ・ウラがないというのは、いったい何を意味しているのか。オモテ一色ということか。それともウラ一色を意味しているのか。いや、決してそういうことではないだろう。そもそもオモテはウラあってのオモテであり、ウラもまたオモテあってのウラであり、両者はふたつでワンセットのものである。しかるにオモテ一色というと、ウラがないということになるが、しかしウラがなければ、当然オモテもないことになり、オモテ一色というのは形容矛盾で、成り立たないことになる。同じことがウラ一色の場合にもあてはまる。それゆえオモテ・ウラがないというのは、文字通りオモテもウラもないことを意味している。別な言い方をすれば、幅も奥行も深みもなく、ただただ現われ出たところがすべてだということである。それはまことに分かりやすいといえば分かりやすいが、しかし平板きわまりなく、何の魅力もないであろう。

それに反して、何気ない一言の背後に感じられる豊かな人生経験、深い悲しみをたたえた優しい微笑み、激しい怒りを貫く思いやりの心、その思いやりの心に隠されたひそかな罪責感等々、オモテとウラの織り成す微妙な交錯は我々の言動に幅と奥行と深みをもたらし、何とも言えない魅力を与える。だからオモテ・ウラのある言動の逆説性をただいたずらに否定したりせずに、あるがままに受け入れるべきである。善し悪しにかかわりなく、まずあるがままに受け入れるべきである。もとよりオモテ・ウラのある言動はとかく利己的になりがちである。それは認めざるをえない。しかしそれでもなお、受け入れるべきである。そして受け入れたうえで、虚栄心や嫉妬やうぬぼれや甘え等々、オモテ・ウラのある言動に染みついた種々の利己的情念を可能なかぎり浄化するように努めねばならないのである。

この点については、オモテ・ウラのない言動、あるいはまたこう言ってよければ、比較的オモテ・ウラのズレの小さな言動にも妥当する。要するに、オモテ・ウラのあるなしにかかわらず、そのつどそのつどの言動をあるがままに受け入れつつ、可能なかぎりその言動に染みついた利己的情念を浄化すべきなのである。

とともに、オモテがウラを過剰に抑圧したり、逆にウラがオモテを呑み込んでしまったり、あるいはオモテとウラがあまりにも極端に乖離《かいり》してしまったりすることがないようにしなければならない。オモテ・ウラのある言動が魅力的なのは、オモテがウラになり、ウラがオモテになりあいながら、あくまで両者が微妙に交錯しているかぎりにおいてだからである。あたかも、あのモーツァルトの音楽やレンブラントの絵画のように。

第四節　対人援助関係に入ること

しかしそれにしても、いったい何のために欲望をコントロールする必要があるのか。つまり同じことだが、いったい何のために自立する必要があるのか。それは、利他的関係に入るため、今風に言えば、対人援助関係に入るためである。では、いったい何のために対人援助関係に入る必要があるのか。これについては、それによりはじめて、人は存在していること、生きて在ることに充実感を感じるからだと答えよう。いわゆる「ジコチュウ」（自己中心的）では、存在の充実、生の充実は得られないのである。

人が本当に生きていると言えるのは、対人援助関係に入っているときである。もちろん人を助けることはむつかしい。本当に人を助けることなどできるのかと思いたくなるほどむつかしい。もしかしたら、人を本当に助けることなどできないのかもしれない。いや、できないと断定したほうがよいのかもしれない。しかしそれでもやはり、対人援助関係は人に存在の充実、生の充実を与えるのである。

たしかに対人援助関係は重荷を伴う。時には耐えがたいほどの重荷を伴う。こんな重荷を伴う対人援助関係から解放されれば、どれほど楽だろうと思う。ところが、いざ解放されてみると、当初はホッとするものの、そのあとに来るものは、何とも言えない虚脱感・空虚感である。解放されたら、あれもしよう、これもしよう、そうしたら、どんなに楽しいだろうと思っていたのに、いざ解放されてみると、何をやっても充実感がない。何でも好きなことができる、自分のための時間がたっぷりあるのに、何をやっても充実感がない。いったいこれは、どういうことであろうか。

人が充実感を感じるのは結局、人のために何かをしているときである。人のために働き、人のために努力しているときである。たとえ、それがどれほど重荷を伴うものであろうと、そこにしか本当の充実はないのである。ここにもまた、人間の逆説性がある。

しかし、「人のため」といっても、人の利己的情念を助長するようなことをしてはならない。人の利己的情念の助長、それは必ず自分にはね返ってきて、自分自身もまた利己的情念にとらわれることになる。その結果、対人援助関係は対人抑圧関係に転化してしまう。

この対人抑圧関係には、二種類ある。ひとつは、主客二元の自他分離感に基づく抑圧関係であり、もうひとつは、主客一元の自他合一感に基づく抑圧関係である。前者は、自他が「一のない二」となり、あまりにも離れすぎることから由来する抑圧関係であり、逆に後者は、自他が「二のない一」となり、あまりにも即きすぎ、過剰依存に陥ることから由来する抑圧関係である。それゆえ対人援助関係の秘訣は、「即《つ》かず離れずの関係」（不即不離の関係）に立つところにある。私は私でありながら他者、他者は他者でありながら私というふうに、自他の区別は区別として、そのままにしておいて、しかもその間に自在に融通がつくところ、言い換えれば、「二であって一、一であって二」となって働くところにあるのである。

では、「即かず離れずの関係」に立つためには、どうすればよいのか。非実体性の意識に徹すること、ただ単純に徹することである。非実体化療法は結局、ここから始まり、ここにかえって行かねばならないのである。

第三章　非実体的個人主義

第一節　生き方としての個人主義

まずこう言おう、個人主義は大事である、と。どう考えてみても、個人主義が我々の生き方のベースとならねばならない。たしかに個人主義は利己主義や深い孤独感や空虚感に陥りやすい。それは認めざるをえない。しかしそれでもやはり、個人主義を捨ててはならないのである。

洋の東西を問わず、これまで個人主義はさまざまな批判にさらされてきた。個人主義の本家本元の西洋においてすら、いや本家本元の西洋だからこそと言ったほうがよいのかもしれないが、社会有機体説、創造的進化説、唯物史観、国家社会主義、基礎的存在論、集合的無意識説、キリスト教原理主義等々、その批判には事欠かない。当然、個人主義が大勢としては外来のものでしかなかった日本においては、家族主義、間柄主義、先祖崇拝（先祖供養）、土に根ざした霊性主義、山岳信仰、武士道の気風、忠君愛国・滅私奉公、会社本位主義等々、没我的一体感に基づいた日本型アニミズムから、個人主義は執拗に攻撃されてきたし、今も攻撃され続けている。

もとより、こうした各種の個人主義批判を無下に排斥するようなことがあってはならない。なかには、十分に傾聴に値する批判も少なくないからである。しかしそれでもやはり、個人主義を捨ててはならないのである。

しかしここで言う個人主義とは、短所を押さえ、長所を伸ばすといったレベルの、いわゆる個性論でもなければ、ある特定のイデオロギーとして定式化された個人主義でもない。そうではなくて、それはひとつの生き方である。人はいかに生きるべきかという問いに対して、選びとられたひとつの当為的生き方であり、またそういうものとしてのひとつの事実的生き方である。

では、その個人主義とはどういうものか。要するにそれは、あらゆるものごとを個人から始め、個人にかえすということ、たとえ途中の経緯で個人をないがしろにするようなことがあっても、つねに最終的には個人にたちかえるということである。

それゆえたとえば、ある人が、私は個人主義には絶対に反対である、なぜなら個人があって集団があるのではなく、集団があって個人があるからだ、しかしあなたがそう思うかどうかはあくまであなたの自由だと言うとき、その人は個人主義的である。あるいはまた、ある人が、すべてのものには実体がない、それゆえ私にもあなたにも実体がない、それこそが絶対の真理である、しかしあなたがそれを受け入れるかどうかはあなた自身の自由であると言うとき、その人もまた個人主義的である。逆にそれに対して、集団があって個人があるのではなく、個人があって集団があるのであって、個人主義は絶対に正しい、だからあなたもそれを受け入れ、支持せよ、さもなければ私はあなたを絶対に許さないと言うとき、表向きの個人主義とは裏腹に、とてもその人が個人主義的とは言いがたいであろう。

個人主義は、ある人がどのような思想的立場に立っているかどうかということには拘束されない。たとえどのような思想的立場に立っているにせよ、あくまでその人が身体的にも精神的にも、可能なかぎり自他の自由を傷つけ、苦しめないような生き方をとるかぎり、その人は個人主義的なのである。

一般に相対主義と併列主義とはしばしば混同されがちだが、しかしこの二つは明確に区別しておいたほうがよい。併列主義は、自分なりの思想的立場に立たないままに、ただ漫然とさまざまな思想的立場を並べたてるだけのことで、その行き着くところはニヒリズムであるのに対して、相対主義とは、自分なりの思想的立場をはっきりと打ち出したうえで、しかもそれを他に押しつけず、当然他の人には他の人なりの思想的立場があるのだから、自分の思想的立場を受け入れるかどうかはあくまで他の人の自由だとする生き方である。それゆえ相対主義は個人主義と矛盾しない。それどころか、相対主義は個人主義を前提としているのである。

基本的なことは、個人にたちかえることである。大人も子どもも、老いも若きも、男も女も、一個の人間としての個人にたちかえることである。それは孤独を受け入れることを意味している。単なる情緒的な淋しさではなく、人間が人間として存在しているかぎり、決して消し去ることのできない本質的な有り様としての孤独を直視し、素直に受け入れることを意味している。

人間は簡単には理解しあえるものではない。そこには深い亀裂、乗りこえがたい溝がある。親子、夫婦、友人、恋人ですら、そうである。この根源的な孤独は、たとえどれほど深い自他合一感であっても、解消できない。ましてや、ありきたりの協調性や助け合いなどで解消してしまえるものではないのである。だから孤独を受け入れることである。孤独に内在する深い分離不安を恐れることなく、孤独をあるがままに受け入れることである。

孤独を受け入れるのであって、孤独に耐えるのではない。人間は孤独に耐えられない。無理に耐えようとすると、結局押しつぶされて、自殺に追い込まれるか、逆に人に対して攻撃的になり、ついには殺人をすら犯しかねない。しかもこの殺人は自殺の代償、いや一種の自殺なのである。

今、我々は高度に発達したテクノサイエンス社会に生きている。この社会はこれまで以上に我々をバラバラに孤立化する。だがそれはむしろ望ましいことである。逃げてはならない。真正面からそれを受け入れねばならない。

とはいえ、それでもやはり人は、なんとかして孤独を回避しようとする。回避せずにはおられない。目先の快楽に取りまぎれる日常生活、騒々しく忙しない人間交際、ひたすら効率性と利潤追求に狂奔する経済活動、権謀術数に明け暮れる政治活動、上滑りする教育活動や文化活動、ファナティックな宗教活動、自閉的なナルシシズムへの閉じこもり、甘えや共依存といった歪んだ自他関係等々、その回避の形態はさまざまである。しかしどれほど孤独から逃げようとしても、逃げられない。かえって逃げれば逃げるほど、ますます深い孤独に落ちこんで行くであろう。

では、いったいどうすればよいのか。非実体性の意識、それ以外にない。非実体性の意識においては、個人には実体がない。それゆえ孤独にもまた実体がない。そう意識するとき、はじめて我々は孤独を受け入れることができる。孤独に耐えるのでもなければ、孤独を回避する必要もなく、ただ素直に孤独を受け入れることができるのである。とともに、同時にまた、個人尊重の思いが、一人ひとりの人間を大切にしたいという思いが湧いてくるのである。

人はよく、「相性」ということを口にする。たしかに、どうも人間関係には、相性の合う合わないがあるようである。いかにも親しそうに付き合っていても、どこかよそよそしく居心地が悪い。相性の合わない人とは合わないのである。逆に、普段はあまり付き合うこともなく、会えば、きまって口論になるのに、いざというときには、その人に相談をもちかけるという具合に、相性の合う人とは合うのである。人が人と共感的になれるかどうかは、相性が合うかどうかによる。共感的になれるから、相性が合い、共感的になれないから、相性が合わないのではなく、相性が合うから、共感的になれ、相性が合わないから、共感的になれないのである。相性が合わないと、いくら共感的になろうとしても、どうしても共感的になれない。それに反して、相性が合うと、たとえ表面的にはギクシャクしていても、共感的になれるのである。

しかし、それにしても、相性とはいったい何であろうか。よくわからない。あれこれ理屈は挙げられるかもしれないが、理屈で相性が合うわけではないので、本当のところはよくわからない。よくわからないけれども、どうも人は、相性と言うほか仕方がないものに従って、人間関係を結んでいるように思われてならない。そしてそれは、どうすることもできない人間の性向かもしれない。

しかし相性による人間関係は、偏った人間関係に陥りやすい。相性の合わない人とは、とかく冷たい対立関係に陥りやすいし、そうかと思うと、相性の合う人とは、共感関係という名の過剰な依存関係・転移関係に陥りやすい。だから、相性にとらわれないようにしなければならない。相性にもまた実体がないのだから、それにとらわれないことである。そして、とらわれさえしなければ、相性に関わりなく、良好な人間関係が結べるであろう。相性が合う合わないに関わらず、個人尊重の思いが、一人ひとりの人間を大切にしたいという思いが湧いてくるであろう。

非実体性の意識に裏づけられた個人主義、つまりこう言ってよければ、非実体的個人主義、これこそが真の個人主義である。

第二節　快楽主義の終焉

「毎日の新聞記事は悲惨なことだらけです。「汝の隣人を愛せ。」という命令に忠実に従って、毎日の新聞をすみからすみまで見ていたら、わたしたちは悲しみと憤激と絶望のあまり、もう頭が混乱して気違いになってしまうにちがいない。しかし、新聞の三面記事をていねいに読んで、見ず知らずの他人の不幸を悲しむあまり、気違いになってしまったというような人を、残念ながら、わたしたちは知らないのです。すなわち、「同じ人間じゃないか！」なんていう言葉は、たんなる掛け声であり、「汝の隣人を愛せ。」などという抽象的な命令は、現実には少しも守られていないことのあきらかな証拠が、ここにあるわけです。どだい、この金言は実行不可能な、空虚な理想だということがおわかりでしょう。」（『快楽主義の哲学』、文春文庫、四三―四四頁）

「童話作家として有名な宮沢賢治の詩に、「雨ニモマケズ」というへんな詩があります。

雨ニモマケズ
風ニモマケズ
雪ニモ夏の暑サニモマケヌ
丈夫ナカラダヲモチ
欲ハナク
決シテ瞋《イカ》ラズ
イツモシズカニ笑ッテイル
一日ニ玄米四合ト
味噌ト少シノ野菜ヲタベ
……（中略）
ミンナニデクノボウト呼バレ
賞メラレモセズ
苦ニモサレヌ
ソウイウモノニワタシハナリタイ

ずいぶん、みじめったらしい詩です。賢治の童話は好きですが、この妙な人生哲学めいた自虐的な詩は、どうもいただきかねる。

目の前に牛肉があるのに、「味噌ト少シノ野菜」で満足していなければならないという法はありません。なにもわざわざ「ミンナニデクノボウト呼バレ」なければならない必要はありません。正当な理由があるときには、怒りを爆発させてもいいし、「丈夫ナカラダ」をもっていれば、いろんな欲望も湧いてくることでしょう。どうして、それを満足させてはいけないのか。だいいち、「イツモシズカニ笑ッテ」いられたのでは、まわりの者が

気味がわるくてしかたがありません。ソウイウモノニワタシハナリタクアリマセン！」（前掲書、四四―四六頁）

「他人のためにつくすということは、じっさい、むずかしいことです。押しつけがましい善意なら、なくもがなでしょう。へたな落語家が、汗水たらして客を笑わせようとしているようなものです。謙譲の美徳などということも、たいていの場合、この押しつけがましい善意に似ているものです。遠慮ぶかく、他人に快楽を譲ることばかり考えている人は、けっきょく、自分をも他人をもだめにしてしまいます。」（前掲書、五〇頁）

「自分を知ろうと努めることくらい、おろかなことはありません。ますます自分の本質が小さく制限され、自分が貧弱になっていくばかりです。自分を知るということは、ちょうど自分のまわりに白墨《はくぼく》で輪を描いて、その輪の中に、体を小さくしてちぢこまっているようなものではないでしょうか。……

これでは、どうにもしかたがありません。「おのれ自身を知れ。」という金言は、人間を萎縮させ、中途半端な自己満足を与えるばかりで、未来への発展のモメント（契機）がない。未知の可能性や、新しい快楽の海に飛びこんでいこうという気持を、くじけさせてしまいます。」（前掲書、五三頁）

「目的とするところは、いずれの場合も同じであって、人間の本能、人間の欲望に忠実であるということです。けちくさい形式的な道徳や、空虚な理想論などにまどわされず、すいすいと快楽の海を走っていく軽快な舟の姿を想像してください。古めかしい道徳は、暗礁です。こんなものに乗りあげたら、たいへんだ。欲望という、美しい灯台の光だけを目標にしていればよい。」（前掲書、六〇―六一頁）

ついつい調子にのって、だらだらと引用してしまったが、いずれもこれらは、一九六〇年代半ばに出版された、異端の作家・澁澤龍彦の『快楽主義の哲学』からの引用である。長々とこんなに引用してしまったのも、私のなかに強く共感するものがあるからにちがいない。

この作品は純粋に澁澤の作品ではない、編集者の手が入っているという説があるが、そんなことはどうでもよい。共感するものは共感するのである。それに、この作品に編集者の手が入っているかどうか、澁澤がこの世から消えた今、今更確認しようがないし、仮に手が入っていたとしても、あくまでこの作品は、澁澤の名で出版された以上は、澁澤の作品なのだから、この作品が本当に自分の作品でないのなら、いつでも彼自身の口から、そう言えたはずであるが、そんな話は聞いたことがない。まさかゴースト・ライターがいたわけではないだろう。仮に編集者の手が入っていないまでも、ここはこうしたほうがいいんじゃないですか、ぐらいの編集者の意見が入っていることは大いにありうるが、しかしそれを受け入れて、手直しをしたのが澁澤本人なら、やはりこの作品は澁澤の作品なのである。もっとも、これが誰の作品であろうと、どうでもよいことである。思わず共感して、長々と引用したまでのことである。

しかしそれにしても、この澁澤の快楽主義は、高度経済成長期からバブル期を経た今となってはもう、珍しくもなんともないし、それどころか、現実のほうが追い越してしまっている感すらあり、しかも逆説的なことだが、今ではかえって、それが種々の難問を突きつけてきている。この作品に解題を付けた浅羽通明氏は、次のようなことを言っている。

『快楽主義の哲学』が提唱した過激な生き方は、かくして、いつのまにか異端でも孤高でもなくなっていった。あちこちにピアスを突っさし髪を五色に染めたあんちゃんやねえちゃんは、皆、誤解されたくて自己演出に励んでいる。膨大なフリーターの群れが労働の忌避を日々実践している。堂々と権利主張をする同性愛者がいる。ルネサンスのアレティノのように、論敵を脅迫し侮辱しプライバシーを暴露して日々の糧を得ている雑誌や若手のライターも数多くいる。

あるいは――。ヘレニズムの哲学者ヘゲシアスのように、自殺をこそよしとする書物がベストセラーにならなかったか。「人生には目的なんてない」という認識は、パラノよりスキゾだのまったり生きろだのと宣《のたも》うてきたシラケ世代が予《あらかじ》め共有していた大前提ではなかったか。あるいは、インドのヨガ行者や自力宗の即身仏の理想のように、人間を人間以上にする魂の科学を実践しようとした宗教団体が、世を巻き込んで破滅していかなかったか。

そして何より、澁澤龍彦の著作のほとんどが、人並みを脱した個性を安価に購いたいミーハーたちの需要に応えて、カッパ・ブックスに負けない部数を誇る各文庫中のロングセラーとなっているではないか。異端も孤高も耽美も奇矯も、珍しくもないそれぞれの好き好きとして容認されてしまう価値相対化の世の中が十二分に煮つまって、かえって純愛やら博愛主義やらに新鮮なひびきさえ感じられる昨今……」（前掲書、二三二―二三三頁）

たしかにその通りである。だから欲望を煽り立てるのは、もういいかげんにしておいたほうがよい。今後の課題はむしろ、欲望をどううまくコントロールするかである。欲望解放のあげくのはての揺り戻しだと言ってしまえば、それまでのことかもしれないが、それならそれでいい。とにかく、何とかうまく欲望をコントロールする術を学ばねばならない。

おそらく今後とも、欲望は煽り立てられ続けるであろう。しかしだからこそ、欲望のコントロールが大事である。欲望解放があけすけに是認された時代は終わった。たとえレジスタンスから出たものであっても、もう終わったのである。

しかしこう言うと、今度は決まって、禁欲主義がもち出され、節制、忍耐、知足、清貧等々、お定まりの禁欲主義的徳目が並べ立てられる。もちろんそうした徳目は無下にないがしろにはできないし、また、してはならないが、しかし所詮、欲望抑圧としての禁欲主義は快楽主義の裏返しにすぎず、真の欲望のコントロールにはつながらないのである。

さりとて、プラグマティズムも、デカルト哲学やカント哲学や現象学も、社会有機体説やヘーゲル哲学も、ベルグソンやブーバーなどの神秘主義哲学も、ダメである。あるいは、プラグマティズム教育論も、ポストモダン教育論も、ヘルバルト教育学も、国家主義教育論も、汎神論的教育論も、ホリスティック教育論も、ダメである。あるいはまた、行動主義心理学も、精神分析学も、人間性心理学も、分析心理学も、トランスパーソナル心理学も、ダメである。いずれも、真の欲望のコントロールにつながらないのである。

では、いったいどうすればよいのであろうか。これについては、非実体的個人主義、それが筆者の立場である。それ以外にないと思っている。しかしそれが当たりかどうか、本当のところはわからない。もっとよい立場があれば、喜んで受け入れるであろう。

第三節　非利己主義の悲願

もしこの非実体的個人主義が本物なら、そのときそれは自ずから非利己主義をめざす。非利己主義を当為的課題として志向する。志向せずにはおられないであろう。では、非利己主義とはどういうことか。それは欲望をコントロールすることである。では、欲望をコントロールするとはどういうことか。それは欲望が虚栄心や嫉妬やうぬぼれや甘えといった利己的情念を生まないように欲望をコントロールすること、もしすでに生み出してしまっているなら、その利己的情念を浄化することである。では、利己的情念を浄化するとはどういうことか。それは、利己的情念を非実体化することにより、その力を無効にしつつ、その汚れを解消することである。

ところが実際問題として、利己的情念の浄化はきわめて困難である。そこで、もし本気でそうしようとすれば、脱俗的生活に入るほかないのかもしれない。もちろん単に外見だけ脱俗的生活に入ってみても、利己的情念は浄化されない。浄化されないどころか、脱俗的生活を装っているだけに、かえってなお質の悪い利己的情念がその脱俗的生活を支配しかねない。それは、各種の宗教・宗派のいわゆる「出家生活」の堕落ぶりが歴史的に教えるところのものである。とはいえ、たしかに脱俗的生活が利己的情念の浄化にとって有効であるのはまちがいがない。なぜか。それは、脱俗的生活においては、非実体性の意識が容易であり、またその意識を持続的に維持しやすいからである。非実体性の意識に立った脱俗的生活、それは利己的情念を浄化するうえで非常に有効な選択の道である。

だがこの道は特殊の道で、誰でもが歩める道ではない。大多数の人にとっては、あくまで世俗的生活を送りながら、そのなかで利己的情念の浄化に努めるほかはない。しかし世俗的生活は非実体性の意識を困難にする。ましてや非実体性の意識を持続的に維持することなどなおさら困難である。なぜなら世俗的生活は深く広く利己的情念に汚染されており、そのまっただなかにあって、非実体性の意識に立つことは非常にむつかしいからである。だが今必要なのはこれである。あくまで世俗的生活のなかにありながら、そのなかで非実体性の意識に立って利己的情念の浄化に努めねばならない。非実体性の意識に立った世俗的生活において利己的情念を浄化すること、それこそが我々の取るべき道である。

そしてこの道から見れば、脱俗的生活の道はむしろかえって安易にすぎる道と映るであろう。いやそれどころか、逃避の道とすら映るであろう。世俗的生活こそが人間本来の生活の場だからである。どれほど利己的情念に汚染されていても、世俗的生活を離れて、真の生活の場はない。あくまでその場にふみとどまりながら、利己的情念の浄化に努めるべきである。いかに困難であっても、いや困難であるがゆえにこそ、そうすべきなのである。たとえ脱俗的生活において利己的情念が浄化されたとしても、そのようなものは所詮、ひよわな花にすぎない。世俗的生活のドロドロした利己的情念の毒気にあたれば、たちまち色あせてしまうであろう。脱俗的生活の道は大変魅力的ではあるが、しかしそれによって我々の世俗的生活がどうなるものでもないのである。

だがそれにしても、考えてみれば、利己的情念なき世俗的生活、つまり非利己的な世俗的生活などというのは形容矛盾ではないのか。もともと利己的情念に汚染された生活をこそ世俗的生活と呼ぶのではないのか。だから矛盾したことを望むべきではない。できもしないことを望んでみても仕方がない。世俗的生活とは欲望解放の場にほかならないからである。

もとより世俗的生活においても、欲望を押さえはする。俗に言う、ガマンである。しかしガマンしたくて、ガマンするわけではない。ガマンせざるをえないから、ガマンするまでのことである。だから、ガマンしなくてもよくなれば、あるいはガマンしきれなくなれば、一気に欲望解放に向かうであろう。時にはガマンすることが、欲望を押さえることが、より大きな欲望解放の手段ですらある。それほどに欲望解放のエネルギーは強烈で、あくことを知らない。こうして我々は断え間のない快と苦の循環運動に縛りつけられ、そのなかで互いに争い、傷つき、苦しめあうことになる。もちろん次から次へと快楽に満たされはする。時には至福のエクスタシーに包まれることもある。だが結局は行き着くところはいつも苦痛である。快楽が大きければ大きいほど、その見返りとしての苦痛もまた大きい。それが循環運動の宿命なのである。

今我々にとって必要なことは、非利己主義ではないか。利己的情念を浄化して、自立することを知ることではないか。歯止めのない環境汚染、拡大再生産され続ける社会的不平等、競争万能・交換価値万能の市場主義の貫徹による人間の尊厳の破壊、人間を欲望する自動機械に仕立て上げようとする息苦しい官僚主義、心身症・神経症・統合失調症・摂食障害・アルコール依存症・テクノ依存症・いじめ・校内暴力・不登校・家庭内暴力、枚挙に事欠かない各種の心の病、悪化する治安と急増する凶悪犯罪等々、あまりにも野放図な欲望解放のあげくのはてに、深刻な人間疎外に苦しめられている今こそ、真剣に非利己主義に努める必要があるのではないか。それこそ一人の例外もなく、我々全員が真剣に非利己主義に努める必要がある。さもなければ、待ち受けているものはまず間違いなく破滅である。

なるほど高度に発達したテクノサイエンス時代以前なら、欲望の解放といっても、高が知れていた。欲望を解放しようにも、その術がなかった。錬金術や密教に代表されるような、幼稚な魔術的技法では、欲望の解放といっても、たわいのないものであった。十九世紀型のテクノサイエンスですら、欲望解放はまだまだ、ままならぬものであった。だが今日のテクノサイエンスは信じがたいほどの欲望解放を可能にした。そしてそれとともに、信じがたいほどの利己主義をもたらした。もはやこのまま闇雲に突っ走ることは許されない。今こそ、非利己主義に努めねばならない。現代という時代は、史上はじめて、非利己主義が我々全員の生死に直結する大問題として立ち現われてきた時代である。もはや一部の脱俗的生活者たちだけの問題ではないのである。

非利己主義とは、非実体性の意識に立った欲望のコントロールである。欲望のコントロールであって、欲望の抑圧ではない。それゆえ、いわゆる禁欲主義ではない。欲望は抑圧しようとしても、抑圧できるものではない。また抑圧すべきでもない。無理に抑圧しようとすると、かえって逆効果で、必ずや思いもかけない仕方で復讐してくるであろう。ただ非実体性の意識に立って、心大らかに欲望の流れに身を委ねつつ、利己的情念を浄化することにより、欲望をコントロールすることである。

だが、非利己主義などと言うと、なにか小さな欲で満足し、こぢんまりとまとまり、ほどほどに生きるというイメージで受けとられるかもしれないが、しかしここで言う非利己主義とは基本的には、そうした欲の大小とは関わりがない。たとえ小さな欲であっても、そこに虚栄心や嫉妬やうぬぼれや甘えや憎悪といった利己的情念が絡みついていれば、利己的なのであり、逆に大きな欲であっても、そうした利己的情念に翻弄されていなければ、非利己的である。非利己主義とは決して、たとえば小さな性欲や小さな権力欲や小さな知識欲で満足するといったようなことではない。そうした欲の大小に関わりなく、大欲は大欲なりに、小欲は小欲なりに、つねに利己的情念の生ずることのないように欲望をコントロールすることである。

それゆえ言うまでもないことだが、非利己主義は欲の多少ともまた関わりがない。非利己主義とは、少欲は少欲なりに、多欲は多欲なりに、利己的情念にとらわれないことだからである。

では欲望とは何か。一言で言えば、それは足らざるを知ること、つまり欠如感のことである。あらゆる欲望は欠如感に基づいている。この欠如感自体はなんら否定されるべきものではない。むしろ積極的に肯定されるべきである。ただこの欠如感を利己的情念の生じないようにコントロールすること、もしすでに生じさせてしまっているなら、その利己的情念を浄化すること、それが非利己主義なのである。

非利己的なテクノサイエンス、非利己的な学問芸術、非利己的な宗教、非利己的な教育、非利己的な心理療法、非利己的な政治、非利己的な経済等々、あらゆる分野において非利己的であることを学ばねばならない。非利己的であるところにこそ、真の成長、真の自己実現、真の人間形成があるからである。もちろんこれはひとつの理念にすぎない。しかしこの理念の実現に向かうときのみ、はじめて我々には充実した生活が可能となる。真の自立性に基づいた充実した生活が可能となるのである。ただし、そんな充実した生活などまっぴら御免だ、快と苦のドラスティックな循環運動、そのほうがよほど刺激的でおもしろい、破滅したっていいじゃないか、と開き直られれば、そうですか、どうぞお好きなように、と言うほかないであろう。

しかしそう言いながらも、それでもやはり他方では、今こそ非利己主義に努める必要がある、老若男女を問わず努める必要があると言い続けるほかないのである。

第四節　実質主義の陥穽

「見たところのスマートだけでは、真に美なる物とはなり得ない。すべては、実質の問題だ。美しさのための美しさは素直でなく、結局、ほんとうの物ではないのである。要するに、空虚なのだ。そうして、空虚なものは、その真実のものによって人を打つことは決してなく、詮《せん》ずるところ、あってもなくても構わない代物《しろもの》である。法隆寺も平等院も焼けてしまっていっこうに困らぬ。必要ならば、法隆寺をとり壊して停車場をつくるがいい。我が民族の光輝ある文化や伝統は、そのことによって決して亡びはしないのである。武蔵野《むさしの》の静かな落日はなくなったが、累々《るいるい》たるバラックの屋根に夕陽が落ち、埃《ほこり》のために晴れた日も曇り月夜の景観に代わってネオン・サインが光っている。ここに我々の実際の生活が魂を下ろしているかぎり、これが美しくなくて、何であろうか。見たまえ、空には飛行機がとび海には鋼鉄が走り、高架線を電車が轟々《ごうごう》と駈けて行く。我々の生活が健康であるかぎり、西洋風の安直なバラックを模倣して得得としても、我々の文化は健康だ。必要ならば公園をひっくり返して菜園にせよ。それが真に必要ならば、必ずそこにも真の美が生まれる。そこに真実の生活があるからだ。そうして、真に生活するかぎり、猿真似を羞《はじ》ることはないのである。それが真実の生活であるかぎり、猿真似にも、独創と同一の優越があるのである。」(『堕落論』、角川文庫、三六―三七頁)

無頼派の作家・坂口安吾は、戦争中のど真中、昭和十七年に「日本文化私観」を書き、発表している。非常にユニークな作品で、右記の言葉はその結語にあたる部分である。

戦後日本は、この言葉通りに走り続けてきた。今も、走り続けている。これでよいのだろうか、それが筆者の疑念である。一方では、強い共感をおぼえながらも、どうにも払拭できない疑念である。

安吾は「無きに如かざるの精神」と言う。この精神からすれば、ワビ、サビといった日本の伝統文化のこまっしゃくれたイヤラシサ、あらずもがなの惨めたらしい作為性、自然と称するもののあまりの不自然さなどはうんざりで、そんな俗悪なものに拘泥するぐらいなら、いっそのこと、秀吉好みに代表されるような、人間的欲望を野放図に表現したものがよいと言う。「俗悪を否定せんとしてなお俗悪たらざるを得ぬ惨めさよりも、俗悪ならんとして俗悪である闊達自在さがむしろ取り柄だ」(前掲書、二五頁)と言う。どうしてそういうことが言えるのか。

それは、彼の美意識による。たとえば、彼は、美しいものとして、汽車の窓から見える小菅刑務所、佃島のドライアイス工場、とある港の入江に浮かぶ駆逐艦と次々と列挙したうえで、次のように書いている。

「この三つのものが、なぜ、かくも美しいか。ここには、美しくするために加工した美しさが、いっさいない。美というものの立場から付け加えた一本の柱も鋼鉄もなく、美しくないという理由によって、取り去った一本の柱も鋼鉄もない。ただ必要なもののみが、必要な場所に置かれた。そうして、不要なる物はすべて除かれ、必要のみが要求する独自の形ができ上がっているのである。それは、それ自身に似るほかには、他の何物にも似ていない形である。必要によって柱は遠慮なく歪《ゆが》められ、鋼鉄はデコボコに張りめぐらされ、レールは突然頭上から飛び出してくる。すべては、ただ、必要ということだ。そのほかのどのような旧来の観念も、この必要のやむべからざる生成をはばむ力とは成り得なかった。そうして、ここに、何物にも似ない三つのものができ上がったのである。」（前掲書、三四頁）

安吾の美意識の核心を成すものは、徹底して虚飾を廃した実質の追求である。では、実質とは何か、何をもって安吾は実質と見ているのか。問題は、それである。

我々のドロドロした欲望に忠実に生きること、抑圧したり、誤魔化したり、目をそらしたり、逃げたり、キレイゴトで済ませたりすることなく、真っ当に生きること、それが安吾の実質主義である。それゆえ当然、この実質主義の追求にとって、伝統文化がその障害となるなら、かまうことはない、ツブセばよいということになる。こと日本文化にかぎらず、いかなる文化であろうと、この実質主義の追求の障害になるなら、遠慮なくツブシテしまってよいし、逆にこの実質主義の追求に役立つなら、日本文化であろうと、何文化であろうと、使えるものは何でも使えばよい、猿真似と言われようと、何と言われようと、かまうことはない、どんどん使えばよい。この実質主義を追求しているかぎり、猿真似にも、独創と同一の優越がある、そう安吾は言いたいようである。

だが問題は、この実質主義そのものにある。端的に言って、この実質主義が、文化の上でも、生活の上でも、健康をもたらすことはない。絶対にない。それどころか、この実質主義に従うことは、堕落の道、孤独の道である。決して救われることのない堕落の道、孤独の道である。

安吾は、堕落について、孤独について、次のように言う。

「堕落すべき時には、まっとうに、まっさかさまに、堕ちねばならぬ。道義頽廃《たいはい》、混乱せよ、血を流し、毒にまみれよ。まず地獄の門をくぐって天国へよじ登らねばならない。手と足の二十本の爪《つめ》を血ににじませ、はぎ落として、じりじりと天国へ近づく以外に道があろうか。」（前掲書、一一〇頁）

「悪徳はつまらぬものであるけれども、孤独という通路は神に通じる道であり、善人なおもて往生をとぐ、いわんや悪人をや、とはこの道だ。キリストが淫売婦《いんばいふ》にぬかずくのもこの曠野のひとり行く道に対してであり、この道だけが天国に通じているのだ。何万、何億の堕落者は常に天国に至り得ず、むなしく地獄をひとりさまようにしても、この道が天国に通じているということに変わりはない。」（前掲書、一一〇頁）

これは、彼にとって、信念に近いものである。しかし残念ながら、この信念がかなえられることは絶対にない。実質主義に惑溺しているかぎり、堕落の道、孤独の道から天国に通じる道はない。安吾のミステイクはこのことに気づかなかったことにある。

だがこのミステイクは、ひとり安吾のみならず、総じて戦後日本のミステイクである。日本および日本人よ、生きよ堕ちよ、と安吾は叫ぶ。事実、その通り、日本および日本人は生き堕ちた。実質主義の追求のためなら、文化破壊といわず、自然破壊であれ、人殺しであれ、厭わない。それこそ、なんでもあり、である。しかしそれで、日本および日本人は救われたか、天国に通じる道が見えてきたか。

今こそ、欲望を正しくコントロールすることにより、実質主義の陥穽《かんせい》を脱しなければならぬ。さもなければ、いつまでも地獄をさまよい続けるほかないであろう。

第四章　心の直立歩行

第一節　家庭から

人間が充実した生活を営むためには、狭いが、しかし人間にとって最も基本的な生活の場としての家庭がどうしても必要である。それは単に、雨露をしのいだり、生活必需品を獲得・保存したり、あるいは外敵から身を守ったりするための便宜的な生活空間であるにとどまらず、そこに根を張ることによってはじめて、人間の豊かな諸能力が芽を出し、花咲き、実をならせることのできる、いわば人間精神の土壌とでも言うべきものである。換言すれば、家庭とは単なる技術的機能性の観点から功利的に維持されるものであるのみならず、むしろより本質的には、人間の喜怒哀楽、きれいごとではすまされない全人格的交わり、生産労働活動、知的・道徳的・宗教的活動等々、人間の精神活動の全体が、それにつながれ、それに保護され、かつそこから養分を得るところの、人間にとって最も根源的な場である。家庭、それはその衰弱がただちにそれに根ざす人間精神自身の衰弱につながりかねないほどにも深く人間と結合した場なのである。

しかるに今やその家庭がどんどん衰弱している。テクノサイエンスの発展は家庭から、人間精神の根源的な基盤としての豊穣さを奪いとり、それを単なる欲望解放の場と化してしまっている。ただただ際限のない欲望解放の場と化してしまっている。
といったようなことを、いまさら言ってみても、仕方がない。家庭の衰弱は誰の目にも明らかである。今となっては、もうそのことをあれこれ言いたてても、愚痴にしかならない。要はいったいどうすればよいのかということである。

結論的に言えば、家庭内の人間関係を正すことから始めるほかないであろう。いきなりテクノサイエンスの変革などと、大上段に身構えてみても、どうしようもない。たしかにテクノサイエンスの変革が必要なのは間違いないにしても、しかしそれもまた、まずは家庭内の人間関係を正すことから始めるほかないからである。迂遠なことかもしれないが、そこから始めるほかないからである。では、家庭内の人間関係を正すには、いったいどうすればよいのであろうか。

それには、まずなによりも家庭内の構成メンバー各自が互いに自他の自立性を尊重しあうことである。いわゆる核家族であれ、二世帯家族であれ、あるいはそれ以上の家庭であれ、とにかく家庭の規模に関わりなく、自他の自立性を尊重しあうことである。容易なことではないが、しかし是非ともそれが家庭内の人間関係の基軸とならねばならないのである。

思うに、家庭は最も濃密な人間関係が営まれる場である。これほどに濃密な人間関係が営まれる場も他にない。いきおいそこでは、互いが互いにべたべたと甘えあう過剰依存に陥りがちとなる。なぜなら家庭内の人間関係においては、互いのドロドロした欲望や情念がコントロールされないまま複雑に絡みあって混在し、そのなかで自他の区別が溶解し、互いが互いに他となりあうことによって、互いに他の欲望や情念に過剰に依存してしまうことになるからである。これを他の欲望や情念に取り憑かれるというふうに言ってもよい。自他の区別が溶解することにより、つまり同じことであるが、自他の自立性が希薄化することにより、互いが互いに憑依しあうのである。そこでは、自分自身の欲望や情念が何なのか、どの欲望や情念が他のものであって、自分のものでないのか、互いの欲望や情念に自他の見境がつかなくなってしまっている。それは一般に気づかないままに起こるが、かりに気づいていても、どうしようもないことがしばしばである。

そこから、きわだった二つの傾向が生まれてくる。ひとつは、もっぱら他の構成メンバーの欲望や情念に依存し、それを自らのものとして受け入れてしまう傾向である。そこでは、当人自身の固有の欲望や情念は押さえこまれ、潜在化する。しかもこの潜在化はしばしば強制的なものではなく、自発的ですらある。その結果、他の欲望や情念の肥大化に歯止めをかけることができない。それどころか、むしろそれに手を貸すことになる。しかも手を貸していながら、他方では一方的に他の欲望や情念に依存していることへの怨みが鬱積して行く。それは自立性が希薄化することの負の代償である。

もうひとつの傾向は、今度は逆に自らの欲望や情念に他を依存させ、同調させようとすることである。もっと正確な言い方をすれば、他が当然に自らの欲望や情念に依存し、同調しているものとみなす傾向である。それゆえそうみなしている当人は他にたいして勝手気まま、傍若無人、とどまることなく自らの欲望や情念を肥大化させて行く。もし思いがけず、他に抵抗され、思うようにならないことでもあれば、激しく憎悪し、怨みを抱く。しかもそれでいて、いやそうであるがゆえにかえって、ますます他に依存せざるをえなくなる。だがそれとともに、自立性はますます希薄化して行くのである。

家庭内の人間関係はしばしばこの二つの傾向に陥りがちである。しかも、この二つの傾向はバラバラに存在しているのではなく、ちょうどコインの表と裏のように、表裏一体、不可分のものとしてある。一方があるところ、つねに他方があるのである。

では、いったいどうすれば、この過剰依存としての甘えから脱却し、自立性を確保できるのであろうか。それには、利己的情念を浄化し、欲望をコントロールすること、それ以外に道はないであろう。ただ単に自他二元的意識を育成・強化するだけでは、自立性は確保できない。なぜならこの自他二元的意識こそがテクノサイエンスの産みの親であり、そしてこのテクノサイエンスこそが我々から自立性を奪い、家庭をとめどのない欲望解放の場と化しているからである。しかもそのなかで、自他二元的意識は家庭内の構成メンバーをバラバラに引き裂き、言いようのない孤独感・空虚感に陥らせてしまうのである。

一方では自他一元的意識に由来する過剰依存としての甘え、他方では自他二元的意識に由来する孤独感・空虚感、それらがないまぜに交錯した場、それが現代の家庭である。程度の差はあれ、すべての家庭が共通して立たされている場なのである。

それゆえ欲望のコントロールに努めねばならない。しかもなにをさておいても、まず家庭で努めねばならない。家庭で努めないかぎり、学校や社会でといっても無理である。人は誰もみな、まずは家庭の人だからである。

第二節　学校批判再考

学校は今、大きな転換期にある。不登校、いじめ、学級崩壊、自殺、少年犯罪等々、多様に噴出する病理現象を前にして、これまでの学校への信頼は急速に失われ、学校教師は旧来のマニュアルが通用せず、無力感に打ちひしがれている。いったい、人格と人格の誠実で真剣な交わりの場としての学校、創造的な知的活動の場としての学校という、従来の学校の位置づけはどこに行ってしまったのか。今や、学校および学校教師の存在価値そのものが問われている。学校は既存の階級的不平等の解消に向かうどころか、むしろその再生産に積極的に手を貸している。学校は排他的で不寛容なナショナリズム育成の格好の場である。学校はそれ自体が官僚化することにより、社会全体の官僚化を促進し、人々をそこでしか生きられない、いわば「組織の歯車」に仕立て上げることに狂奔している。学校は技術的知のパフォーマンスをベースとした競争万能・効率性万能・交換価値万能の市場社会を正当化し、もっぱら生徒をそれに見合った規格品に作り上げることに、これ努めている。「自由・平等・

友愛」の実現という啓蒙主義的学校理想はもうとっくに破綻している。それどころか、現代の学校はむしろ、それとは逆行することばかりしている。学校改革が急務である。だが、もしあまりに制度疲労がひどくて、とても改革が無理なら、それならいっそのこと、逃げ出すなり壊すなりしたほうが賢明だ。

最近、この種の学校批判がさかんに行なわれるが、もうウンザリである。たしかにこれまで長く、「学校神話」といってもよいほど、あまりにも過大にプラス・イメージでとらえられすぎてきた反動で、やむをえない面もあるが、もうウンザリである。学校批判があたっていないのではない。むしろ、あたりすぎるほど、あたっている。しかし、もうウンザリである。

学校改革の見通しをもたない、単なる学校批判は不毛である。いくらその批判が正鵠を射たものであろうと、不毛である。学校批判は泥仕合を呈している。社会の側は微に入り細に渡り、これでもかこれでもかと学校批判を繰り返し、学校教師は学校教師で、やっきになってこれ弁明に努め、あげくのはてには親批判、社会批判で応酬する始末。それで、何が変わるというのか。何も変わらない。変わらないどころか、かえって学校改革は遅延するばかりである。皮肉にも今では、学校批判自体が、「学校改革手付かず」の格好の隠蓑にすらなっている観がある。それほどに、学校改革はむずかしい。だからといって、大した見通しもないままに、イリッチの片棒を担いで、脱学校論の二番煎じも芸がない。

それにしても、正直言って、学校改革に見通しがつかない。マルクス主義教育学の破綻以後、いやもっと広く社会科学的教育学の破綻以後、特に制度論的観点からの学校改革に説得力がない。この方向での学校改革に大きな夢を抱いてきただけに、その幻滅もまた深いものがある。

しかしそのなかで、ひとつはっきりしたことは、単なる制度改革、つまり意識改革を伴わない、単なる制度改革は必ず破綻するということである。いくらすぐれた制度改革でも、破綻する。それゆえ学校改革においても、意識改革抜きで、いくら制度をいじくってみても、ダメだということである。

では、その肝心の意識改革はいかなるものであるべきか。虚栄心や嫉妬やうぬぼれや甘えといった、種々の利己的情念を浄化することにより、欲望を正しくコントロールすること、それ以外にない。きわめて迂遠なことかもしれないが、それ以外にない。要は、日々の教育現場において、それを実践するかどうかということである。非常にむずかしい。それは、わかっている。わかりすぎるほど、わかっている。わかっているけれども、やってみるほかない。やり続けるほかない。そして、それをふまえて、一歩一歩着実に、学校改革に着手すること、それこそが真の学校批判なのである。

第三節　押しつけ教育を超えて

「教師は生徒に、すべてを篩《ふるい》にかけさせ、何ごともたんなる権威や信用だけで頭に入れないようにさせなければなりません。アリストテレスの原理も、ストア派やエピクロス派の原理も、生徒にとって原理であってはならないのです。種種さまざまな判断を生徒のまえに提示することです。生徒は、できればどれかを選ぶでしょうし、できなければ、懐疑のなかにとどまるでしょう。断固として確信しているのは、狂人だけです。」（『随想録（エセー）』〈上〉、松浪信三郎訳、河出書房新社、一三〇頁）

これは、十六世紀フランスの思想家モンテーニュの言葉であるが、私はこの言葉に素直に同意する。教育の基本原則のひとつは、できるかぎり押しつけ教育に陥らないようにすることにある。教授、指導、説教、教訓、忠告等々、尤もらしい名のもとに他者の自由を抑圧してはならないのである。

だが一般に教育というものは、何をどのように工夫してみても所詮、押しつけ教育にならざるをえない面をもっている。押しつけ教育の正当性を明言する教育はもとよりのこと、意図的には押しつけ教育を超えようとする教育であっても、そこにもまた隠れた仕方で押しつけ教育が忍び込んでいるのではないか。よくよく反省してみる必要があるだろう。

　思うに、我々はすでにある特定の「ものの見方や感じ方や考え方や行動様式」を、つまりある特定の「言動」を身につけてしまっている。しかも意図するとしないとにかかわらず、誕生以来つねに我々は相互に押しつけ、押しつけられあってきているので、とくに同一集団に属している場合、その言動のかなりの部分は共有されてしまっている。

　それなのに、そのうえでなお我々は自らの言動を他に押しつけようとする。身体的表現を使ったり、パロール（話し言葉）やエクリチュール（書き言葉）を使ったり、あるいは具体的模範を示したり、その他あの手この手さまざまな方法によって、何とかして自らの言動を押しつけようとする。そうせずにはおられないのである。なかでも自らの言動の正当性を確信しているときには、とくにそうである。たとえあからさまなかたちでポジティヴに強制することはせず、一見するといかにも他者の自由を尊重しているように見える場合でも、結局のところやはり押しつけているのである。

　このことは、教育に限らず、たとえば心理療法の場合にもあてはまる。心理療法でしばしば、セラピスト中心ではなく、クライエント中心のセラピーを、ということが言われるが、ちょうどこれは教育において、教師中心主義ではなく、児童中心主義が言われるのとぴったり符合する。しかし皮肉な見方をすれば、クライエント中心といっても所詮は、見せかけだけのことであり、実際にはクライエント中心を装ったセラピスト中心の「擬似クライエント中心」でしかないのである。なぜなら心理療法は何をどうやってみても、分析・解釈の主体は結局、セラピストの側にあり、クライエントをこのセラピストの限定された作図学（カートグラフィ）の枠内に拘束してしまうことにならざるをえないからである。それに、とかく心理療法の成功はセラピストのおかげ、その停滞・失敗はクライエントの責任にされてしまいがちである。これもまた、教育の場合とぴったり符合する事態である。

しかしここで立ち止まって、よく考えてみれば、たしかに教育は押しつけ教育にならざるをえない面を強くもっているが、しかしこの押しつけ教育は押しつけ教育で破綻せざるをえないのである。しかもこの破綻は時おり起こるといった特殊なケースではなく、実は日常的に頻繁に起こっている。ただそれに気づかないだけである。いや実は気づいている。気づいていながら、どうしようもないのである。

押しつけ教育は破綻する。破綻せざるをえない。なぜか。人間は自由だからである。押しつけ教育に唯々諾々と従っているように見えても、基本的なところでは従ってはいない。たとえ強制的ではなく、自ら進んで従っている場合でも、深いところでは決して従ってなどいない。当人自身は従っているつもりでも、やはり従ってなどいないのである。

人は人を思いのままに操作できない。つまり押しつけ教育など成功するものではない。そんなことは、誰でもわかっている。わかっていながら、押しつけになってしまう。いったいどうしてなのか。

端的に言うと、他者の自由の確認が困難だからである。他者の自由の想定なら容易である。それなら、誰でも簡単にできる。しかし他者の自由を本当に確認するとなると、きわめて困難である。想定のレベルから確認のレベルへの移行がむつかしい。そこで、どうしようもなく他者の自由を抑圧、隠蔽する方向に傾斜してしまうことになるのである。

しかしここで開き直って、次のように言うこともできよう。どうせ破綻することがわかっているなら、押しつけたってかまわないではないか、いや破綻するからこそ、むしろ押しつけるべきだ、押しつけることで、かえって他者の自由は鍛えられる、と。尤もらしい言い草だが、しかし決してこれは、他者の自由の確認から出たものではない。この言い草が当たっていないわけではない。たしかにそういう面もないわけではない。しかし本当に他者の自由を確認していたら、いや確認していなくとも、少なくとも確認したいと思っていたら、こんな言い草は出てこないであろう。この言い草は自由の抑圧の正当化につながる。

では、どうすればよいのか。どうすれば、他者の自由を確認できるのか。これについては、即かず離れずの関係に立つこと、モンテーニュ流に言えば、厳しい優しさ、と答えよう。しかし、それならば、いったいどうすれば、即かず離れずの関係に立つことができるのか。これについては、利己的情念を浄化し、欲望をコントロールすること、そう答えよう。結局、問題はそれに行き着くのである。

第四節　待つこと

フランスの著名な哲学者サルトルは、その著『実存主義とは何か』（伊吹武彦訳、人文書院）のなかで、およそ以下のような話を取り上げている。

フランスがナチの占領下に置かれていたある日のこと、サルトルがリセ（高等学校）の教師をしていたときに教えたことのある一人の若者が彼のもとを訪ねてきた。この若者は深刻な矛盾をかかえて、サルトルの助言を求めてやってきたのである。その矛盾とはおよそ次のようなものであった。

この若者は、一九四〇年の対独戦争で戦死した兄にかわって、ドゴール将軍の率いる自由フランス軍に身を投じるか、それとも母のもとにとどまり、母の生活を楽しませるか、決めかねていた。母のもとにとどまれば、母は喜ぶであろう。しかしそのことによって、ひたひたと迫り来るナチズムの暴力に目をつむることになり、フランス人民としての責任を見て見ぬふりをすることになる。だが反対に、参戦すれば、フランス人民のために貢献することになるかもしれないが、しかしそのために一人取り残された母は嘆き悲しみ、ひょっとしたら悲しみのあまり死んでしまうかもしれない。いったいどうすればよいのか。この若者のかかえていた矛盾とはだいたい以上のようなものであった。

ではサルトルはこの若者に対してどのような助言を与えたであろうか。ただ一言、「君は自由だ、選びなさい、つまり作り出しなさい」、ただそれだけであった。ここでサルトルが使った「作り出しなさい」の原語のフランス語は《inventez》で、その意味するところは、「いまだ存在しないものを新たに作り出せ」というものである。それゆえ当然サルトルは、「自分の行くべき道は自分で新たに作り出せ（切り開け）」という意味をこめて、この言葉を使っていると見てよいであろう。

サルトルから見れば、この若者がかかえた矛盾を解きうるいかなる普遍的な判断基準も存在しないように思われた。たとえばカント派の道徳に、「他人を決して手段として扱わず、目的として扱え」という定言命令がある。しかし残念ながら、これによっては若者の矛盾は決して解きえない。なぜなら、もし母を目的とすれば、戦う人々は手段となり、逆に戦う人々を目的とすれば、今度は母が手段となるからである。カント派の道徳は決して有効な判断基準たりえないのである。

では、キリスト教の「隣人愛」の教えならば、この矛盾を解きうるだろうか。だがそれにしても、いったいどちらが隣人なのか。母か、それとも戦う人々なのか。もし母を隣人とすれば、戦う人々は異邦人となり、戦う人々を隣人とすれば、母が異邦人となるであろう。キリスト教の隣人愛の教えでは、この矛盾を解くことはできない。そしてこの矛盾を解くことができない以上、若者の矛盾を解くこともできないのである。

それならば、「自分の正直な感情に従うのがよい。母を愛していると感じたら、とどまればよいし、そうでないと感じたら、参戦すればよい」とでも言えばよいのであろうか。たしかにこれが一番俗受けのする助言かもしれない。しかし感情というものは本来、不確実なものであり、決して行動の規定者たりえない。感情が行動を規定するのではなく、むしろ行動が感情を規定するのである。原因と結果を取り違えてはならない。母を愛しているから母のもとにとどまるのではなく、母のもとにとどまるから母を愛しているのである。だとすれば、この助言はまったく無効である。なぜなら母を愛しているという感情が確認されるためには、すでにこの矛盾が解かれ、母のもとにとどまるという行動が選びとられてしまっているのでなければならないからである。

以上が、なぜ先のような助言を与えたかについてのサルトル自身の説明である。

このサルトルの問題提起はよく出来ていて、おかしいとは思いながらも、なかなかすっきりとは批判しにくいところがある。たとえば、もっと積極的に、こうしたほうがよいと助言すべきだと批判してみても、そのような助言はできない、かりに助言できたとしても、その助言を採用するかどうかは、あくまで彼自身の自由だと反論されれば、それまでのことである。

あるいはまた、サルトルは、感情が行動を規定するのか、行動が感情を規定するのかという問題について、後者の立場に立っているが、これは承認しがたい。なぜなら、行動によって規定された感情は、すでにその行動を規定した感情の再認にすぎないからである。それゆえ、母のもとにとどまるから母を愛しているのだという、その母への愛は、すでに母のもとにとどまらせることへと促した母への愛の再認にすぎないのである。たしかに感情が行動を規定するとともに、逆に行動もまた感情を規定する。そこには相互循環があるが、しかしその相互循環の起点はあくまで感情なのである。と、そういった批判をしてみても、それはただ行動の矛盾を、アンビヴァレントな感情の矛盾に還元しただけのことであって、なんら根本的な批判になっていないのである。

あるいはさらに、こうも批判できよう。たしかに彼は思い悩んではいるが、しかし内心ではすでにひそかに、どちらにするか決めているのではないか、ただあと一押しの助言が欲しくて相談に来ているのではないか、それなら、そうすべきだとはっきり助言すべきだったのではないか、と。だが、こうした批判も、たとえ内心ではすでに決めていることがわかったとしても、それに賛成する、あるいは反対するような助言はすべきではない、決断はあくまで彼自身の自由において為されるべきである、と反論されれば、やはりそれまでのことである。

しかし思うに、人生はままならないものである。あれを取るか、これを取るか思い悩んだり、絶対にうまく行くと思っても、予期せぬ手違いから、大失敗に陥ったり、よかれと思って言ったり、したことが悪く受け取られたり、てっきり味方だと信じていた人に陰で裏切られたり、いくら努力しても報われなかったり、いたるところでままならぬ矛盾をかかえこむ。ひとつの矛盾を解いても、その解いたこと自体がまた新たな矛盾を招きよせてしまう。しかしそもそも新たな矛盾を招きよせてしまうような解き方などというのは本当に解いたとは言えないであろう。だから新たな矛盾を招きよせてしまうのである。しかも、しばしば自分で招きよせたわけでもないのに、招きよせてしまうのである。人生とは、ままならぬ矛盾の連鎖だと言っても過言ではないであろう。

だから、君は自由だ、と言われても、自由って何?と反問したくなる。もし思いのままに状況を選択し、作り出すことを自由だとするならば、そのような自由がはたして我々に与えられているのかどうか、はなはだ疑わしい。かりに与えられているにしても、ごく限られたものでしかない。しかもその場合ですら、一見思いのままに選択し、作り出したように見えても、それは結果から見て、そう見えるだけのことであって、実際にはなにか見えないものが働いて、そのように選択し、作り出すようにさせたのかもしれないのである。

これは見方の分かれるところだが、もしこの種の自由が幻想だとすれば、いったいどうすればよいのであろうか。一言で言えば、待つことである。なにか見えないものが働き出して、自ずからそうしようという思いになるまで、つまりいわゆる「機が熟する」まで待つことである。とりわけサルトルが先に取り上げたような、深刻な矛盾に直面し、人生の大きな分岐点に立たされたときには、特にそうである。

無理をしてはいけない。焦って選択しないことである。心静かに待つことである。機が熟すれば、自ずからに参戦するなり、母のもとにとどまるなり、ひとつの選択に達するであろう。もしかすれば、ある瞬間、矛盾から一気に解き放たれ、まったく別の思いもよらない第三の選択に至るかもしれない。いずれにしろ、自ずからなる選択においては、その選択のもたらす結果に対しても、素直に責任を負うことができるだろう。しかもその際、いかなる選択をするにしろ、その選択において、できるかぎり欲望をコントロールすることに努めることである。そのときはじめて我々は、真の自由(自立性)のなかで、存在すること、生きて在ることの充実感を感じることができるからである。

機が熟するまで待つこと、そしてひとたび機が熟して、ある選択に達すれば、その選択のなかで、可能なかぎり欲望のコントロールに努めること、もし私がサルトルならば、そのように助言したであろう。たしかに待つことはつらいことで、ただいたずらに時が流れて行くように感じられ、ついつい焦って中途半端に何かをしてしまい、その結果、案の定、思ったようにはうまく行かず、そこで取り繕うために、また焦って何かをするが、これまたうまく行かない。こうした悪循環のなかで、かえっていたずらに時が流れて行くことになる。

待つことは、動に対する静で、たしかに受動的であるが、しかしこの受動性には、大きなエネルギーが要る。それなくしては、待つことはできない。しかも待つことは、エネルギーの充電である。決然たる選択を促す大きなエネルギーの充電なのである。

また欲望のコントロールは容易なことではない。そのほんのささやかなコントロールすら容易なことではない。しかしだからこそ、欲望のコントロールに努める必要がある。それにより、はじめて真に充実した生活が可能となるからである。

ところで、サルトルの場合と同じことが、たとえば道元の場合にもあてはまるであろう。有名な『正法眼蔵随聞記』のなかに、次のような話がある。あるとき一人の若者が、道元禅師の前に進み出て、次のように問うた。「某甲《それがし》老母現在せり。我れは即ち一子なり。ひとへに某甲が扶持に依りて渡世す。恩愛《おんない》もことに深し。孝順の志しも深し。是《こ》れに依ていさゝか世に随《したが》ひ人に随ふて、他の恩力を以て母の衣糧《えりょう》にあつ。我れ若し遁世籠居《とんせいろうご》せば、母は一日の活命《かつみょう》も存じ難し。是れに依て世間にありて一向佛道に入らざらんことも難事なり。若し猶《なお》も捨てゝ道に入るべき道理あらば、其の旨いかなるべきぞ。(私には老母が現在生きております。私はその一人息子であります。ひとえに私からの生活費によって暮しております。親子の恩愛もことに深く、私の孝順の志も深いものがあります。これによっていささか世間の事や人との関係に随って、そのお蔭をもって母の衣食の資を得ております。私がもし遁世して籠居するといたしますと、母は一日も生活をすることが出来ません。しかしこれによって世間にとどまって一向に仏道に入れないことも困ったことであります。このような状態で世間を捨てて仏道に入るべき道理がありましたら、その旨はどのようなものでしょうかと。)」(『正法眼蔵随聞記』、古田紹欽訳註、角川文庫、一五五―一五七頁)

これに対して道元は、「此こと難事なり。他人のはからひに非ず」と受けたうえで、参禅と親孝行が両立できれば、それがベストであるが（その好例として、母のもとを去って、五祖弘忍のもとに参禅するにあたって、銀子十両を得て、母の生活の資にあてたという、六祖慧能の逸話を引き合いに出している）、しかしそれがかなわぬ場合、どうすればよいのかという矛盾に対して、結局次のように答えている。

「母儀の一期《いちご》を待て其の後障碍《しょうげ》なく佛道に入らば、次第本意の如くにして神妙なり。しかあれども亦知らず、老少不定《ふじょう》なれば、若し老母は久くとゞまりて我は先に去ること出来《いできた》らん時に、支度相違せば、我れは佛道に入らざることをくやみ、老母は是れを許さゞる罪に沈《しずみ》て、両人倶《とも》に益なふして互に罪を得ん時いかん。若し今生《こんじょう》を捨て、佛道に入りたらば、老母は設《たと》ひ餓死すとも、一子を放《ゆる》るして道《どう》に入らしめたる功徳、豈《あ》に得道の良縁にあらざんや。尤も曠劫多生《こうごうたしょう》にも捨て難き恩愛なれども、今生人身《こんじょうにんしん》を受《うけ》て佛教にあへる時捨てたらば、真實報恩者の道理なり。なんぞ佛意《ぶっち》にかなはざらんや。一子出家すれば七世の父母得道すと見えたり。何ぞ一世の浮生《ふしょう》の身を思ふて、永劫《ようこう》安樂の因を空《むなし》く過さんやと云《いう》道理もあり。是らを能能自《よくよくみずか》ら計らふべし。（母が亡くなるまで待って、その後母について心配する障りもなくなって仏道に入るならば、順序として本意なことであって神妙なことであるが、しかし老いたるものも、若いものも誰が先に死んで行くかはわからないことであり、もし老母が久しく命を長らえ、自分が先に死んで行くようなことが起った時には、支度していたことが相違することになり、自分は仏道に入らなかったことを後悔し、老母は息子の仏道に入るのを許さなかった罪に沈んで、二人とも益なくて互に罪を得ることになった時はどうしたらいいというのであるか。もしこの生涯を捨てて仏道に入ったならば、老母がたとい餓死しても、一人息子を許して仏道に入れさせた功徳があるのであり、その功徳が一人息子の得道する良縁とならないことがどうしてあろうか。もっとも親子の恩愛というものは長い長い時間に亙って幾度か生存を繰返してもなおその間に捨てることはむつかしいものであるけれども、今のこの生涯に人身をうけて仏教に遇ったのであるから、この時にこそ生涯を捨てたならば、仏教の教える恩愛を超えた本当の報恩者の行う道理となるのである。これがどうして仏意にかなわないことがあろうか。一人の子供が出家すれば七世に及んで父母が得道をすると言われているのである。どうして一代のはかない命の身を思って、長い時間に亙る安樂の因を空しくやり過してよかろうかという道理も言われるのであり、これらの点をよくよく自分で考えなくてはならないことであると。)」(同書、一五六―一五九頁)

道元にこれ以外に何が言えたであろうか。少年時代(十三歳)に出家し、仏教、とりわけ「坐禅仏教」(禅仏教)に人生のすべてを賭けてきた道元にとって、おそらくこう言うほかはなかったであろう。

だがそれにしてもやはり、そのような助言をすべきではなかった。「出家」という、ある特定の道を明確に指示するような助言をすべきではなかった。

もとより道元は厳しい命令口調で出家せよと指示しているわけではない。もともと性格的に荒々しく粗野な言動を好まない道元は穏やかに諄々と説き聞かせている。それに道元はこの若者の矛盾を他人事として突き放して見るのではなく、自分の事として引き受け、ともにこの矛盾においてあろうとしている。そしてそのうえで若者に出家の道を指示している。この矛盾が非常に難しい問題で、他人があれこれ言えるものではなく、基本的には当人が自分でよくよく考えて解決するほかはないことを十分に承知したうえで、なおそのうえで出家の道を指示するのである。

だがそうであっても、やはりそのような助言をすべきではなかった。「老母は是れを許さゞる罪に沈て」とか、「一子出家すれば七世の父母得道す」といったような、やや押しつけがましい道理までもち出して、出家を促すような助言をすべきではなかった。それに、もともと道元は、身滅心常、身は滅んでも心は滅びないといった類の霊魂不滅説を外道の教えとして厳しく戒めていたはずである。当然、輪廻転生説も邪見とみなしていたはずである。それなのに、ここで道元は、そのような邪見まで引き合いに出して出家を促している。それは道元の教えに反することではないのか。自分の信じる道に他の人も入ってもらいたいという道元の思いはわかる。しかし自分自身の教えに反する道理までもち出して、出家を促すような助言をすべきではなかった。ただ静かに次のように助言すべきであった。機が熟するまで待つこと、自ずからにこうしようという思いになるまで待つこと、そうすれば結果が悪くとも、素直に受け入れることができるであろう、ただし、たとえどのような道を選択することになろうとも、可能なかぎり欲望のコントロールに努めることである、と。

第五節　私主義

「科学技術文明の急速な発達にともなう現代の不透明な思想状況にあっては、あらためて我々一人ひとりが基本に立ち帰る必要があるのではなかろうか。自己自身を問うこと、自己自身を見つめ、掘り下げること、自己のなかに蓄積された感覚《センス》に耳を傾けること、不安に耐え、あせらず妥協せず耳を傾け続けること、そしてそれを通じて、自己にとって動かし難い感覚《センス》、その感覚《センス》があるがゆえに自己が自己であると本当に心から言える感覚《センス》を見つけ出すこと、そしてそこから自己および世界をあらためて見つめ直すこと、ほかの誰でもない自己自身のヴィジョン、自己自身の思想をもつこと、そしてそれを対話のなかで検討に付すること、ここからしか現代の不透明な思想状況に十分に対処しうるだけの思想は形成されえないように私には思われるのである。」（『超実存的意識』、法律文化社、一七〇頁）

かつて筆者はこう書いたが、今もこの立場に変わりはない。いや、立場というよりも、この生き方と言ったほうがふさわしい。

そこで今これに「私主義」という名を与えることにする。あるいは、元の英仏独語にはそうした呼び方はないけれども、少し格好をつけて、外来語風に、「アイイズム」(Iism)や「ジュイスム」(Jeïsme)や「イッヒイスムス」(Ichismus)と呼んでもよい。もちろんごく普通に「個人主義」なり「自我主義」と呼んでもかまわない。ただし、個人主義や自我主義と言うと、かなり非人称的ニュアンスが強くなるが、しかしそれでも、それを貫くものは結局、私主義なのである。

私主義とは、自己自身の内部感覚を大事にすることである。しかし内部感覚といっても、外部感覚と切れた内部感覚ではなく、外部感覚のすみずみにまで浸透した内部感覚を大事にすることである。あくまで自己自身の内部感覚に基づいて、考え、語り、行為することである。いわば「内部感覚の思想化・言説化・身体化」である。

明らかにこれは他者依存に陥らないことを意味している。しかし決して他者をないがしろにすることではない。他者のものの見方や感じ方や考え方や行動様式から、学ぶべきことは謙虚に学ばねばならない。それは当然のことである。ただし、必ず自己自身の内部感覚を通してから、受け入れるなり、批判するなりしなければならないのである。

だがそれにしてもやはり、私主義は利己主義に陥りやすい。いや、必ずといってよいほど陥る。私の「私主義」は、他者の「私主義」と衝突する。そのとき、どうしても互いに他の「私主義」を抑圧しあうことにならざるをえない。共存・連帯がむつかしいのである。

しかしだからといって、私主義はダメだということにはならない。利己主義がダメだから、私主義もダメだということにはならない。私主義の否定は必ずといってよいほど、全体主義を生む。「私」と「他者」(他の「私」)のあいだの境界(区切り)が消去された全体主義を生む。だがそれはなお一層、質の悪い利己主義にすぎない。なぜならそこでは、逆説的なことだが、自他の境界が消去されることにより、かえって「私」は異常な仕方で自己を「他者」(他の「私」)の内部にまで肥大化させることになり、その結果、不可避的に他者を内部から思いのままに所有し支配し操作しようとする傾向に陥るからである。それゆえ私主義を捨ててはならないのである。

そこで問題は要するに、どうすれば私主義は利己主義に陥らないで済むのか、どうすれば正しく私主義を導いて行けるのかということになる。

これについては、種々の利己的情念を浄化することにより、欲望をコントロールすること、これ以外にないであろう。

私主義の根底にあるのは、単なる自己肯定ではなく、徹底した自己否定を通った自己肯定でなければならない。明示的であれ黙示的であれ、粗大（グロス）な仕方であれ微細（サトル）な仕方であれ、とにかく始めから自己を肯定してかかっている単なる自己肯定は、自己肯定という名の自己執着、自己固執、自己へのとらわれ、自己への惑溺、自己への甘えにすぎず、そこから不可避的に自尊感情という名の虚栄心、その虚栄心の負の表現としての劣等感という名の嫉妬、あるいはその裏返しとしての優越感という名のうぬぼれ、その他ありとあらゆる利己的情念が生まれてくる。私主義はこうした利己的情念を浄化しなければならないが、その際私主義は、全体性の回復を求めて、私という小さな存在者が国家や民族、自然や宇宙、普遍的な美や真理、神や仏といった、ある何らかの大いなる全体と一体化しようとする全体感情、あるいは現に一体化しているという全体感情をも浄化しなければならない。それもまた異常に肥大化した自己肯定に由来する利己的情念にすぎないからである。全体感情は原理上、自己ならざるものをすべてことごとく自己のうちに呑み込んでしまおうとする、あるいは現に呑み込んでしまう貪欲中の貪欲な利己的情念なのである。

では、いったいどうすれば利己的情念を浄化することができるのか。言い換えれば、いったいどうすれば徹底した自己否定を通った自己肯定が可能となるのか。

端的に言ってしまえば、坐る省察としての坐禅を通じて非実体性の意識にめざめること、これ以外にないであろう。

もちろんこの坐る省察としての坐禅は強制してはならない。また、強制したからといって、非実体性の意識にめざめるというものでもない。それどころか、強制するとかえって、むつかしくなる。ただ呼びかけ、待つことができるだけである。そして、それでよしとすべきである。

しかしこんなことで、はたして本当に私主義を正しく導いて行けるのであろうか。それは筆者にも、本当のところはわからない。わからないけれども、これ以外に有効な方法がない以上は、やってみるほかないし、またやってみるだけの値打ちはある、そう言う以外にないのである。

第六節　矛盾の受容

たとえば、酒を飲み、ワイワイ大騒ぎしていながら、他方では内心、そんな大騒ぎの場から、一刻も早く逃げ出したいと思っていたり、あるいは、性的快楽に耽っているとき、その耽っている自分を冷ややかに見つめている自分がいたり、あるいは、姉の死に、思わずこれで義兄と結婚できるという思いにかられるとともに、そんな思いにかられる自分に対して強い良心の呵責にとらわれたり、介護老人の死に直面し、一方では深く悲しみながらも、そしてその悲しみに嘘はないながらも、しかしそれでもやはり他方では、これでやっと辛い介護から解放されると、内心ほっとした思いに襲われたり、あるいは親が子を虐待したり、逆に子が親を虐待したり、あるいは、こちらが相手を評価しているように、相手もまたこちらを評価しているかと思えば、あにはからんや全然こちらを評価していなかったり、逆にこちらは相手を評価していないのに、相手はこちらを評価していたり、一見和気あいあいと親しそうに見える者どうしが必ずしも本当に親しいとはかぎらず、場合によっては、ひそかに憎みあっていたり、逆に普段は全然親しそうに見えないのに、いざという時には互いに相談に乗り合える仲であったり、口先では、困ったことがあったら、何でも相談に乗るからと言いながら、その実、全然その気がなかったり、本当に人間とはつくづく矛盾に満ちた生きものである。

そして、それでいいのである。矛盾があっていい。人間は矛盾を生きるべく定められている。たしかに矛盾は苦しみをもたらす。時には耐え難いほどの苦しみをもたらす。しかしそれでも、その矛盾を生きるべく定められている。矛盾を素直に受け入れること、時にはそれを楽しむことである。もちろん、そう言いながらも、その舌の根もかわかないうちから、もう矛盾を消去しようとするという矛盾にはまってしまうのが人間の常であるが、そのことを承知のうえで、やはり矛盾を矛盾のままに受け入れることである。

人間はどうあがいてみても、矛盾を消去できない。時に我々は、動物にあこがれる。動物には矛盾がないと思うから。だがそれは我々の勝手な思いであって、動物に矛盾がないかどうか、本当のところはよくわからないし、かりに矛盾がないにしても、残念ながら、我々は動物にはなれないのである。また時に我々は、未開人にあこがれる。我々の遠き過去の祖先には矛盾がなかったと思うから。だがこれもまた、我々の勝手な思いであって、おそらく未開人も人間であるかぎり、さまざまな矛盾をかかえていたはずである。もちろん我々ほどではないにしても、矛盾をかかえていたはずである。それに、かりに矛盾がなかったとしても、今更、未開人には戻れないのである。

あるいは時に我々は、ある一つ事にもっぱら自己を限定することによって、矛盾を消去しようとする。たとえば、嬉しいときには、嬉しいことに自己限定し、悲しいときには、悲しいことに自己限定し、愛するときには、愛することに自己限定し、信じるときには、信じることに自己限定し、遊ぶときには、遊ぶことに自己限定し、働くときには、働くことに自己限定することにより、あるいは合理主義なら、合理主義に自己限定し、神秘主義なら、神秘主義に自己限定することにより、矛盾を消去しようとする。しかし残念ながら、そんな自己限定などできない。自分をも含めて、人間というものをよく観察してみるがいい。喜怒哀楽は複雑に絡まりあい、遊びも労働も中途半端、合理主義の裏には神秘主義があり、神秘主義の裏には合理主義がつきまとう。だが、それでいいのである。ある一つ事に自己限定する必要などない。もし無理に自己限定しようとすると、かえって不自然となり、自立性を失ってしまうであろう。

あるいは時に我々は、矛盾そのものを抑圧し、まるで存在しないかのように取り扱おうとする。しかしそれで、矛盾は消えてなくなりはしない。それどころか、抑圧したはずの矛盾が思いがけない仕方で逆襲し、かえってなお一層、我々を苦しめることになるだけであろう。それは最悪の選択である。

しかしだからといって、心理療法を受けたり、超越信仰に向かったりしてみても、どうしようもない。フロイト派、行動療法派、ロジャーズ派、ユング派その他、いかなる心理療法によっても、矛盾は消去できない。あるいはまた、観想念仏やマンダラ観、アーメンや称名念仏やお題目その他、いかなる超越信仰によってもやはり、矛盾は消去できない。では、矛盾の消去ではなく、矛盾の受容のために、心理療法を受けたり、超越信仰に向かう場合は、どうであろうか。その場合は、かまわないのではなかろうか。それは、かまわない。だがその場合でも、もしその心理療法や超越信仰が非実体性の意識に裏づけられていないなら、矛盾の受容も結局のところは、うまく行かないであろう。

ただし、ただ一つ、矛盾を消去する有効な方法がある。それは、生きることをやめること、つまり自殺である。おそらくこの自殺の誘惑が消えることはないであろう。死んでしまえば、たしかに矛盾は消えるからである。別に自殺をすすめているわけではない。ただ自殺は矛盾を消去する最も有効な方法だと言っているだけのことである。だが、ここで筆者が問題にしているのはあくまで、矛盾の消去ではなく、矛盾とどうつきあうかであって、その観点からすれば、自殺は最も拙劣な方法である。なぜなら自殺は、矛盾とのつきあいから下りることだからである。

では、矛盾とどうつきあうのか。これについては、非実体性の意識に徹することにより、矛盾を素直に受け入れること、どれほど苦痛をもたらすものであろうと、素直に受け入れること、そして受け入れつつ、その矛盾に染みついた利己的情念を浄化することにより、可能なかぎり欲望をコントロールすること、それが筆者の言い分であり、「非実体化療法」と筆者が呼ぶ意識訓練法の核心を成すものである。なるほどこれもまた、一種の自己限定だと言われれば、自己限定である。だが今更言うまでもないことだが、この自己限定は、矛盾を消去するための自己限定ではなく、矛盾とつきあうための自己限定である。そんなことは、ただ強い人間だけができることだと反論されるかもしれない。もしかしたら、そうかもしれないと思いつつも、それでもやはり、違う、絶対に違うと言いたい。これは、強い弱いの問題ではなく、生き方の問題だからである。人はとかく誤解しがちだが、人生はスポーツ競技ではないのである。

第七節　甘えの浄化

「どうしようもないわたしが歩いてゐる」（『山頭火句集』、ちくま文庫、二一一頁）

これは、典型的な破滅型の俳人・種田山頭火の句である。句ともいえない句だが、たしかに魅力的である。しかし魅力的だけれども、どうしても引っかかるものが残る。なぜか。

この句に私は、何とも言えない甘えを感じてしまう。まるで、「どうしようもない甘えが歩いてゐる」ように感じてしまう。こんな句を作るなよ、これじゃ、太宰と一緒じゃないか、と言いたくなる。「分け入っても分け入っても青い山」（前掲書、一七頁）、これはいい。しかし、「蜘蛛は網張る私は私を肯定する」（前掲書、八九頁）、これもいただけない。そんなに甘ったれるなよ、とつい言いたくなってしまう。破滅型の俳人には、どうしても甘えがつきまとうのである。

これに反して、芭蕉には、甘えがない。完全に甘えを見切っているところがある。

「野ざらしを心に風のしむ身哉」（『芭蕉紀行文集』、岩波文庫、一一頁）
「道のべの木槿《むくげ》は馬にくはれけり」（前掲書、一三頁）
「山路《やまぢ》來て何やらゆかしすみれ草」（前掲書、二二頁）
「命二つの中に生《いき》たる櫻哉」（前掲書、二二頁）

これはいい。微塵の甘えもない。同じ野ざらしの旅人でありながら、その違いは大きい。いったいどうしてなのか。

芭蕉がやはり、痩せても枯れても武士だったことによるのか。それもあるかもしれないが、しかし武士だったら、甘えが浄化できるというものでもないだろう。では、何なのか。

芭蕉の紀行文としては、『おくのほそ道』があまりにも有名だが、しかしこれは一連の紀行文集の帰結であって、その発端は『野ざらし紀行』にある。そして、この紀行文は次の出だしで始まっている。

「千里に旅立《たびだち》路粮《みちかて》をつゝまず、三更月下《さんかうげつか》無何《むか》に入《いる》と云《いひ》けむ、むかしの人の杖にすがりて、貞享甲子《ぢやうきやうきのえね》秋八月江上の破屋をいづる程《ほど》、風の聲そゞろ寒気《さむげ》也。」（前掲書、一一頁）

この文中の核心にあるのは「無何に入」で、「無何に入」とは「何もないところに入る」ということ、絶対の空に入るということ、筆者流に言えば、非実体性の意識に徹するということである。結局、芭蕉の旅は、空から出、空にかえって行くのである。

そして、そのことに徹し切っていたがゆえに、芭蕉の句には甘えが感じられない。見事というほかはない。

たしかにこの「無何に入」は古人の言葉であって、芭蕉自身のものではない。杖としてこれにすがると芭蕉は言う。しかし実は、全然すがってなどいない。古人と共にある、それが本当のところである。しかし、すがっていないからこそ、すがると言いうるのである。そこがまた、大変におもしろいところである。

句作りは、隠しようもなくその人の意識の質をあらわにする。芭蕉の句はどれも、見事に甘えが浄化されているのである。

しかしそれでもなお、最後にこう言わざるをえない。今、我々にとって大事なことは、芭蕉とは違い、あくまで世俗の人でありながら、甘えを浄化することにある、それには芭蕉は、非常に魅力的ではあるものの、やはり残念ながら十分なモデルたりえない、と。

第八節　他愛

「親鸞におきては、たゞ念佛して、彌陀《みだ》にたすけられまひらすべしと、よきひとのおほせをかふりて信ずるほかに別の子細なきなり。念佛はまことに、浄土《じゃうど》にむまる、たねにてやはんべらん、また地獄におつべき業《ごふ》にてやはんべるらん、惣《そう》じてもて存知《ぞんち》せざるなり。たとひ法然聖人にすかされまひらせて、念佛して地獄におちたりとも、さらに後悔すべからずさふらう。」（『歎異鈔』、梅原眞隆譯註、角川文庫、一二頁）

いきなり変なことを言うようだが、この言葉にはまらないようにしよう。多くの人々がこの言葉にはまってきた。特に自閉的で、屁理屈ばかり達者な知識人にかぎって、簡単にはまってきた。ここにこそ他愛の理想がある、人は人をとことんまで愛することができるし、また愛さねばならない、と妙にこの言葉に感心し、あれこれ理屈を並べ立てて、さかんに喧伝してきた。その効果もあってか、今日ではもう広く人口に膾炙《かいしゃ》している。

しかし本当にこれでよいのだろうか。本当に他愛とはこういうものであり、こういうものであるべきなのだろうか。これでは何のことはない、俗に言う「毒を食らわば皿までも」と同じたぐいではないのか。

人を愛することはすばらしいことであり、人を愛したいと思うことは尊いことである。しかし人を愛するとは人に転移することではない。自己を消去し、過剰に人に依存することではない。人に惑溺し、人に呑み込まれることではない。人に取り憑き、取り憑かれることではない。

自愛を促す他愛、各自の自立性を大きく伸ばしてくれる他愛、それが本物の他愛である。タテ関係であれ、ヨコ関係であれ、他愛とはそういうものでなければならない。

いわゆる憑依的他愛はいけない。その「他」が、どれほど身体的に優美な人であろうと、どれほど精神的に卓越した人であろうと、あるいはどれほど高い身分や貴い血筋の人であろうと、その他どのような人であろうと、いけない。憑依的他愛は過度の癒着関係を生む。そしてこの癒着関係は不可避的に、関係内的には自他の自立性を阻害し、関係外的には閉鎖的で不寛容な排他主義を生まずにはいない。それは、古今東西における政治的憑依関係や宗教的憑依関係の有様を見れば、疑う余地はない。憑依的他愛は弊害があまりにも大きすぎるのである。

法然に対する親鸞の憑依的他愛には、彌陀の本願、念佛、往生浄土といった一連の特殊浄土仏教的イマージュが絡みついている。一体・不可分のものとして絡みついている。しかもこれら一連のイマージュは憑依的他愛を緩和するどころか、ますます強化する方向で働く。親鸞の憑依的他愛が真摯なものであったことは認める。しかし、いくら真摯であっても、原理的に憑依的他愛が認めがたいものであることに変わりはないのである。

しかしだからといって、今度は逆に、次のパスカルの言葉に典型的に認められるような他愛不信にはまってはならない。

「いったい、一人の人間のたましいの実体を、抽象的に、そこにどんな性質があろうとかまわずに、愛することができるのだろうか。そんなことはできもしないし、不当なことであろう。してみると、愛するといっても、その人自身を愛することは決してなく、ただその人の美点を愛しているだけのことなのだ。

だから、官職や職権をかさに着て威張っている連中を、いまさら軽蔑するにあたらない。人がだれかを愛するのは、ただ、とってつけられたその性質だけのためにすぎないからである。」(『パンセ』、田辺保訳、角川文庫、一九九―二〇〇頁)

だから、神のみを愛せよ、とパスカルは言うが、これはおかしい。だいたい人を満足に愛せなくて、どうして神を愛することができよう。できるわけがないではないか。

たしかに他愛は容易なことではない。しかしそんなことは、今更パスカルに言われなくとも、はじめからわかっている。それでも、他愛が必要なのである。本物の他愛が必要なのである。本物の他愛なくして、本物の自愛もないからである。

しかしそれにしても親鸞に対する見方はあまりに厳しすぎる見方かもしれない。親鸞派には気にくわない見方であろう。もとより筆者とて親鸞を愛すること人後に落ちる者ではない。しかしただやたらに人を持ち上げること、あげくのはてにはその人を神格化することがその人を愛することではない。その人を愛しつつ、しかも批判すべきことはきちんと批判すること、それこそが本物の他愛なのである。

しかもなお思い返してみるに、「たとひ法然聖人にすかされまひらせて、念佛して地獄におちたりとも、さらに後悔すべからずさふらう」と親鸞は言っているが、しかしそのように言うこと自体、実際には「騙されているのではないか、騙されているのではないか」と幾度となく疑念が生じたことの反証ではないのか。それゆえ「さらに後悔すべからずさふらう」ではないのか。そしてもしそうだとするならば、そうした疑念を含み込んだところでの「さらに後悔すべからずさふらう」と言うのも、親鸞の法然への信は本物の他愛と言ってよいであろう。

では、本物の他愛はどうすれば可能か。非実体性の意識に徹することにより、利己的情念を浄化し、欲望を正しくコントロールすることにより、即かず離れずの関係に立つこと、これ以外に道はないであろう。

第五章　無の意識

第一節　非実体性の意識

人生において最も大事なことは、無の意識においてあることではなかろうか。何を感じ、考え、為していようとも、そのつどそのつど無の意識においてあることではなかろうか。思うに、人生は至るところ、矛盾だらけである。いかに恵まれた環境にあろうと、そのことに変わりはない。しかもそのなかで、人は互いに傷つけあい、苦しめあいながら、喜んだり悲しんだり、笑ったり怒ったりしながら生きている。しかもどうあがいてみたところで、皆誰も、死を免れないのである。しかしだからこそ、無の意識が大事である。この矛盾に満ちた人生を無の意識において生き、死ぬことが大事なのである。

では無の意識とは何か。ここでは、階層論的に見て行きたい。つまり、基底層としての「非実体性の意識」、次いで順次、「無的限定」、「あるがまま」、そして最上層としての「自立」の四つの層から成るものとして見て行くことにする。もちろん階層論的に見るからといって、現にその通り截然と階層化しているわけではなく、実際には複雑に入り組んだかたちで混在している。階層論はとかく、現にその通り截然と階層化されているかのように見させがちなので、念のために注意しておきたいと思う。

さて、そのうえでまず、無の意識の基底層にあるのは、非実体性の意識である。では非実体性の意識とは何か。それは、すべてのものには実体がないという意識、すべてのものには実体がないという意識にもまた実体がない、そのような徹底した非実体性の意識である。それゆえ当然、無の意識にもまた実体がないのである。

この非実体性の意識は、およそ存在するすべてのものがそこから生まれ、そこへと還って行くところであり、その意味でそれは絶対の有である。しかもこの絶対の有としての非実体性の意識には実体がない。その意味でそれは絶対の無、絶対の空である。要するに、非実体性の意識とは、「絶対有即絶対無、絶対無即絶対有」としての意識なのである。

この非実体性の意識に徹すること、どこまでもどこまでも徹底して行くこと。この非実体性の意識こそが、無の意識の肝心要の土台だからである。もしこれがうまく行かず、中途半端なまま停滞すれば、不可避的にニヒリズムに陥り、心の安定が失われ、代わってどうしようもない不安と絶望が支配し、その泥沼のなかに、無の意識は呑み込まれてしまうことになる。そうならないために、是非とも非実体性の意識の徹底遂行が必要不可欠なのである。

仏教でしばしば、「色即是空、空即是色」、つまり「ものには実体がなく、実体がないままに、ものがある」と言われるが、その際とかく、後半の「空即是色」が強調される。もちろんそれは間違いではないが、しかし後半の「空即是色」が成立するには、まずその前提として、「色即是空」の「空」に徹することが必要である。中途半端なところで停止し、安直に反転してはならない。それでは、何のことはない、ただの現状肯定に堕するのがオチである。空に徹すること、どこまでもどこまでも徹するのである。

そう言うと、今度はきまって、それは空に惑溺することではないのか、空にとらわれ、固着することではないのか、と反論されることであろう。たとえば、鈴木大拙は、次のように批判している。

「仏教に声聞《しょうもん》という部類の人々がある。これは必ずしも仏教だけではない、他のインド教の人にも、キ教徒の人々の中にも（？）あると信ずる。この部類の人々は「悟って迷う」ということになり、その「悟り」から出ることができぬのである。そんな人々を「空定《くうじょう》に住する」という。「八万劫も二万劫も」その中に閉じこもってい て、逸脱することを知らぬ。否定の犠牲である。飜転《ほんてん》の様機ということのあるのを知らぬので、やむをえぬというべきだ。」（『新編 東洋的な見方』、上田閑照編、岩波文庫、七四頁）

この批判は当たりである。当たりではあるが、しかし当たりと言いうるためにはやはり、空の意識、つまり非実体性の意識に徹しなければならない。安易に飜転の様機に引っかかってはならないのである。

この非実体性の意識には、二つの側面が含まれる。一つは、一般に無常と呼ばれているもので、すべてのものは必ず亡び滅するということ、これには例外はなく、神も仏も霊魂も、自然も世界も宇宙も、時間も空間も、何もかもすべて亡び滅するということである。

さらに、これから必然的に、もう一つの側面が出てくる。それは、価値的相対性で、およそ存在するいかなるものにも、絶対に真なるもの、絶対に善なるもの、絶対に美なるものもなければ、反対に絶対に偽なるもの、絶対に悪なるもの、絶対に醜なるものもないということである。すべてはあくまで相対的である。もちろん、たとえば絶対に真なるものを想定することはできる。しかし想定はできるが、存在させることはできないのである。それゆえにまた、人を含めて、いかなるものにも絶対的な存在理由はない。ものは何のために生まれ、存続し、亡び行くのか、本当のところは何もわからないのである。

この非実体性の意識に徹すること。もし下手にこれを遂行すると、確実にニヒリズムに陥る。言い換えれば、表向きは、ものの実体性・不滅性・価値的絶対性を否定していながら、裏ではひそかにそれを望んでいるところがあり、しかもそれでいて、それに確信がもてないという、どうしようもなく不安定な心の状態にはまりこんで行くのである。

それゆえ、いったん遂行した以上は徹底的に遂行しなければならない。そしてそうしさえすれば必ずや、非実体性の意識に落着する。落着せずにはいない。そして落着すれば、非実体性の意識は、非実体性の意識こそが無の意識の基底層を成していること、いやそれどころか、他の三層も実はすべて、この非実体性の意識から由来することを自覚するのであり、その意味で、実を言えば、非実体性の意識は無の意識の別名なのである。

この非実体性の意識においては、既成の臨床心理学における意識のとらえ方が根底から覆される。既成の臨床心理学では、それがどのようなパターンのものであれ、意識とは、心を大きく意識と無意識に分けたうえでの、その意識としてとらえられているが、しかし非実体性の意識においては、心が意識と無意識に分かれる以前の、その心であり、また分かれたあとの、その意識であり、その無意識である。非実体性の意識においては、すでに定説化されている「意識と無意識の二元性」は廃される。同様にまた、我々の常識となっている「心と身体の二元性」も廃される。なぜなら、非実体性の意識においては、意識とは、心と身体に分かれる以前の、心と言えば、その心であり、身体と言えば、その身体であり、また、心と身体に分かれたあとの、その心であり、その身体だからである。ということは当然、「心と物体の二元性」そのものが廃されるということである。非実体性の意識においては、意識とは、心と物体に分かれる以前の、心と言えば、その心であり、物体と言えば、その物体であり、また、心と物体に分かれたあとの、その心であり、その物体だからである。非実体性の意識においては、すべてのものが意識である。意識が、山となり、川となり、草となり、木となり、動物となり、人となり、神となり、仏となるのである。つまり、こう言ってよければ、すべてのものが意識の表現形態なのである。しかも、その意識には実体がないのである。

第二節　無的限定

それゆえ無の意識においては、それが非実体性の意識に支えられているがゆえに、いや非実体性の意識そのものであるがゆえに、「もの」がまったく新たな相のもとに立ち現われてくる。もとより、言うまでもないことながら、ここで言う「もの」とは、「物体」を含む、すべての「もの」である。

先に筆者は、「空即是色」が成立するには、まずその前提として、「色即是空」の「空」に徹する必要があると言ったが、このことは逆に言えば、もしその「空」に徹するならば、自ずから「空即是色」に反転するということである。そして反転して、「空即是色」と出たとき、その「空即是色」の「色」、つまり「もの」はまったく新たな相のもとに立ち現われてくるのである。

そこで今かりに、これを「無的限定」と呼ぶことにしよう。もちろんこれを、鈴木大拙や西田幾多郎の用語を借りて、「即非の論理」や「絶対矛盾的自己同一」と呼んでもよいのだが、一応ここでは筆者なりの用語を当てることにする。もちろんこれ自体、西田幾多郎の「無の限定」を「無的限定」と言い換えたにすぎないといえばすぎないけれども、とにかく一応ここではそう呼ぶことにする。

それでは無的限定とは何か。これについては次のように言えよう。

山は山であって山でなく、山でなくて山であり、石は石であって石でなく、石でなくて石である。あるいは、山は山であるがゆえに山でなく、山でないがゆえに山であり、石は石であるがゆえに石でなく、石でないがゆえに石である。私は私であって私でなく、私でないから私であり、他者もまた他者であって他者でなく、他者でないから他者である。石は固いがゆえに固くなく、固くないから固いのであり、川は流れていて流れておらず、流れていないから流れているのである。あるいは、私も他者も、喜んでいても喜んでおらず、悲しんでいても悲しんでおらず、考えていても考えておらず、何かを為していても何も為してはいない。そしてそうであるがゆえに喜び、悲しみ、考え、何かを為しているのである。

また石は石であって川でなく、川は川であって石でない。だから石は川であり、川は石である。逆に石は川であり、川は石である。だから石は石であって川でなく、川は川であって石でない。私は私であって他者でないがゆえに他者であり、他者であるがゆえに他者でなく、他者もまた他者であって私でないがゆえに私であり、私であるがゆえに私でないのである。私は神でないし、神は私でない。だから私は神であり、神は私であり、そうであるがゆえにまた、私は神でなく、神は私でないのである。

これが無的限定であり、そしてこれには例外はない。ものはすべて、それがいかなるものであろうと、無的限定においてある。そのうち前者のパラグラフは無的自己限定を例示したものであり、後者のパラグラフは無的相互限定の例示である。無の意識においては、ものはすべて、一つの例外もなく、無的自己限定においてあると同時に、無的相互限定においてあるのである。

しかしそれなら、次のような例示はどうであろう。人は他者に暴力を振るっていても、振るっておらず、振るっていないがゆえに、振るっており、また、人は、他者に暴力を振るっている、その当の他者でないがゆえに、その当の他者であり、その当の他者であるがゆえに、その当の他者でない、と。そのように言うこともできるのだろうか。

そう、そのように言うこともできる。たとえそれがどれほど残酷な暴力であろうと、そのように言うことができる。先に言ったように、例外はないのである。ただし、無的自己限定と無的相互限定をはっきりと自覚したなら、そもそも他者に暴力を振るうようなことはしないであろう。

無的自己限定は深い心の安らぎをもたらし、無的相互限定は自立的他愛をもたらす。ものへの惑溺から解放されるからである。無の意識は、こうした人としての望ましいあり方を育む。しかしそれを大きく育んで行くのは容易なことではない。そのためには、非実体性の意識に徹しなければならない。どこまでもどこまでも徹して行かねばならないのである。

第三節　あるがまま

無の意識は、非実体性の意識に徹するがゆえに、ものをすべて無的限定の相において見、無的限定の相において見るがゆえに、ものをすべてあるがままに受け入れる。

それがどれほど親和的なものであろうと、あるいは逆に敵対的なものであろうと、そうしたことにかかわりなく、あるがままに受け入れる。とりわけ、人生におけるさまざまな悲しみや苦しさ、いくら努力しても報われなかったり、善意で言ったり、したことがかえってマイナスの結果をもたらしたりする人生の不条理、自分の弱さや醜さ、その弱さや醜さへのやり切れない思い、人間関係の煩わしさ等々、人生において遭遇する諸困難を直視し、あるがままに静かに受け入れる。真偽、善悪、美醜、聖俗、優劣、好悪その他、いかなる価値判断にもかかわりなく、あるがままに受け入れる。過大評価もせず、過小評価もせず、あるがままに受け入れるのである。

もとよりこれは、言うは易く、行なうは難しである。特にたとえば、ドメスティック・バイオレンスやレイプ・ショック、残虐きわまりない戦争犯罪、思いがけない犯罪事件や交通事故による家族や友人や恋人の死、阪神・淡路大震災に見られるような過酷な大天災等々、あまりにも理不尽な事態に遭遇したとき、それでもなお、「あるがまま」なのか。

そう、その通り、それでもなお、あるがまま、である。

たしかにあまりに理不尽な事態に遭遇したとき、人は深い心の傷を負う。そしてそれは容易には癒せない。虐待を受けた児童やレイプされた女性、ナチ犯罪の被害者や旧日本陸軍の犯罪被害者、突然愛する人に死なれた遺族、そうした人々の苦しみや悲しさは容易に癒せるものではない。自分を責めたり、他人を責めても、どうしようもないし、宗教や心理療法に助けを求め、そのなかで、ありきたりの共感や慰めの言葉を受けても、どうしようもない。それでどうにかなるのなら、はじめからどうにかなるのである。

いや、これは言いすぎかもしれない。決してあなたの責任ではないと、共感を込めた慰めの言葉によって癒されることもあるかもしれないからである。しかしそれでもやはり、もし事態をあるがままに受け入れることがないかぎり、所詮は一時の癒しにしかならない。一時、多少癒された気になるだけで、結局は元の木阿弥となろう。それどころか、下手に一時癒された気になっただけ、かえってなお一層、苦悩は深まるかもしれない。

おそらくすべては、時が解決してくれるのかもしれない。時の流れが、人生の苦悩を洗い流してくれるのかもしれない。どれほど辛い人生の苦悩をも洗い流してくれるのかもしれない。当初の辛い苦悩も、一年、二年と、時が流れるとともに、次第に薄らぎ、もしかしたら、その時の流れとともに、すっかり洗い流されてしまうかもしれない。時の流れに身を任せること、それが一番の解決かもしれない。

いや、たぶんそうではないだろう。洗い流されるとは、忘れるということであり、忘れるとは、消えるということであるが、しかし消えるといっても、完全に消えたわけではなく、ただ表層意識から消えただけのことであって、深層意識では消えることなく、苦悩は存続している。それゆえ、何かちょっとしたきっかけがあれば、いつでも再浮上してくるであろう。

しかし、たとえ表面的であれ、苦悩から解放されれば、それに越したことはないのではないか。そうかもしれない。誰もそれを無下に否定できないであろう。しかしそれでもやはり、それではダメだと言わねばならない。ただ時の流れに任せるだけではダメである。大事なことは、時の流れに身を任せながらも、決して逃げたり、抑圧したり、覆い隠したりすることなく、苦悩と、その苦悩をもたらした事態をあるがままに受け入れることである。容易なことではないが、それ以外に真に癒される道はないのである。

では、いったいどうすれば、「あるがまま」は可能となるのか。非実体性の意識に徹すること、ただ単純に徹すること、これ以外にない。いや、有体に言えば、これ以外に適当な道が見つからないのである。自由連想法や能動的想像、認知行動療法や論理療法、自律訓練法や森田療法、あるいは観想念仏やマンダラ観、アーメンや称名念仏等々、数々の心理療法や超越信仰は、そのほとんどがどれもみな、結局、陰に陽にある何らかの実体に惑溺しており、そして惑溺しているかぎり、「あるがまま」といっても、所詮はただ見せかけの対症療法的「あるがまま」の域を出ないのである。

第四節　自立

しかしそれにしても、いったい何のために、あるがままに受け入れるのか。あるがままに受け入れたうえで、そのうえで、いったいどうすればよいというのか。

これについては、一義的な答えはない。ただ各自が、各自なりに感じ、考えながら、各自なりの人生を歩むことである。

所詮人は、自分のもてるものによって生きるほかはない。そうしたい、そうなりたいと思っても、できないことはできないし、なれないものにはなれないのである。逆に、そんなことはしたくない、そんなものにはなりたくないと思っても、そうするときにはそうするし、そうなるときはそうなるのである。どうも人にはそれぞれ、その人なりの器量というか資質というか、何かそういう持味があって、それに逆らって無理に何かをしても、結局はうまく行かないようである。しかも、うまく行かないのも、それはそれで、その人の持味なのである。

人は本当に、人さまざまである。どんなに似かよっていても、結局、人は人、私は私である。誰も、他の人のかわりにはなれない。だから人はそれぞれ、自分なりに感じ、考え、生き、死ぬことである。苦しいときには苦しみ、悲しいときには悲しみ、楽しいときには楽しみ、オロオロするときにはオロオロし、イライラするときにはイライラすることである。うまく行くもよし、うまく行かないもよしである。

それでも、ただ一つ、最後に言いうるとすれば、どのような人生を歩むことになるにしろ、自己のなしうるかぎりにおいて、利己的情念を浄化することにより、欲望をコントロールすること、甘えもせず、うぬぼれもせず、卑屈にもならず、ましてや嫉妬したりすることもなく、心をまっすぐにして歩むこと、そしてできるかぎり、人と共に歩む道を模索することである。こう言ってよければ、心の直立歩行である。あるいは、もっと普通の言い方をすれば、要するに、自立することである。

しかし思うに、奇妙に聞こえるかもしれないが、対人関係が自立性を育成するわけではない。それが、いかに望ましい対人関係であっても、それ自体が自立性を育成するわけではない。なぜなら、事態はまったく逆で、そもそも望ましい対人関係が成立するには、もともとすでに自立性が育成されていなければならないからである。「自立から望ましい対人関係へ」であって、その逆ではないのである。もちろん、前者の方向性があるならば、「望ましい対人関係から自立へ」という、その逆の方向性もあるが、もし前者の方向性がなければ、後者の方向性はない。対人援助の専門家には、承服しがたいことかもしれないが、そう言うほかないのである。しかもこのことは、対人関係のみならず、社会や国家、自然や宇宙、神や仏等々、他のすべてのものとの関係にも妥当するのである。

しかしここで、あからさまな言い方をすれば、人間ははたして本当に自立を望んでいるのだろうか。望んでいる、それは確かである。しかし、一方で望んでいながら、他方で望んでいないところがある。自立したいが、自立したくなく、自立したくないが、やはり自立したい。それが人間の偽らざる実相である。それに、見様によっては、虚栄心や嫉妬その他、さまざまな利己的情念にとらわれているところが、人間の面白さであって、あまりに完全に自立的だと、立派すぎて、かえって面白くも何ともなくなるかもしれない。そのうえ、たとえ自立を望んでも、所詮、人間はたいして自立的にはなれないのかもしれない。だから、ほどほどの自立で、満足すべきなのかもしれない。

しかし、だからといって、はじめから、ほどほどの自立などと言っていると、ほどほどの自立すら確保されないであろう。完全な自立という理想があればこそ、やっとほどほどの自立が確保されるのである。完全な自立など望むべくもないのに、それでいて、それなくしては、ほどほどの自立すら確保されないのである。人間とはまことに矛盾に満ちた逆説的存在者である。

それにしても、では、いったいどうすれば、自立できるのか。これについては、ただ一言、非実体性の意識に徹すること、そう言おう。すべては、そこから始まり、そこにかえって行くのである。

以上が無の意識の基本構造である。ここから語るべきことは多いが、それはそれとしてとにかく人間にとって、時代や状況がどう変わろうと、つねに大事なことはこの無の意識を深く広く育んで行くことである。

第六章　自立論

第一節　憑依と自立

「私が生きているのではない、父が私を生きているのだ」、「私が生きているのではない、友が私を生きているのだ」、「私が生きているのではない、酒が、ギャンブルが私を生きているのだ」、「私が生きているのではない、学校が私を生きているのだ」、「私が生きているのではない、会社が私を生きているのだ」、「私が生きているのではない、国家が私を生きているのだ」、「私が生きているのではない、祖先の霊が私を生きているのだ」、「私が生きているのではない、神が、仏が私を生きているのだ」等々、数え上げれば切りがないが、要するに、自我の生き方のひとつとして、次のように定式化できる生き方があるということである。すなわち、私が生きているのではない、それが私を生きているのだ、と。

上記の例示は、この定式化中の「それ」に該当するものを、ただ思いつくままに若干、枚挙しただけのことであって、実際にはこの枚挙には切りがない。より具体的に枚挙すればするほど、切りがない。しかも、切りがないとともに、いくら枚挙しても、この枚挙自体に、大した意味はないのである。

もちろん、「それ」に該当するものをいくつかのパターンに分類することはできる。たとえば、山や川や石や水や風や火といった自然的事物、犬や馬や牛や蛇や草や木といった動植物、老若男女を問わず個々の人間、貨幣や地位や身分や権力や名誉や国家や民族や人類といった集合的表象、自然や宇宙、霊的なものや無意識的なもの、超越的存在者としての神や仏といった具合に分類することはできる。しかしこうした分類に大した意味はない。その他、どのようなパターンで分類しようと、またどれほど詳細に、どれほど完璧に分類しようと、そのこと自体に大した意味はない。肝心なことは、「それ」に該当するものとして枚挙されるものが何であるかということではなくて、そうしたことにかかわりなく、先の定式化を貫く本質が何であるかということである。

これについては、まず第一に確認されることは、この定式化においては、「私」と「それ」とのあいだの自他二元的分離が溶解し、「それ」が「私」に取り憑くということである。では、この取り憑くということは、どういうことか。これについては、概略、次のように要約できよう。

（1）「私」の保有するエネルギーが、「それ」のなかに吸い取られて行き、いわゆる「自我縮小」が進行する。

（2）代わって「それ」が、自らの保有するエネルギーを「私」のなかに注ぎ込む。つまり、「私」のなかに「それ」が侵入して来る。

（3）その結果、「私」は、「それ」に包摂され、呑み込まれ、「それ」の一部へと変容する。「私」は「それ」に奉仕する器官であり、「それ」を容れる器であり、「それ」によって思いのままに操られるものとなるのである。

以上が、「私」への「それ」の憑依現象の概要であるが、しかしこれに対しては、ちょうどその裏返しとして、「それ」への「私」の憑依現象が表裏一体・不可分のものとして、つねに働いており、これについてもまた、概略、次のように要約できよう。

（1）「それ」の保有するエネルギーが、「私」のなかに吸い取られて行き、いわゆる「自我肥大」が進行する。
（2）代わって「私」の保有するエネルギーを「それ」のなかに吹き込み、「私」を積極的に「それ」のなかに投入する。つまり、憑依の逆流・引き戻しが起こる。
（3）この逆流・引き戻しのなかで、「私」は、「それ」となって見、「それ」となって感じ、「それ」となって考え、「それ」となって働く。
（4）その結果、「それ」は、「私」に包摂され、呑み込まれ、「私」の一部へと変容する。「それ」は「私」に奉仕する器官であり、「私」を容れる器であり、「私」によって思いのままに操られるものとなるのである。

この二つの憑依現象は、すでに触れたように、同じ一つの現象の両面であって、決して切り離すことができない。一方があるところ、必ず他方がある。もちろん、ケース・バイ・ケースで、ある場合には、前者の憑依現象が優位を占め、ある場合には、後者の憑依現象が優位を占めることがあるが、それでもこの二つの憑依現象はつねに何らかの形で混在して存在している。ただし、事の順序から言えば、まず前者の憑依現象が先に起こり、それに引き続いて後者の憑依現象が生じるのであって、逆ではない。しかもその際、生じるといっても、ほとんど生じない場合から、前者の憑依現象を全面的に覆い隠してしまうまでに、大きく生じる場合まで、千差万別であり、一概にこうなるとは言えないが、とにかくこの二つの憑依現象は、オモテとなり、ウラとなりあいながら、分かちがたく混在していることだけは確かである。

たとえば、「私が生きているのではない、父が私を生きているのだ」という前者の憑依現象はつねに何らかの形で、「父が生きているのではない、私が父を生きているのだ」という後者の憑依現象をはらんでおり、同じように、「私が生きているのではない、祖先の霊が私を生きているのだ」という前者の憑依現象は、「祖先の霊が生きているのではない、私が祖先の霊を生きているのだ」という後者の憑依現象をはらんでいるのである。

そこで、今これに一般的な定式化を与えるとすれば、次のようになろう。すなわち、私が生きているのではない、それが私を生きているのだという憑依現象は、それが生きているのではない、私がそれを生きているのだという憑依現象をはらんでいる、と。この二つの憑依現象は表裏一体の関係にあるのである。そして、この関係の極限にあるのは、「神の子」・「神のしもべ」としての「私」と、「私は存在するもののアルファであり、オメガだ」とする「私の神化」との表裏一体関係なのである。

こうした憑依現象に関して、これまでさまざまなパターン分析が行なわれてきた。たとえば、「仮面（ペルソナ）」から、もうひとつのパースンとしての「影（シャドウ）」へ、「影」から「アニマ・アニムス」へ、次いで超人間的人格としての「マナ人格」へ、さらには「自己（セルフ）」へ、といったユングの「個性化過程」（実際には「個性化過程」という名の「全体化過程」）や、あるいは「判断的一般者」から「自覚的一般者」へ、さらには「叡智的一般者」へ、といった西田幾多郎の「述語的包摂関係」や、あるいはまた、「有機体対環境」のレベルから「超個的自己の帯域」へ、次いで「統一意識」へ、といったケン・ウィルバーの「脱同一化」などは、その好箇の例と言ってよいであろう。

しかしはっきり言ってしまえば、こうしたパターン分析には、あまり意味がない。整理には便利だが、ただそれだけのことにすぎない。問題は、憑依現象をどうパターン分析するかではなく、それとどうつきあうかである。一般に憑依現象には、マイナス評価がつきまとう。原始的とか、反人間的とか、病的とか、狂的とか、といったマイナス評価がつきまとう。いったい、どうしてなのか。

結局それは、憑依現象が、「私」の自立性を抑圧するからである。たしかに憑依現象においては、「私」と「それ」のあいだの自他二元的分離が溶解し、「私」は、「私」を苦しめてきた孤独感から解放され、代わって深い主客一元の自他合一感に満たされる。しかしその代償として、不可避的に「私」の自立性が抑圧される。一方では、過度の自我縮小から来る過剰依存により、他方ではその裏返しとしての、過度の自我肥大から来る利己主義により、「私」の自立性が抑圧されるのである。しかもそれでいて、実を言えば、孤独感からもまた決して解放されてはいない。解放されたかのような錯覚にはまっているだけのことであって、本当のところは解放されてはおらず、深いところで、厳然として存在し、ひそかに「私」を苦しめ続ける。だからこそ、この憑依現象においてある「私」は、この憑依現象の埒外にある「それ」に対しては、不安・恐怖・敵意・冷淡・無関心等々、マイナスの情念にとらわれるのである。

しかもさらにそのうえ、この憑依現象の行き着くはてに待ち受けているものは、統合失調症的な自我崩壊である。これについては、たとえば、しばしば取り上げられる統合失調症的三段論法を挙げておこう。すなわち、聖母マリアは処女である、ところで私は処女である、ゆえに私は聖母マリアである、と。ここでは、統合失調症的な自我崩壊のなかで、聖母マリアが彼女に取り憑き、彼女が聖母マリアに取り憑いているのである。

もちろん、ここまで行くことはめったにない。自我の自立性はたしかに簡単に抑圧されはするものの、しかしそれでも、だからといって、自立性が壊れるところまで行くことはめったにない。どれほど抑圧されても、なおかろうじて自立性は守られるものである。先の例においても、もし他面で、彼女の自立性が確保されているならば、統合失調症的な自我崩壊は起こらない。ところが、まれに自立性が完全に壊れ、統合失調症的な自我崩壊にいたることがある。憑依現象は、まれとはいえ、つねにこの危険をはらんでいるのである。

それゆえ憑依現象には、十二分に注意を払わねばならない。特に自立性の希薄な人間の場合には、憑依現象にはまらないほうがよいだろう。なるほど憑依現象は時に、エクスタチックな一体感・安定感を与えてくれるが、その代償はあまりにも大きすぎるのである。

だが、もし自立性が十分に確保されているならば、どうであろうか。その場合でも、はまらないほうがよいのであろうか。これは非常にむつかしい問題であるが、原則的にはやはり、はまらないほうがよい。それが大原則である。その上で、あえて言えば、はまってもかまわない。いや、時には積極的にはまるのもよい。なぜなら憑依現象は時として、深い自他合一感のなかで、学問・芸術・宗教・教育・政治・経済その他、さまざまなレベルで、豊かな創造的エネルギーを活性化することがあるからである。

ただし、くどいようだが、それはあくまで、自立性が確保されているかぎりにおいてである。自立性が確保されているかぎりにおいて、時に憑依現象が豊かな創造的エネルギーの活性化につながることがあるのである。

それに、この憑依現象にはまって苦しんでいる人に援助の手をさしのべるためにも、はまった経験があるほうがよい。そのほうが適切な援助が可能となるだろう。

では、いったいどうすれば自立性が確保されるのか。非実体性の意識に徹すること、いかなる憑依現象にも実体がないということに徹することである。それによりはじめて、憑依現象にはまっていながらも、それに押しつぶされることなく、自立性が確保されるのである。

第二節　自立的依存

依存するな、とはよく言われることであるが、しかし実際問題として、依存しないわけには行かないし、また現に依存している。そもそも「人」という字は、人が人によりかかっている形から来ているということだが、まさに正鵠を射ている。それゆえ子は親に依存し、親は子に依存し、夫は妻に依存し、妻は夫に依存し、男は女に依存し、女は男に依存する。学校に依存し、会社に依存し、地域社会に依存し、階級社会に依存し、市場社会に依存し、国家に依存し、国際社会に依存する。それどころか、山川草木に依存し、神や仏に依存し、酒や薬物に依存する。それこそ何にでも依存する。いたるところ依存だらけである。

しかも考えてみれば、依存それ自体が、必ずしも悪いわけではない。と言ったからといって、人に迷惑をかけたり、危害を加えたりしないかぎり、依存しようが、何をしようが、かまわないといったような、功利主義的な意味で、言っているわけではない。そうではなくて、もしこの依存が、自立を前提にした依存であるなら、あるいは自立を促す依存であるなら、あるいは自立を阻害しない依存であるなら、つまり要するに「自立的依存」であるなら、何ら非難される謂われはないということである。それゆえ、たとえば神や仏、酒や薬物に依存していても、それが自立的依存というあり方を失わないなら、非難される謂われはないのである。

とはいえ、とかく依存は自立なき依存に陥りがちである。他者依存の場合はもとよりのこと、神依存や仏依存、酒や薬物への依存、その他いかなる依存の場合でも、自立なき依存に陥りがちである。しかしこの自立なき依存は、満たされれば満たされたで、いくら満たされても切りがなく、あげくのはてに行き過ぎると、ついには自立性そのものが壊れ、幻聴や幻視、誇大妄想や恋愛妄想、離人症や自己解離その他、種々の統合失調症的自我崩壊に陥りかねないのである。

もちろんそこまで行くことはめったにない。通常は何らかのかたちで、この自立なき依存は抑圧を受ける。しかし自立性が確保されないままに、依存自体が抑圧を受けると、今度は、アルコール依存症や薬物依存症、国家依存症や宗教依存症などに見られるごとく、強い暴力性を帯びた依存症に陥ったり、不安神経症や強迫神経症といった神経症、過食症や拒食症といった摂食障害、不登校や引きこもりその他、さまざまな心の病を引き起こし、最悪の場合には、自殺や殺人に至りかねないのである。

依存は十分に満たされなければならない。だが過剰依存は避けなければならない。自立的依存、それだけがこれを可能にする。では、いったいどうすれば、この自立的依存は可能なのか。非実体性の意識に徹すること、人であれ、物であれ、その他何であれ、人が依存するいかなるものにも実体がないという意識に徹すること、そのとき自ずから人は、依存しつつ自立し、自立しつつ依存するという、この困難な道を歩み始めるであろう。

第三節　心の民主化

人生に目的などありはしない。あるのはただ、この現在の快楽のみ。それだけが確かな生のあかしだ。もともと人生なんて、わけのわからないもので、真面目な努力家が何一つ報われることなく、惨めな生涯を終え、逆にずる賢い陰険家が何不自由ない生活を送り、長寿を完うしたりする。だから、己の本能、己の欲望に忠実であること。しみったれた道徳的お説教や白々しい理想論など真っ平御免だ。それが、戦後日本の主流であった。

人間は助平で、年中、さかりのついた色情狂だ。それでいいではないか。あの手この手、手練手管を駆使して、性的快楽を追求すること、これに優る快楽があろうか。それも、戦後日本の主流であった。

人間というものは、欲が深く、性悪で、信用できない。それゆえ人生の要諦は、このどうしようもない人間の本性を巧みに操作することで、金と権力を奪取し、維持し、拡張することにある。それもまた、戦後日本の主流であった。

そして、そのあげくのはてに待ち受けていたものは、深刻な人心の荒廃、さきの敗戦時よりも、なおいっそう深刻な荒廃であった。物質的安定なくして精神的安定はない、昔風に言えば、恒産なくして恒心なし、そう人々は信じこんできた。それは、戦後日本の一大スローガンだったが、しかし残念ながら、ものの見事に裏切られた。「恒心」どころか、今やそれこそ「荒心」であり、「衣食足って、礼節を知る」どころか、「衣食足って、礼節を知らず」である。日本史上、未曾有の豊かさを見たにもかかわらず、である。

それでも敗戦直後には、少なからざる人々のなかに、これからよりよき社会を作って行かねばならない、さもないと、亡くなった人々に申し訳が立たないという真摯な思いがあったのではないか。そこには、あの大戦時に亡くなった人々への断腸の思いと鎮魂の祈りがこめられていたはずである。しかしそれも、いつのまにか、すっかり風化してしまい、その廃虚のうえに、あくことのない欲望狂想曲が鳴り響いている。

だが、こう言ったからといって、別にお定まりの禁欲主義をすすめたいわけではない。そんなもので、人心の荒廃から回復できるなどと思ったら、大きな間違いだ。マキャヴェリックな快楽主義はしたたかで、最後の破滅にいたるまで、人心を貪り続けるであろう。それは、人心のガンである。

では、いったいどうすればよいのか。どうすれば、このガンを除去できるのか。非実体性の意識に裏づけられた欲望のコントロール、これ以外にないであろう。

欲望のコントロール、それが筆者の目下の基本テーマである。馬鹿くさいほど、生真面目なテーマである。人は絶対に欲望のコントロールなどできない。ほんのカケラほども、できっこない。欲望に狂いに狂い、飽きもせず互いに苦しめ、傷つけあいながら、人は死んで行くのだ。個としても、種や類としても、それが人の実相である。これまでもそうだったし、今もそうだし、これからもそうだ。そのあげくのはてに、人類は破滅する。

それでいいではないか、いや、それしかないではないか、そう開き直りたい気持ちがないわけではない。それどころか、もし人類の破滅に立会えたら、はい御苦労さんでした、と皮肉の一つも投げつけてやりたい気持ちすらある。とはいえ、それでは、あまりに芸がなさすぎる。やはり、ムダとはわかっていても、何とか可能なかぎり欲望をコントロールする術を学ぶ必要があろう。

非実体性の意識に裏づけられた欲望のコントロール、目下のところ、これしかないと思っている。もちろん何らこれに拘泥するものではないが、しかしこれ以上に適当な方法が見つからない以上は、これしかないと思っている。

今日、人は非常に高度に発達したテクノサイエンスを手中にしている。このテクノサイエンスの本質は、コピーの拡大再生産にある。我々の生活のあらゆる分野において、オリジナリティを消去して、コピーと代替することにある。その動きは、とどまることを知らず、今や人間自身のコピー化としてのクローン人間の生産も間近である。

しかしこの無際限なコピーの拡大再生産は、我々の欲望の拡大再生産とピッタリ相応している。それゆえ、もしテクノサイエンスのもたらす弊害を克服しようとするならば、必ず欲望の正しいコントロールが必要である。それなくして、ただ技術的に制度を改革してみても、自家撞着で、おそらく確実に破綻するであろう。そして、その破綻の果てに待ち受けているものは……、それは誰にもわからない。ただそれが人類の破滅でないことを願うばかりである。

つねづね筆者は、制度の民主化に関して、たわいのない考えを抱いている。世襲制の廃止と選挙制・任期制の導入が、それである。世襲制は社会のガンである。それゆえ経済的世襲制はもちろんのこと、政治的・行政的・社会的・文化的・宗教的分野等々、あらゆる分野における既得権の世襲が除去されねばならない。そしてそのためには、それと連動して、あらゆる分野において、部局長以上の上級管理職ポストに選挙制と任期制を導入する必要がある。任期制に関しては、一期の任期は最高五年までとする。ただし、五年には何の理論的根拠もないので、別にそれ以上でも、それ以下でもかまわないが、しかし十年、二十年は長すぎる。しかもこの任期の断続的再任は認めても、連続的再任は認めない。さらに断続的再任に関しても、少なくとも三親等内の親族間での、たらいまわし的断続的再任は認めない。あるポストから別のポストへの横滑りも認めない。任期が切れれば、必ずいったん上級管理職ポストに就く以前の元のポストに戻ることとし、例外は認めない。といったような、たわいのない考えをあれこれ抱いている。

そんなことをしたら、社会は大混乱に陥るだろう。きっと人はそう言って、一蹴するにきまっている。しかし本当にそうだろうか。もし制度の民主化に心の民主化が伴うなら、もしかしたら実現可能なのではないか。そういう思いを抱き続けている。では、心の民主化とはどういうことか。一言でいえば、平等意識の徹底である。では、平等意識とは、いったい何か。要するに問題はそれである。

平等意識とは、一人ひとりの人間をどこまでも尊重することにより、経済・政治・文化・教育・性・民族・人種といった種々のレベルにおける、欲望の抑圧的階層化を打破しようとする心の働きである。その際、一方では差異性を無視した平均主義、他方では業績主義（メリトクラシー）・弱肉強食の論理による行きすぎた競争万能主義を克服する必要がある。なぜなら、どちらも個人の自立性を抑圧・否定することになるからである。

平均主義は、いわゆる悪平等と呼ばれるもので、これは不可避的に、欲望の抑圧的画一化を生む。ところが皮肉なことに、そのことがかえって、この欲望の抑圧的画一化の裏で、欲望の抑圧的階層化をはびこらせ、一部の人々による特権の世襲的独占を生み、こうして個人の自立性が急速に抑圧・否定されて行く。

逆に競争万能主義は、欲望の大ぴらな解放、欲望の自由放任を生む。そこでは、何でもありであり、ルールはあって、なきがごとし、弱者は踏みつけられ、強者はやりたい放題、正直者は馬鹿を見、ずる賢い連中がのさばり、その特権を世襲的に独占しようと画策する。こうして個人の自立性がこれまた急速に抑圧・否定されて行く。

平等意識は、個人の無差別的平等を素直に受け入れる。いかなる人間にも、上下貴賤の差はない。人は、人として存在していること、それ自体において尊い。人の使用価値や交換価値よりも、存在価値が優先する。もちろん使用価値や交換価値もないがしろにはできない。それなくして事実上、人間関係は成り立たない。しかし、もしそれが持続的な支配・服従関係をもたらす方向で働く場合には、断固として拒否されねばならない。

しかしそれにしても、平等意識に徹するには、どうすればよいのか。非実体性の意識に徹することにより、人間の虚飾性を徹底して剥奪し、裸の人間にかえることである。古人の言葉を借りれば、「一無位の真人」にかえること、そこからやり直すほかないであろう。

「赤肉団上《しゃくにくだんじょう》に一無位《いちむい》の真人《しんにん》有り。常に汝等諸人の面門《めんもん》より出入す。未だ証拠《しょうこ》せざる者は看《み》よ看《み》よ。（この赤肉団上―我々の生身の肉体―に一無位の真人がいて、常にお前たちの面門を出たり入ったりしている。まだこの真人を見届けていない者は、さあ看よ！　さあ看よ！）」（『臨済録』、朝比奈宗源訳註、岩波文庫、二八―二九頁）

第七章　意識改革論

第一節　産業社会と学校

現在、学校への不信、幻滅が深く広く蔓延している。学校の存在理由が厳しく問われている。学校に理想がない。そこから、いじめ、学級崩壊、非行、少年犯罪、自殺が起こる。また学校逃走としての不登校や引きこもりが頻発する。それと連動して、同じことが家庭にも当てはまる。何のための家庭か、わからなくなってきている。家庭への幻滅、失望。家庭にもまた理想がない。そこから、ドメスティック・バイオレンス、児童虐待、結婚しない症候群、人格的交流の欠落等々、種々の問題が起こってきている。

今や我が国の学校は、きわめて危機的な状況にあると言ってよい。豊かな産業社会の実現とひきかえに、人心は荒廃し、いじめ、不登校、引きこもり、学級崩壊、自殺、非行、少年犯罪等々、種々の学校病理は深刻化する一方であり、しかもこれに対応すべき教師自身、自信をもって対応できないままに深く傷つき、なかには深刻な心の病に陥る教師も少なくない有様である。いったい人格と人格の誠実で真剣な交わりの場としての学校、創造的な文化活動の場としての学校はどこに行ってしまったのか。

こうした状況のなか、今、どうしても必要なことは、「意識改革」ではなかろうか。つまり、我々一人ひとりが、深く自らの心を見つめ直し、そのあり方を改めることではなかろうか。だがそれならば、さらに一歩を進めて、ではそもそも「意識改革」とはいったいどのようなものであり、またどのようなものであるべきなのかということになると、いまだ暗中模索、深い混迷のなかにあるのが実状である。けだし、それもやむをえない。豊かさのなかの意識改革、それは日本教育史上、未曾有の課題だからである。

現在の学校病理を受験体制のせいにできるだろうか。これまでは、できた。今でも、ある程度はできると思う。しかし最近、「努力+学歴（能力）」信仰の化けの皮がはがれてきているのではないか。「受験勉強から社会的昇進へ」のルートは狭く閉ざされ、受験体制の実態は、「努力+学歴（能力）」よりも、むしろ「階級+学歴（能力）」であり、「努力しても仕方ない」状況が顕著になってきているのではないか。そのことを子どもたちは、理屈ではなく、感覚でいち早く感じとり、強い閉塞感に陥っているのではないか。にもかかわらず、多くの大人たちは、いまだに「努力+学歴（能力）」信仰にとらわれており、その信仰を子どもたちに押しつける。その行違いがまた学校病理を生んでいるのではないか。

現在の学校病理を国家主義教育のせいにできるか。できないと思う。しかし現在の学校病理を解消しようとして、もし国家主義的な道徳教育や歴史教育を強化した場合、不可避的にその弊害が出てくるであろう。たとえ古色蒼然たる戦前型ではなく、もっと洗練された新型のものであっても、である。しかも、それでいて、現在の学校病理が解消される保証はどこにもないであろう。

現在の学校病理をビュロクラティックな管理体制のせいにできるか。できると思う。しかしだからといって、ただ単に制度をイジクルだけでは、どうしようもないであろう。

現在の学校病理を市場（マーケット）のせいにできるか。できると思う。市場の論理は地域社会を解体し、代わってキレイに洗浄されたメカニックな生活空間を至る所に生み出した。それは、子どもの成長にとって、望ましい生活空間とは言えない。しかし、市場の弊害にどう抗するのか、見通しが立たないのが現状である。

たしかに学校が豊かな産業社会の建設に大きく貢献し、一応、無知と貧困からの解放に成功したことは事実である。それに異論を挟む者は誰もいないであろう。しかしそれとともに、こうした病理現象を見るとき、自由で平等な民主主義社会の建設には、現状の学校では無理だということもまたはっきりしてきたのである。

人は、理想なくしても、生きて行ける。しかし理想なくしては、人は堕落する。もとより理想は簡単には実現できない。それが高い理想であればあるほど、その実現は困難である。しかし困難だからといって、それを放棄すれば、人は確実に堕落する。人は理想を食べて生きている、パンのみにて生きるにあらずである。

近代教育の理想は、人間的諸能力の調和的発達にある。全面発達、全人教育、人格の完成、自由人の育成、完全なる人間等々、その言い回しは多様だが、とにかくこの理想は多くの人々から支持されてきた。自由で平等な民主主義社会の実現にとって、この理想は不可欠だからである。しかし現状の学校はあまりにも実験科学的理性偏重型、技術的知のパフォーマンス偏重型で、この理想はすっかり軽視されている。その意味で、近代教育思想の勝者は、ルソーでも、ペスタロッチでも、ヘルバルトでも、フレーベルでもなく、デューイであった。だがこれでよいのだろうか。

デューイの教育思想は通常、プラグマティズム教育論と称されているが、このプラグマティズム（pragmatism）のプラグマ（pragma）とは、ギリシャ語で行動を意味しているので、これをカタカナ英語表記せずに、字義通りに行動主義教育論と称してもかまわない。しかしそれはそれとして、このプラグマティズム教育論の基本戦略をごく簡潔に要約すれば、それは、実用性・功利性・効率性を追求する実験科学的理性の育成を通じて、豊かな産業社会を実現し、その産業社会をベースにして、自由で平等な民主主義社会を建設するというものであった。それゆえ当然、この基本戦略の核を成すのは実験科学的理性である。それゆえにまた当然、探究本能・表現本能から思考へ、教師中心から児童中心へ、教授から学習指導へ、百科全書的教科学習から活動的・社会的教材重視の経験学習（問題解決学習）へといった、このプラグマティズム教育論の主要な教育原則はすべて、実験科学的理性の育成へと収斂して行くのである。

しかし実験科学的理性では、産業社会は実現できても、民主主義社会の実現はできない。実験科学的理性の本質は、オリジナリティを廃して、すべてをコピーに代替しようとするコピー主義にあり、コピー主義は人間の自由の消去に向かうからである。しかもそのうえ、実験科学的理性によってもたらされた産業社会は、実験科学的理性固有の弊害のみならず、その構造上、デューイには思いもよらなかった弊害をもたらすことになったのである。

産業社会は、相互に密接に結びついた四つの主要な要素、つまり階級、国家、官僚制、市場の四つの要素から成っている。そしてそのいずれもが、学校を自らの維持・再生産のための従属要素としてフルに利用する。いや、それどころか、学校自身がむしろ積極的に、その維持・再生産に手を貸しているのである。

この関係を簡単に図示すれば、左記のようになる。

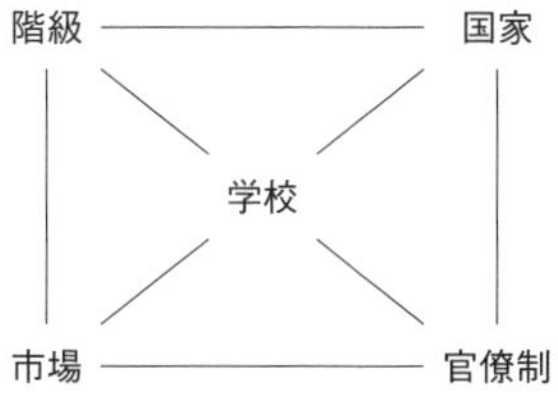

まず階級。高度に発達した産業社会でも、階級的不平等はなくならない。貧困をベースにしたマルクス主義教育学の力は失われても、階級的不平等の力は失われない。豊かさのなかの階級的不平等。そこでは、以前のように親の政治的・経済的資本がストレートに子に継承されるのではなく、教育資本を媒介にして継承される。しかもそのことによって、その継承自体が合理化され、正当化される。つまり直截に言えば、支配層の子弟は、エリート学校に進学し、それを通じて、親から子への政治的・経済的資本の継承が正当化されるということである。しかも学校は、そのことに消極的どころか、積極的な共犯関係に立っているのである。フランスの社会学者、ピエール・ブルデューとジャン＝クロード・パスロンは、これを「階級的再生産」と呼び、最初にその仕組みを自国フランスを対象に、詳細な実証的データに基づいて証明して見せたが、しかしこれは単にフランスのみならず、日本をはじめ、すべての産業社会に妥当す

ると言ってよいであろう。

次に国家であるが、近代の国民国家においては、学校は、たとえば「社会化の論理」に基づくデュルケムの国家主義教育論に典型的に認められるように、国民文化という名の閉じた作為的文化の教え込みによる、排他的で不寛容なナショナリズム教育を負わされる。もちろん現時点では、極端な共犯関係が求められてはいないが、戦前の超国家主義教育や忠孝主義教育を考えあわせると、いつ何時この極端な共犯関係が再現しないともかぎらないのである。

第三の共犯関係は、官僚制との共犯関係である。官僚制は被操作的人間の大量生産を志向する。資格主義を通じて、人間を組織の歯車に仕立て上げようとする。しかも学校はそれに異を唱えるどころか、ひそかに手を貸しているのである。脱学校論者として著名なイヴァン・イリッチは、その著『脱学校の社会』（東洋・小澤周三訳、東京創元社）のなかで、このひそかな学校の共犯関係を「学校の潜在的カリキュラム」と呼び、鋭い分析のメスを入れている。

彼によれば、学校は、「子ども時代」なるものを作りだし、「子どもは学校に所属する」、「子どもは学校で学習する」、「子どもは学校でのみ教えられうる（学習は教授の結果であり、教師のおかげである）」という集団幻想を生むことによって、義務教育年限というある一定期間、フルタイムの通学を課すことで、この「子ども」と呼ばれる人間を義務的に隔離し、独占する。そうすることでまた学校は、教師という専門職業人の数をどんどん拡大再生産し、しかもこの教師なる者は、子どもたちに、他のいかなる専門職業人も比較にならないほどの強大な権力を行使している。教師は子どもにとって、保護者であり、裁判官であり、牧師であり、イデオロギストであり、医者である。教師は万能の権力者として、子どもの前に立ち現われる。こうして学校は、自らの操作的な官僚的性格を限りなく拡大再生産して行くのである。

そしてそれとともに、学校は社会自体の官僚的性格をどんどん拡大再生産して行く。それがもう一つの学校の潜在的カリキュラムである。学校は、専門的な科学技術的知識に裏づけられた官僚システムによって生み出されたものは価値があり、有益であること、しかもこの生産が増大すればするほど、よりよい生活が保証されること、自力で判断し、行動するよりも、官僚システムに従って判断し、行動するほうが、また自己のアイデンティティを官僚的ヒエラルキーの序列に基づいて測定するほうが、より安全で確実であること、そうした集団幻想を知らず知らずのうちに子どもたちに教え込んで行く。しかも、学校のイデオロギー装置が、ファシズム的か、社会主義的か、自由主義的かの如何を問わず、また、その学校の属する国家が、大国か、小国か、富める国か、貧しい国かの如何を問わず、あるいはまた、心ある教師がこれに抵抗するかどうかの如何を問わず、学校はこの集団幻想を生み出さずにはいないのである。そしてこの集団幻想が限りなく社会の官僚的性格を拡大再生産して行くのである。

イリッチの脱学校論が大きな反響を巻き起こしたのは、人々がうすうす感じていた、こうした学校の潜在的カリキュラムをはっきりと白日のもとに晒すとともに、そこに強烈な毒が含まれていたからである。それは、彼の脱学校論が、学校を「偽りの公益事業の最右翼に位置する最も陰険な操作的制度」として批判するとともに、学校教師をも「教育専門職者という名の学校官僚にすぎない」として厳しく批判したことにある。

たしかに彼の批判は鋭い。しかし批判は鋭いものの、ではどうすればよいのかとなると、もう一つはっきりしない。ある一定の年齢期間、強制的に就学させる義務教育制度を廃止し、年齢にとらわれず、学びたいときに自由に学べる経済的条件を保証する「教育クレジット・カード（edu-credit card）」制の導入とか、閉じた操作的制度としての学校を廃止し、学校教育から技術センターや文化センターや図書館や博物館といった諸施設の拡充整備による社会教育への転換とか、教員免許状を廃止し、自由な知識・技能の交換、自由な仲間選び・教師選びに基づく、開かれた「相互親和的制度（convivial institution）」としての新たな学習ネットワークの創設といった程度の制度改革では、どうしようもない。その制度改革自体が官僚制のネットワークにからめとられてしまう可能性が高いからである。それに、そもそも深い意識改革が伴わないままに、どのような制度改革を試みても、破綻は目に見えているのである。なるほどイリッチは意識改革の必要性に気づいてはいる。しかし、「プロメテウス的人間（ロゴス型人間）」から「エピメテウス的人間（エロス型人間）」へといった程度のメタフォリックな神話的意識改革論では、どうしようもないのである。

最後に市場であるが、学校と市場の共犯関係は、これまでの階級、国家、官僚制との共犯関係と並んで、いやはるかにそれ以上に、大きな弊害をかかえている。実験科学的理性の先端的産物としての情報工学（コンピュータを中心とした情報処理システム）に支えられた、大量生産・大量消費・大量廃棄の高度市場社会は、学校に、ものの存在価値よりも使用価値、使用価値よりも交換価値を何よりも重視し、競争万能神話と実効性万能神話のもと、階級・国家・官僚制・政党・組合・イデオロギー等々、いかなる既成の権威にもとらわれることなく、コピーからコピーへと、あくことなく技術的知のパフォーマンスを追求する人材の供給を求めている。そこでは、とめどのない欲望の解放が喚起され、自由人の実現、人格の完成、全面発達などは一顧だにされない。しかもあろうことか今日、初等教育から高等教育にいたる全教育階梯の学校が、この市場社会の要求に適合することに汲々となっているのである。フランスの哲学者リオタールに、これこそがポストモダン状況だ、軽やかにしなやかにこの状況に身を委ねようと言われても、はいそうですか、というわけには行かない。現に、リオタール自身、深いアイロニーをこめて、そう言っているように思われる。

第二節　意識改革の推進

以上、これまで、学校と産業社会の共犯関係を見てきたが、そこにあるのは、容易には断ち切りがたい共犯関係の悪循環である。しかし断ち切りがたいからといって、このまま手をこまねいていても、どうしようもない。

何とかこの悪循環を断ち切る道を見出さねばならない。では、どこにそれを見出せばよいのか。

我々の心のあり様を変えること、つまり意識改革、それ以外にない。では、その意識改革とは、どのようなものであり、どのようなものであるべきなのか。

意識改革の方向としては、欲望を正しくコントロールすること、それしかない。迂遠なことかもしれないが、それしかない。そしてそれと連動しつつ、学校を次のような場にすることである。

(1) 大らかな心を育む場にすること。
(2) 自立性を育む場にすること。
(3) 創造的な文化活動の場にすること。
(4) 民主主義社会の建設にとって有効な場にすること。

最近、「学びの共同体」ということがしばしば言われるが、こうした表現にはあまり意味がない。第一に、学びとは何か、つまり、ものを認識すること、考えることがどういうことか、深く掘り下げて分析しないかぎり、ダメである。「目標・達成・評価」モデルの学びから、「主題・探究・表現」モデルの学びへの転換といった程度の、いわゆるデューイ的「問題解決学習」レベルにとどまっていたのでは、どうしようもない。また、共同体ということも、その共同体の構成原理を人間の心の「光と闇」と絡ませながら深く分析しないかぎり、ただのキレイゴトに終わるか、プレモダンへの回帰にからめとられるだけのことであろう。

それゆえ意識改革には、どうしてもその前提として、「欲望のコントロール」に関する理論的・実践的分析が必要となる。

だがそのためには、どうすればよいのか。

まず何よりも必要なことは、一般に「意識」あるいは「心」と呼ばれているものを深く見つめることである。教育思想はもとよりのこと、心理学、哲学、宗教思想その他、多様な諸思想の知見から学びつつ、深く見つめることである。そしてそれと連動しつつ、既成の思想のなかで、「欲望のコントロール」にとって有効な思想はあるか、慎重に検討することである。それは意識改革における不可欠の基礎作業である。

ところで今かりに教育思想、心理学、哲学における主要思想を意識レベルの違いによって図式的にパターン化すれば、左記のようになるであろう。

この図式において、横軸は、自他一元的意識と自他二元的意識という意識レベルの質的違いを表わし、縦軸は、その二つの意識レベルの深浅の違いを表わしている。したがって、たとえば教育思想のところで言えば、デューイのプラグマティズム教育論やリオタールのポストモダン教育論は、表層的な自他二元的意識レベルから展開された教育思想であり、ヘルバルト教育学は、深層的な自他二元的意識レベルから展開された教育思想であること、逆にこれに対して、忠孝主義教育論やデュルケムの社会化の論理は、表層的な自他一元的意識レベルから展開された教育思想であり、ホリスティック教育論やフレーベルの汎神論的教育論は、深層的な自他一元的意識レベルから展開された教育思想であることを意味している。以下、他の二つの心理学、哲学の場合にも、同様のことを意味している。

しかしはっきり言えば、私自身は、この図式上の思想はいずれも、欲望のコントロールにとって、あまり有効ではないと思っている。我々の立つべき思想は、この図式に従って言えば、横軸と縦軸が交わる中心にある思想でなければならない。それにより、真に欲望のコントロールが可能となるからである。ではそれは、どのような思想か。まさにその解明こそが意識改革の最深最大の課題なのである。

しかもその際、宗教思想から学ぶ必要がある。宗教思想に関しては、左記のパターンの図式化が困難であるので、あえて表示しなかったけれども、宗教思想から学ぶ必要がある。加持祈祷やマンダラ観や観想念仏といった

〈教育思想〉

	自他一元的意識	自他二元的意識
表層的	忠孝主義教育論 社会化の論理	ポストモダン教育論 プラグマティズム教育論
深層的	ホリスティック教育論 汎神論的教育論	ヘルバルト教育学

〈心理学〉

	自他一元的意識	自他二元的意識
表層的	人間性心理学	行動主義心理学
深層的	分析心理学 トランスパーソナル心理学	精神分析学

〈哲学〉

	自他一元的意識	自他二元的意識
表層的	社会有機体説 ヘーゲル哲学	功利主義哲学 プラグマティズム
深層的	神秘主義哲学	フッサール現象学 カント哲学 デカルト哲学

自他一元的意識レベルの信心をベースにした宗教思想、称名念仏やお題目やアーメンといった自他二元的意識レベルの信心をベースにした宗教思想を批判的に吟味しつつ、特に坐禅を軸とした空の意識・無の意識をベースにした宗教思想から学ぶ必要がある。

もとよりこうした見方はあくまで私一個の見方にすぎない。他の人には、他の人なりの見方があろう。それでいい。いや、そうあるべきである。それでこそ、意識改革は実り豊かな成果を上げることができるだろうからである。

さらにまた、各種のいわゆる「日本人論（日本文化論・日本社会論を含む）」からも学ぶ必要がある。「日本」という地域に住む人間にとって、真に欲望のコントロールにとって有効な日本人論を探究することは不可欠の課題だからである。

しかもこの日本人論の研究にあたっても、先の場合と同じく、基本的に意識レベルの違いに立ちかえって、さまざまな日本人論を吟味する必要があろう。ただし日本人論に関する著書は厖大な数にのぼり、極端な見方をすれば、明治以降の著書の大半が日本人論だと言っても過言ではないほどなので、そのなかから、ここでは一応、参考までに以下のものを挙げておこう。

土居健郎『「甘え」の構造』（弘文堂）
夏目漱石『私の個人主義』（講談社学術文庫）
小此木啓吾『モラトリアム人間の時代』（中公文庫）
河合隼雄『中空構造日本の深層』（中公文庫）

最初の著書は、自他一元的意識をベースにした日本人論であり、第二の著書は、自他二元的意識をベースにした日本人論であり、第三の著書は、自他一元的意識と自他二元的意識のあいだを不安定に揺れ動くアイデンティティ混乱型の意識をベースにした日本人論であり、最後の第四の著書は、自他一元的意識も自他二元的意識もともにバランスよく受け入れる中空均衡型の意識をベースにした日本人論である。いずれも非常に興味深いものであるが、しかし我々にとって大事なことは、この種の意識レベルの日本人論を批判的に乗りこえることで、真に欲望のコントロールにとって有効な日本人論を探究することにある。もちろんこれは、他の多くの日本人論を吟味する場合にも当然、妥当することであり、右記の著書は、ただその例として挙げたまでのことである。

最後に意識改革において留意すべきことは、それを試みる誰もが大なり小なり、すでにある特定の意識観、ある特定の心のとらえ方に拘束され、バイアスがかかってしまっている可能性が高いことを十分に考慮し、たえざる自己批判・相互批判が必要不可欠になるということである。

こう概観してくると、意識改革に課せられた使命には実に大きなものがあり、それに十分に応えうるかどうか、心もとないけれども、とにかく挑戦してみるほかはない。もし失敗すれば、それこそ、明日の日本はない、いや人類の明日はないぐらいの覚悟をもって、挑戦してみるほかはない。それだけに、挑戦しがいのある使命である。

第三節　大らかな心の育成

人には、強い依存心がある。この依存心は当然、さまざまなかたちで傷つく。傷つかずにはいない。しかし傷つきながらも、人は何とかして自立性を育んで行こうとする。ところが、傷ついたときに、その傷が深い心のしこりとなって残り、それに強くとらわれることがある。いくら抑圧・回避しても、抑圧・回避できない。それどころか、抑圧・回避すればするほど、かえって強くとらわれる。しばしばコントロールできないままに、再体験され、反復強化される。大地震により大地への依存心が傷つき、レイプにより性的依存心が傷つき、児童虐待により親への依存心が傷つくなど、最近、話題となっている「心的外傷後ストレス障害」（PTSD:Posttraumatic Stress Disorder）も、その一種である。

しかしそれでも、人は、この傷の苦しみから何とかして逃れようとする。しかし逃れられない。そこから、不安神経症や強迫神経症、ヒステリーや心身症、うつ病や摂食障害等々、各種の神経症に陥るのである。

神経症は現代病だとよく言われるが、本当にそうであろうか。昔は珍しくなかっただけのこと、あまりに多すぎて、病気でもなんでもなかっただけのことではないのか。神経症、神経症とやかましく言うこと自体、それだけ現代人はかつてよりも自立性が育成されてきていると見てよいのではないか。

しかしそれでも、神経症に陥る人が結構いる。なぜか。それは、人間から依存心が消えることはないからであり、またその依存心を現代の豊かな社会が過剰に助長するからである。しかも同じその豊かな社会が、一方で助長しておきながら、他方で深く傷つけるからである。

では、傷つきながらも、なお自立性を育成して行くためには、どうすればよいのか。

これについては、しばしば地域共同体に目が向けられる。かつての地域共同体にもよい面があったと、ノスタルジックに語られる。しかしそんなことを言ってもらっては困る。ついこの前まで人は、こんな息苦しい共同体なんか、うんざりだ、この共同体こそが自立性を阻む元凶だとして、徹底的に解体してきたのではなかったのか。それを忘れて、今さら地域共同体の復権と言ってみても、空しい。壊れたものはもはや、元には戻らない。覆水、盆に返らずである。そのことは肝に銘じておかねばならない。

それとも、従来型の地域共同体ではなく、新たな地域共同体を作ろうとでも言うのか。しかしそれは残念ながら、不可能である。現代の高度に発達した産業社会がそれを許さない。そもそもこの産業社会は、いかなる地域共同体であれ、その共同体の解体の上に成り立っているからである。そんなことは、今さら言われなくとも、始めからわかっていたことではないのか。

そこで人は、地域共同体の代わりに、いわゆる核家族に期待をかけてきた。小綺麗なマイホームで営まれる家族生活、少人数の親密な人間関係、そこでこそ自立性が育成されると期待したが、その期待はみごとに裏切られた。核家族は必ずしもバラ色ではなかった。

では、核家族の代わりに何があるのか。核家族を壊して、さらに小さな単位に向かうのか。シングル・マザー、シングル・ファーザーなら、自立性が育成されるのか。子育て支援のネットワークさえあれば、親も子も、自立性が育成されるのだろうか。

どうも、そうは思えない。産業社会はこうしたネットワークをきわめて困難なものにする。子育て支援ネットワークにかぎらず、産業社会は、自立性を促そうとするネットワークは何であれ、その成立・発展をきわめて困難なものにする。なぜなら、どのようなネットワークも結局、その成立・発展の基盤は個人にあるが、その肝心の個人の自立性を産業社会は容易に許さないからである。それゆえ自立性がないままに、仮に子育て支援ネットワークができても、その肝心のネットワーク自体が、自立性を育むどころか、かえって自立性を阻害する方向で働くことになるであろう。

それゆえ当面は、核家族でやって行くほかないであろう。核家族のなかで、何とか自立性を育成することに努めねばならないであろう。親自身が自らの自立性を育むことを通じて、未来をになう子どもの自立性を育むこと、もし運よく自立性を育むに適したネットワークがあれば、その助けを借りながら、自立性の育成に努めることである。

ところで、このネットワークのなかで最も重要な役割をはたすのは学校である。現在、学校は厳しい批判に晒されているが、これは見方を変えれば、学校に寄せる大きな期待の裏返しと言えなくもない。では、学校はこの期待にどうすれば応えることができるのか。

現在、学校は、自立性が育成されないままに学校に通ってくる多くの子どもたちをかかえている。そこから、いじめ、不登校、引きこもり、学級崩壊といった種々の病理現象に悩まされている。では、いったいどうすればよいのか。

戦後日本の学校は、たしかに一方では個人の自立性の尊重と、それに基づく民主主義社会の実現を熱心に志向してきたけれども、しかし大勢としてはそれとは裏腹に、没個性的な集団主義教育をベースとしつつ、子どもたちを「欲望機械」（欲望するロボット人間）に仕立て上げる徹底した功利主義教育を推進してきた。換言すれば、「学校人間（生徒がいるから学校があるのではなく、学校があるから生徒がいるという学校本位の集団主義的人間）＋受験戦士（偏差値追求の受験戦争機械）」の生産、それが戦後日本の教育の偽らざる実態であった。そして大量に生産されたこの「学校人間＋受験戦士」こそは将来の「会社人間・役所人間（社員・公務員がいるから会社・役所があるのではなく、会社・役所があるから社員・公務員がいるという会社本位・役所本位の集団主義的人間）＋経済戦士（利潤追求の経済戦争機械）」の予備軍にほかならないのである。この独特の日本型教育はこれまた独特の日本型経済・行政にぴったり適合したものであり、両者は緊密に連携し合って、ただひたすら経済成長に向かって突っ走ってきたのである。

思うに、戦後日本においては、本来の経済領域は言うに及ばず、教育も行政も、その他なにもかもすべての領域が経済成長に奉仕するものでなければならなかった。戦後日本は、戦前の「富国強兵」の強兵が抜け、富国一本槍の経済至上主義でやってきたと言っても過言ではないであろう。そしてたしかにそれにより、日本史上未曾有の豊かな産業社会の実現を見た。だがそれとともに、この日本型教育のもたらす種々の病理現象は、日本型経済・行政のもたらす病理現象と並んで、もはや今日耐えがたいところまできているのである。

これに対して、愛国心教育で対処しようとしても、ダメである。旧態然たる戦前型ではなく、新たなタイプの愛国心教育であっても、やはりダメである。最近、愛国心を喚起するための新たな歴史教育、道徳教育の必要性が喧伝されているが、それで今日の病理現象が克服されると思ったら、大きな間違いである。現代の産業社会はもはや、国家のコントロールを超えてしまっており、それゆえその産業社会と学校の共犯関係がもたらす病理現象もまた国家に依拠して何とかなるような生易しいものではないからである。

しかしだからといって、詰め込み型の暗記学習をあらため、実験科学的理性をベースとした合理主義的な問題解決学習を学校に積極的に導入することで、自立性を育成しようとしても、できるものではない。なぜなら、まさにこの肝心の実験科学的理性こそは、産業社会の拡大再生産の代償として、とどまることなき機械主義、コピー主義を生むことによって、自立性の育成を阻み続けている、その当のものだからである。

では、自立性を育成するには、どうすればよいのか。結論的に言えば、大らかな心を育成することである。親や教師自身が自ら大らかな心の育成に努めることを通じて、子どもをも大らかな心の育成へと促すこと、大らかな心から大らかな心へ、これ以外にないであろう。だがそれならば、この大らかな心とはどのようなものなのか。

これについては、さまざまなことが言いうるが、ここでは特に重要だと思われる基本特性をごく簡潔に説明することにしよう。

（1）大らかな心とは、これまで論じてきた無の意識・空の意識の別名である。やや情緒的な響きがするかもしれないが、その別名である。それゆえ大らかな心は何よりもまず非実体性の意識に貫かれていなければならない。知も情も意も、霊魂も身体も、自己も他者も、自然も宇宙も、生まれることも生きることも死ぬことも、この世もあの世も、神も仏も、およそいかなるものにも実体がないという非実体性の意識、この非実体性の意識自体にすら実体がないという非実体性の意識に貫かれていなければならない。それによりはじめて、大らかな心は深い心の安らぎをたたえつつ、よく以下の働きをなしうるからである。しかしそれならば、この非実体性の意識には、いったいどうすれば達することができるのか。これについてもまた、先に論じたごとく、筆者自身としては、坐る省察、坐る瞑想としての坐禅、これが一番いいと思っている。坐禅でなくとも一向にかまわないけれども、やはり坐禅が一番いいと思っている。

もとよりこの坐禅には、それに先立ってまず何よりも坐るという身体姿勢をとることができなければならない。まっすぐに背骨を伸ばして坐るということがなければならない。そして人間はそうすることができる生命体である。人間だけが坐ることのできる唯一の生命体である。類人猿も坐っているように見えるかもしれないが、あれは坐っているのではない。ただ蹲っているだけである。進化論で、四足歩行からいきなり直立歩行に移行したかのように見なされているが、そういうことはありえないと思う。科学的に証明することはできないのかもしれないが、しかし直立歩行以前に人間はまず背骨をまっすぐに伸ばして坐ることができたのであり、だからこそ直立歩行することができたのだと思う。坐禅には、その基本的な身体姿勢にたちかえるということが内包されているのである。

（2）大らかな心とは、生きて在ることに深く感謝することである。人が生きていること、存在していることはまことに不可思議なことである。これを、物理化学的機能に、あるいは生物学的・医学生理学的機能に還元するも、理屈である。父母、祖父母、兄弟姉妹、友人その他、多くの人々のおかげだと言うも、これまた理屈である。神によって生かされている、神によって在らしめられていると言うことすら、理屈である。そうした理屈をすべて超えて、ただただ生きて在ることに感謝することである。もとより理屈を捨てるのではない。理屈は理屈として十分に尊重しつつ、しかも理屈抜きに感謝するのである。

（3）大らかな心とは、共に生きることである。共に生きるとは、自立しつつ依存し、依存しつつ自立する自立的依存関係に立つことである。あるいはこれを、即かず離れずの関係に立つと言ってもよい。人は事実上、依存なくして生きては行けない。しかしだからといって、自立なき依存はいけない。心理臨床的に言えば、タテの自他関係、ヨコの自他関係を問わず、転移関係にはまってはならない。自分をしっかりと保ち、時には他と厳しく対立することも厭わない覚悟が必要である。しかし他と対立するからといって、虚栄心や嫉妬やうぬぼれといった利己的情念にかられた対立であってはならない。それでは自分を保ったことにはならない。利己的情念にとらわれず、素直な心になって、他と関わること、対立するもよし、対立しないもこれまたよしで関わることである。そのとき自ずから自分が保たれるであろう。

（4）大らかな心は相対主義を志向する。世界は複雑で変化に富んでいて、真理に達するのは容易ではないことを知っているからである。それゆえ大らかな心は他者の言動を尊重する。内心では自分のほうが正しいと思っていても、可能なかぎり他者の言動を尊重する。尊重するとは他者の声に謙虚に耳を傾けること、他者から多様なものの見方を学ぶことである。大らかな心は、時に厳しく対立することがあっても、その対立があくまでこの尊重を前提とした対立であるように努める。さもないと、必ずや自他共に悪魔に取り憑かれる。人は底無しの悪魔をかかえている。これに取り憑かれると、人はどんな残酷なことでもする。残酷を残酷と感じながら、残酷なことをする場合もあれば、残酷を残酷と感じずに、平然と残酷なことをする場合もある。それどころか、正しいことをしていると信じて疑わずに、残酷なことをする場合もある。人の心には、何を仕出かすかわからない、いや何でも仕出かす悪魔がひそんでいる。これに取り憑かれないためには、互いが互いに他者の言動を尊重しなければならない。もし取り憑かれたなら、それを鎮めるためにも、他者の言動を尊重しなければならない。そしてそのことが自ずから自己自身の言動を尊重することにつながるであろう。

（5）大らかな心は平等意識の徹底に向かう。人間関係は個人的レベルであれ、集団的レベルであれ、暴力関係、抑圧関係、搾取関係、依存関係、転移関係その他、至るところ支配―服従関係に満ちている。それを素直に醜いと感じ、多様な側面から批判的に吟味することを通じて、乗りこえて行こうとする心、それが大らかな心である。それは、共生、自他尊重と密接に連動した心の働きであり、それなくして真の自立性は確保されないであろう。

（6）大らかな心は歴史（死者としての他者）との対話を踏まえつつ、民主主義社会実現のために何をすればよいのかを考える。それは、民主主義社会の実現に向かって、国際的・人類的視野に立って、自国の文化的伝統と対話することを意味するとともに、我々の歩むべき道を過去・現在・未来の深くて広い命のつながりのなかで見て行くことを意味している。もちろんこの道は簡単には見つからないし、たとえ見つかっても、人により驚くほど多様であろうが、それはそれでいい。大事なことは、それぞれがそれぞれの道を歩みながら、民主主義社会の実現に向かって、互いに手を携えて行くことなのである。

（7）大らかな心は、いわば自我超出型人間とでも言うべき人間の形成に向かう。あるいはこれをごく普通の言い方をして、自由人と呼んでもよい。いずれにしろとにかく、それなくして、民主主義社会の実現といっても、空文にすぎなくなるであろう。だがそれならば、自我超出型人間とはいかなる人間のことか。それは、非実体性の意識に貫かれつつ、知情意のあいだに一定の均衡が保たれた人間のことである。それゆえ自我超出型人間においては、一方では、いまだ知情意が分離されないままに一体となって働き出る。それゆえ当然そこでは、自己と他者は自他一元的に合一している。ところが他方では、それと矛盾することではあるが、明確に知情意が分離され、時に知主導型で、時に情主導型で、時に意主導型で働き出る。それゆえ当然そこでは、どう働き出るにしろ、自己と他者は自他二元的に分離されている。しかし分離されていながら、しかも知情意のあいだに一定の均衡が保たれ、保たれることによって、自己と他者のあいだにも一定の均衡が保たれる。それが自我超出型人間である。それゆえその意味において、この人間の特性を、あるいは人間的諸能力の調和的発達、あるいは人格の完成と呼んでもよいであろう。

以上、これまでごく簡潔に大らかな心の基本特性を説明してきたが、実を言えば、これは説明は易く、実行は困難である。しかし困難だからといって、あきらめてはならない。大らかな心の育成なくして、自立性の育成なく、自立性の育成なくして、学校改革も家庭改革も、延いては社会改革もないからである。

※　これまで筆者は「大らかな心」を「おおらかな心」とひらがな表記してきた。いっそのこと「おおらかなこころ」と全部ひらがな表記にしようかとすら思ったことがある。ひらがな表記には何とも言えない「やわらぎ」があるからである。しかしこのひらがな表記には読みづらいという難点がある。たとえば「大らかな心から大らかな心へ」や「それが大らかな心である」にくらべて、「おおらかな心からおおらかな心へ」や「それがおおらかな心である」はやはり読みづらい。ましてや「おおらかなこころからおおらかなこころへ」や「それがおおらかなこころである」はなおさら読みづらい。そこで本書では「大らかな心」と漢字表記に改めた。もちろん読みづらくなければ、ひらがな表記に読み換えていただいても一向に構わない。

第八章　意識の三者構造

第一節　意識の三者構造

いまかりに、一般に「意識」と呼ばれているものから人間を見るとき、基本的に人間は質的にまったく異なった三つの意識から成っているように思われる。一つは自他一元の自我包摂型の意識であり、もう一つは自他二元の自我強化型の意識であり、さらにもう一つは絶対無の意識、あるいは端的に無の意識とでも言うべき自我超出型の意識である。もとよりこの三つの意識は複雑に絡みあって混在しており、截然と分けることはできない。無理に分けようとすると、全体としての人間を見失ってしまうことになる。そのことをあらかじめはっきりと確認しておきたいと思う。

そのうえでまず自我包摂型の意識とはいかなる意識であろうか。それは、私が他者になり、他者が私になる自他合一の意識である。この意識においては、私は他者と切れておらず、他者から切れたところで成立する、私は私という、私の私性が否定され、代わって私の他者性が強く顕在化してくる。つまり他者が私のなかに住むことにより、もはや私は私ではなく、私のなかに住む他者こそが私なのである。私は私ではなく、私の外なる他者、その他者の他者となるのである。これを逆に裏返して見れば、他者もまた私と切れたところで成立する他者の他者性が否定され、その他者のなかに住む私が他者となる。他者は他者ではなく、他者の外なる私、その私の私となるのである。

それゆえそこでは、私と他者の関係は、私があり他者があるから、私と他者の関係があるのではなく、私と他者の関係があるから、私があり他者がある、そのような関係となる。私があり他者があるから関係があるのではなく、関係があるから私があり他者があるのである。関係が私や他者よりも優先するのである。まず関係ありきなのである。別な言い方をすれば、我々があるから私があり他者があるのであって、私があり他者があるから我々があるのではないということである。その意味で、この自我包摂型の意識は、いわゆる共同社会（ゲマインシャフト）の成立根拠と言いうるであろう。

それに対して、自我強化型の意識においては、あくまで「他者は他者、私は私」であり、私と他者のあいだには深い自他分離がある。私は私であって、絶対に他者ではないのである。そしてそのことを前提にして、私と他者は関係を結ぶ。それゆえそこでは、先の自我包摂型の意識とはまったく逆で、私があり他者があるから、私と他者の関係があるのであって、私と他者の関係があるから、私があり他者があるのではないのである。私と他者が私と他者の関係よりも優先するのである。まず私と他者ありきである。それゆえ当然同じく、我々があるから私があり他者があるのではなく、私があり他者があるから我々があるということになるのである。その意味で、この自我強化型の意識こそは、いわゆる利益社会（ゲゼルシャフト）の成立根拠なのである。

さらに以上の二つの意識に対して、自我超出型の意識は限りなく深い底無き底としての無の意識に裏づけられ、貫かれている。この無の意識は、無が無自身を意識することなので、無の自覚と言っても同じことであるが、この無の意識に裏づけられ、貫かれているのである。それゆえこの意識においては、私は無的自己限定においてある。つまり、宗教哲学者・上田閑照の定式化を借用すれば、「私は、私ならずして、私」なのである。そこでは、私は徹底した自己否定を通った自己肯定においてあるのである。明らかにこれは西洋の論理学で言う同一律（自同律）の乗りこえを意味している。同一律が根底からくつがえされる。それゆえこの意識は、先の二つの意識とまったく異質である。

なるほど自我包摂型の意識においても、私の私性が否定される。つまり自己否定が遂行される。しかしこの自己否定は、その自己否定を通って自己肯定に反転しない。反転しないで、この自己否定はたちどころに私ならざる他者と同一化してしまう。そして同一化したところのものは否定されることなく、即自的に肯定される。その証拠に、この意識においては、関係性も我々という集団も即自的に肯定されたままなのである。その意味で自我包摂型の意識においては、同一律の乗りこえが中途半端で途中で立ち消えになってしまうと言わざるをえないのである。

それに対して、自我超出型の意識においては、この自己否定がどこまでも限りなく遂行される。ここで終わりということがない。そしてそうであるがゆえに、この意識においては、私と他者は無的相互限定においてある。つまり一方では、私のなかに他者が生き、他者のなかに私が生きるとともに、しかも同時に他者はあくまで他者であり、私は私である、そのような無的相互限定においてあるのである。これを前半だけに限れば、自我包摂型と同じであり、後半に限れば、自我強化型と同じである。それゆえ自我超出型の意識とは、自我包摂型の意識と自我強化型の意識という質的にまったく正反対の意識が矛盾的に共存する、そのような意識だと言ってもよいであろう。

それゆえこの意識においては、排中律が否定される。いやもっと正確に言えば、否定されると同時に肯定され、肯定されると同時に否定される。それに反して自我強化型の意識は全面的に排中律においてある。すなわち、私は私であって、絶対に他者ではないのである。そこでは、私と他者の実質的非対称性が支配している。それゆえそこに何らかの対称性を見出すためには、たとえば人間という媒介項を導入するほかない。つまり私も他者も同じ人間であるという媒介項を導入するほかない。あるいは死という媒介項を導入することによって、私も他者も同じ人間として、死ぬべき存在者であるというふうにして、対称性を見出すほかないのである。しかしそれは所詮は、実質的対称性ではなく、形式的対称性にすぎないのである。

しかもこれは自我強化型の意識においては、すべてに妥当することがらである。たとえばここに綿織物と米があるとする。この場合、綿織物と米が実質的対称性においてあるとは言えないであろう。あくまで綿織物は綿織物であって米ではなく、米もまた米であって綿織物ではないからである。それでは、そこに対称性を導入するには、どうするか。最も普遍的なやり方は、貨幣と呼ばれる媒介項を導入し、一反の綿織物と一升の米は千円の価格で交換可能であるとすることで、そこに対称性を導入することである。しかしここで確立される対称性は、単なる形式的対称性にすぎないのであって、実質的対称性ではないのである。要するに自我強化型の意識においては、本質的に実質的対称性は成立不可能なのである。

それに対して、自我包摂型の意識においては、実質的対称性が意識される。そこでは、他者のなかに私が住み、私のなかに他者が住むことで、私が他者であり、他者が私となる。これはたしかに深い合一感のなかで、言いようのない安らぎをもたらす。しかもここで言う他者は単に人間に限らず、山川草木虫魚禽獣、あるいは神や仏といった超越的存在者、あらゆるものがこれに含まれる。しかし他方、この実質的対称性はきわめて危険な面をもっている。なぜならこの意識においては、自我強化型の意識ではありえないもののあいだに実質的対称性が意識されるからである。たとえば私と織田信長や空海のあいだに、私と猫やヘビのあいだに、私と風や木のあいだに、あるいは私と神や仏のあいだに実質的対称性が意識されるのである。もとよりそのこと自体が危険なわけではない。危険なのはこの実質的対称性のなかで、実質的非対称性が破壊されることである。つまり自我強化型の意識が破壊されることである。そうなると日常の生活が困難になる。日常の生活は自我強化型の意識なくしては成り立たないからである。たとえば、もし私がナポレオンと合一し、その間に実質的対称性のみが支配し、自我強化型の意識が破壊されればもはや日常生活はスムーズに営まれないことは明らかであろう。通常これを「統合失調症（分裂病）」と呼んでいる。もちろん普通はそこまで行くことは滅多にないけれども、しかしつねにその危険性がはらまれていることは否定できないのである。そして自我包摂型の意識がこうした危険性をはらんでいるのは、それがもっぱらただ単に排中律を否定するだけで、それを肯定し返すことがないからである。

排中律においては、私は他者でなく、他者は私でない。自我強化型の意識はこの排中律においてある。それに対して、自我包摂型においては、私は他者であり、他者は私である。そこにおいては排中律が否定される。しかし自我包摂型においては、排中律はただ単に否定されるだけで、肯定し返されることがないのである。それに反して、自我超出型においては、一方では、他者は私であり、私は他者であるという仕方で、排中律が否定されると同時に、他方では、あくまで私は私であり、他者は他者であり、排中律が肯定されるのである。自我超出型においては、私と他者は無的相互限定においてあるのである。

それゆえ自我超出型の意識は、あらゆる意識の根拠である。あらゆる意識がそこから生まれ、そこにおいてあり、そこへと還るところの意識である。そこにおいては、自我超出型の意識は自我包摂型の意識でないがゆえに自我包摂型の意識であり、自我強化型の意識でないがゆえに自我強化型の意識なのである。

しかも自我包摂型の意識も自我強化型の意識も自我超出型の意識に対して否定的である。否定的であるというよりも、正確に言えば、自我包摂型の意識も自我強化型の意識もそのままの在り方においては原理上、自我超出型の意識を自覚することができないのである。

自我超出型の意識の自覚は自我超出型の意識自身によってのみ可能である。自我超出型の意識が自我超出型の意識において自我超出型の意識を自覚するのである。そしてそれが可能となるには、坐る省察、坐る瞑想、坐るメディテーションとしての坐禅の徹底的遂行が必要である。自我包摂型の意識と自我強化型の意識の非実体性を暴き出す意識訓練法としての坐禅の徹底的遂行が必要である。もちろん坐禅でなくとも、一向にかまわない。要するに肝心なことは、自我強化型の意識と自我包摂型の意識の非実体性を暴き出すことであり、そのことが可能であるならば何でもかまわない。立とうが、歩こうが、跪こうが、踊ろうが、何でもかまわない。ただ筆者としては、坐禅が最適である、そう思っているだけのことである。

以上これまで、人間を形成している異質な三つの意識の構造と機能、およびその相互の関係を概観してきたが、さらにこれを踏まえて以下のように言うことができよう。すなわち、類型論的に見れば、ある人はどちらかと言えば、自我強化型の意識に強く傾斜しており、ある人は逆に、自我包摂型の意識に強く傾斜しており、さらにある人は自我超出型の意識に強く傾斜していると。やや図式的ではあるが、そう言えるのではないか。そこでいま第一のタイプの人間を自我強化型人間、第二のタイプの人間を自我包摂型人間、そして第三のタイプの人間を自我超出型人間と呼ぶことにし、それぞれについて少し立ち入った考察を加えることにしよう。

第二節　自我強化型人間

自我強化型人間は、たとえばデカルトの「sum cogitans」（スム・コギタンス）、つまり「思惟する我はある」を自らの存在様式の軸としている。これを分解して定式化すれば、あの有名な「cogito, ergo sum」（コギト・エルゴ・スム）、つまり「我思惟す、ゆえに我あり」となる。ここでデカルトの言う「思惟」は今風に言えば、「意識」に当たる。それゆえ「思惟する我はある」は、「意識する我はある」であり、「我思惟す、ゆえに我あり」は、「我意識す、ゆえに我あり」と同義なのである。しかしそれにしても、このコギトとは何か。コギトとは、感覚し、想像し、情念し、夢を見、概念し、意志し、行為するところの私、その私である。これを超越論的主観性と言ってもよい。この私は根本的に孤独である。この孤独な私が自他二元的に他者と対峙する。相互主観性といっても所詮は、自他二元性を前提にした相互主観性にすぎない。それゆえ原理的に私は私の外に出られない。私のなかに他者が住み、他者のなかに私が住んでいるわけではない。もとより自我強化型人間においても、自他合一の自我包摂型の意識は働いている。それが完全に消えてなくなることはない。ないけれども、強く抑圧否定され、潜在化してしまっている。それゆえ自我強化型人間は深い存在論的孤独に閉じ込められている。群れをなしていると否とにかかわりなく、深い存在論的孤独に閉じ込められているのである。

フロイトの精神分析が対象としたのはこの種の自我強化型人間である。この人間においては、自我包摂型の意識は意識ではなく、無意識として受けとめられる。エス（ES）と呼ばれる得体の知れない無意識として受けとめられる。それゆえこの人間はこう言ってよければ、あたかも「自我」（エゴ）という城に閉じ込もって、無気味な見知らぬ敵と戦っている戦士のようなものである。無意識という敵を抑圧し、その攻撃と侵略に抵抗しなければならない。この抑圧・抵抗と攻撃・侵略の不断の緊張関係が神経症を生む。そこでこの神経症に打ち勝つためには、攻撃し侵略してくる無意識を発見し、それを自我のなかに取り込み、少しずつ陣地を拡大すること、しかも何度も何度も繰り返しそうすることである。それは言い換えれば、自我包摂型の意識と戦い、それを自我強化型の意識のなかに取り込み続けることを意味している。しかしこの戦いは決して勝てない戦いであり、ただ負けない戦いをすることができるだけである。それは果てしのない戦いである。何と疲れはてることか。

自我強化型人間にとって、自我包摂型の意識は否定されるべき敵と見なされる。しかしいくら否定しても、この敵は消えてなくならない。なくならないどころか、思いがけない仕方で反撃してくる。そこでこの敵を発見し、捕獲しなければならない。しかし捕獲しても捕獲しても、敵はなくならない。こうして終わりのない戦いが延々と繰り広げられることになるのである。

しかし思うに、そもそも自我包摂型の意識を敵と見ること自体がおかしいのではないか。むしろ親しむべき味方と見るべきではないのか。しかし自我強化型人間には、それができない。そのあげくのはてに、心身症や神経症に陥るのである。

しかもこの自我強化型人間は孤独に根ざす分離不安に苦しめられる。何とかしてこの分離不安から脱却しなければならない。ではどうするか。自我強化型人間のなしうることは他者を対象的に認識すること、そしてそれと連動して、他者を自らの所有物として取り込み、思いのままに支配することである。しかしいくら他者を外から認識し所有し支配しても、分離不安は解消されず、満たされることはなく、ただ互いに傷つけあい、苦しめあう終わりのない戦いがあるばかりなのである。

第三節　自我包摂型人間

しかしここにもう一つの方法がある。それは自我強化型人間自身が自ら進んで自我包摂型の意識を活性化することによって、自らを自我包摂型人間へと変容させることである。自我強化型の自他二元の意識を否定して、代わってそれまで強く否定してきた自我包摂型の自他合一の意識を活性化することによって、もう一つの自我の在り方へと変容することである。これは見方を変えれば、それまで強く否定され、潜在化していた自他合一の意識が逆に自我強化型人間に対して根本的な自我変容を促していると言うこともできよう。そしてむしろこう言うほうが事態としてはより正確であろう。

この自我変容過程は、段階を踏んで漸次的に遂行される場合もあれば、一挙に遂行される場合もある。たとえばブーバーにおいては、自他分離の「我—それ」から、自他合一の「我—汝」への変容は一挙に遂行されるかのように思われる。あるいはベルグソンにおける「第二の自我」から「第一の自我」への変容も同様であろう。それに対して逆に、トランスパーソナル心理学者ケン・ウィルバーにあっては、「超個的帯域」（transpersonal bands）と呼ばれる自他合一意識レベルへの変容は一挙に遂行されるのではなく、「仮面対影」から始まって、順次「自我対身体」へ、「自我対身体」から「有機体対環境」へ、そしてそこから超個的帯域へと漸次的段階を経て遂行される。しかしこれはどちらが当たりだという問題ではなく、どちらも当たりである。自我変容は時に漸次的である場合もあれば、時に一挙に遂行される場合もあるというのが本当のところである。それに、いったん一挙に遂行されたうえで、その後に漸次的過程が続いたり、逆に漸次的過程に引き続いて、一挙に遂行される過程が起こったりするので、変容過程自体にはあまりこだわる必要がないように思われる。

自我強化型人間から自我包摂型人間へと変容を遂げることにより、他者のなかに私が生き、私のなかに他者が生きるようになる。私は他者、他者は私の自他合一である。ここで筆者の愛してやまない西田幾多郎の美しい言葉を引用することにする。それは自他合一の本質を余すところなく表現しているところのものである。

「真の善行というのは客観を主観に従えるのでもなく、また主観が客観に従うのでもない。主客相没し物我相忘れ天地唯一実在の活動あるのみなるに至って、甫めて善行の極致に達するのである。物が我を動かしたのでもよし、我が物を動かしたのでもよい。雪舟が自然を描いたものでもよし、自然が雪舟を通して自己を描いたものでもよい。元来物と我と区別のあるのではない、客観世界は自己の反影といい得るように自己は客観世界の反影である。我が見る世界を離れて我はない。天地同根万物一体である。印度《インド》の古賢はこれを「それは汝である」といい、パウロは「もはや余生けるにあらず基督《キリスト》余に在りて生けるなり」といい（加拉太《ガラテア》書第二章二〇）、孔子は「心の欲する所に従うて矩《のり》を踰《こ》えず」といわれたのである。」（『善の研究』、岩波文庫、一九二頁）

もとよりここまで行くことはごく稀である。これは自他合一の自我包摂型人間の極致を表わしている。しかしこれは長続きしない。つねに必ず何らかの仕方でひそかに自他分離の意識が働いている。潜在的な仕方で働いている。それゆえ再び自我強化型人間に反転し、逆流する可能性がはらまれている。一般に日本人は、幕末維新期以降、自我強化型人間に反転する方向が強く強調されてきた。欧米列強に対抗するためには、それも止むをえない選択であった。そしてそれが必ずしも間違った選択であったとは言えないであろう。今日から見て、一見わかったような反論は言えるが、しかし当時の状況を勘案すると、止むをえざる必死の選択であったと言ったほうが妥当であろう。そのあげくのはてに、今日の日本にあっては、自我強化型でもなければ自我包摂型でもない人間、言い換えれば自我強化型でもあり自我包摂型でもある人間、それゆえこう言ってよければ、自我包摂・自我強化ジレンマ型の人間、あるいは自我包摂・自我強化混乱型の人間が主流を占めてきているのである。しかしこれはどっちつかずの、きわめて不安定な在り方であり、結局不可避的に自我包摂型か自我強化型に傾斜せざるをえなくなるのである。

自我包摂型人間は、私のなかに他者が生き、他者のなかに私が生きることにより、深い一体感においてある。もとよりそれにより分離不安が解消されてしまうわけではないけれども、もはや分離不安におののくことはない。それゆえ他者を自らの欲望充足の道具として利用する気が起こらない。いやそこまで行かなくとも、少なくともそうすることに強いためらいを感じる。自己は他者の分身であり、他者は自己の分身だからである。

しかし他面、この自我包摂型人間は、もし限りなく深い底無き底としての無の意識に裏づけられ、貫かれていないとき、不可避的に他者依存にはまり込んで行く。かけがえのない自我の自我性、つまり私の私性が軽視されるからである。ということは、他者の他者性が軽視されるということである。他者は自他合一によっても如何ともなしがたい絶対の他者であるということが忘れられる。たとえどれほど深い自他合一においてあろうとも、他面では他者はあくまで私の彼方においてある存在者であるという他者の絶対的他者性がないがしろにされる。その結果、他者に過剰に甘え、自分で判断し、行動しようとしなくなる。そのくせ、いやそうだからこそと言ったほうがよいが、もし何らかの仕方で自他合一がうまく作動しなくなると、激しい憎悪にとらわれ、他者攻撃に転じる。自分でもどうしようもない憎悪に駆られて、他者を傷つけ、苦しめることになる。そしてそのことがはねかえってきて当然、自己自身もまた深く傷つき、苦しむことになる。こうして不可避的な悪循環に落ち込んで行くのである。

それゆえどうしても無の意識に裏づけられ、貫かれていなければならない。つまり自我超出型の意識に裏づけられ、貫かれていなければならない。しかしそのことはすでに自我包摂型人間の自我超出型人間への変容の必要性を問題にしていることになる。この自我超出型人間こそ自我変容の根本課題である。そこにおいてはじめて、自我強化型人間と自我包摂型人間のマイナス面がともに乗りこえられる可能性がはらまれているからである。そこで最後にこの自我超出型人間の基本特性を見て行くことにしよう。

第四節　自我超出型人間

言うまでもなく自我超出型人間とは自我超出型の意識に裏づけられ、貫かれた人間のことである。あるいは自我超出型の意識に裏づけられ、貫かれた人間を自我超出型人間と呼んでいるまでのことである。そこで問題は要するに自我超出型の意識とはいったい何かということである。その際、自我超出型の意識とは無の意識の読み換えであると言ってみたところで何も始まらない。なぜならそれならそれで、では無の意識とは何かということになるからである。

自我超出型人間はまず何よりも無の意識においてある。この無の意識においては、およそいかなる存在者にも実体がない、実体がないという意識自体にも実体がない。たとえ神や仏といった超越的存在者であっても実体がない。臨済の「殺仏殺祖」である。それゆえ私にも他者にも実体がないのである。

この意識に徹しなければならない。どこまでもどこまでも徹しなければならない。しかし実際には口で言うほど簡単ではない。中途半端に遂行すると、不安や絶望のなかで確実にニヒリズムにはまり込む。そのあげくのはてに、ニーチェのごとく精神病理に陥るか、パスカルやキェルケゴールのごとく、何だかんだ言っても結局、究極の実体的存在者としての神への信仰に回帰することになってしまうであろう。

だから徹しなければならない。そしてもし徹するなら、不安や絶望ではなく、限りなく深い安らぎに包まれるであろう。底無き底としての絶対の無において限りなく深い安らぎに包まれるであろう。そしてこの安らぎのなかで、私は、「私は私でないと同時に私である」という無的自己限定においてあることを自覚する。宗教哲学者・上田閑照の言い方を借りれば、「私は、私ならずして、私」なのである。ここでは西洋論理学の同一律（自同律）はひっくり返され、私は単に即自的に私であるのではなく、深い自己否定を通って自己肯定される。深い自己否定を通って私に還ってくる。私を超え出て、私に還ってくる。この還ってきた私を実体的存在者と思いたければ、そう思えばよい。そう思おうと思うまいと、事態はたいして変わらないからである。

しかも以上のことは森羅万象、すべての物事に当てはまる。たとえば、いま蟬が鳴いているとする。このとき、蟬は鳴いていて、鳴いていないのである。鳴いていて鳴いておらず、鳴かずして鳴いているのである。言葉遊びをしているのではない。事実そうなっているのである。

それゆえ自我超出型人間は、この無の意識に裏づけられているがゆえに、すべてをあるがままに受け入れる。それがたとえどれほど苦しみをもたらす事態であろうと、あるがままに受け入れる。そこから逃げたいという思いをも含めて、すべてをあるがままに受け入れるのである。たとえば、あの有名な江戸後期の禅僧・良寛に次のような歌がある。

形見とて何かのこさむ春は花山ほととぎす秋はもみぢ葉

これは良寛の歌としては道学者めいて、あまりすぐれた歌ではないという評価をする向きもあるが、それはともかくとして、ここには死という人生最深最大の苦しみをもたらす事態を前にして、自己のはからいをすべて捨てて、あるがままに事態を静かに受け入れている良寛がいる。あるいはもう一つ、近代日本最大の哲学者・西田幾多郎の歌を挙げておこう。

我心深き底あり喜びも憂の波もとゞかじと思ふ

ここには愛する家族が次々と病に倒れて行くなかで、限りなく深い底無き底としての絶対の無に自己を開きつつ、この世の喜怒哀楽を一方では絶対的に超え出つつ、しかも同時にその喜怒哀楽をあるがままに受け入れ、静かに抱きしめている西田がいるのである。

もとよりこの「あるがまま」は決まり文句のように、大概のカウンセリングや心理療法において強調されるところのものである。しかしだからといって、実践が容易なわけではない。あるがまま、あるがままと、ただスローガン的にあるがままを強調し、まるで暗示をかけるかのように自分に言い聞かせてみても、それで実際に「あるがまま」になるわけではない。むしろ逆である。無の意識に深く裏づけられ、貫かれていないかぎり、この「あるがまま」は不可避的に対象化され、不自然でギコチナク、十分に生きた働きを示せないであろう。「あるがまま」は無の意識と密接に連動しているのである。仏教で言うところの「如」である。それゆえ「甘え」（物や人や自己自身への甘え）を徹底的に切断したところでの「あるがまま」、徹底した自己否定を通ったところでの「あるがまま」である。さもないと、安直な自己肯定に陥ることになるだけである。

しかもそのうえで自我超出型人間は、この「あるがまま」を大事にしつつ、互いに矛盾した二つの方向に出て行く。一つは言うまでもなく、自我包摂型の天地同根万物一体・物我一如・自他合一の方向である。これを先の「蟬の声」と関連させていえば、たとえば次の句になる。

閑《しづか》さや岩にしみ入《いる》蟬の声

これはあまりにも有名な芭蕉の句であるが、ここには岩と蟬と芭蕉がまるで三位一体のごとく、分かちがたく一つにしみ入り、融合した場所が開かれている。岩のなかに蝉が生き、その蝉の声のなかに岩が包まれる。そしてそうした岩と蝉と蝉の声が一つにしみ入り、融合したところに芭蕉もまた包まれる。岩が蝉の声が蝉が芭蕉自身である。そしてこの三位一体に開かれた場所、それが「閑さ」なのである。

あるいは、自由律俳句の開拓者・種田山頭火の「分け入っても分け入っても青い山」。これは明らかに『禅林句集』の「遠《えん》山《ざん》無《む》限《げん》碧《へき》層《そう》層《そう》」を思わせるものがあり、山頭火その人がはるかなる山々に融け入っている世界が開示されているのである。

この物我一如・自他合一の方向において働いているのは、いわば「霊性的認識」とでも言うべき認識である。それは認識する個人が認識される対象のなかに包摂されるところで働く認識である。そこではすべてのものが人格化され、生命化される。それゆえ、たとえばパンやワインは単なる物質ではなく、キリストの肉であり血となるのである。あるいは先の蝉の声でいえば、それは単なる生理学的周波数ではなく、そこに無上の神の声を聞くのである。そしてそこに自分が何のためにこの世に生まれてきたのか、運命的な使命を聞き取りさえするのである。あるいはこの蝉の声に、あの八月十五日の夏の敗戦を想起し、二度と戦争をしてはならないという思いを新たにすることもあるのである。

なるほどこの認識には危険な面がある。なぜならそこでは、認識する個人の人格的恣意性がきわめて高く、とかく独断と偏見に陥りやすいからである。しかし他面では、豊かな文学的・芸術的・宗教的世界が開示される。そしてそれは人が生きて行くうえで不可欠の世界なのである。

しかしそれとともに、自我超出型人間には自我強化型の理性的認識に向かう方向がある。そこでは認識する個人は認識される対象の外に身を置く。それにより認識する個人の主体性が確保されるが、その代償として、認識される対象は一般法則の束に還元されるとともに、非人格化（脱人格化）される。たとえばこれもまた先の蝉の声でいえば、そこではこの蝉の声は徹底的に解剖学の対象とされるのである。機械論と唯物論、それがこの認識の帰結である。たしかにそれにより、豊かな財、とどまることなき利便性の拡大再生産が可能となったが、しかしその反面、深刻な人間疎外・自然破壊をもたらすことになった。もはやそれは耐えがたいところまできている。しかしだからといって、この認識がもたらす科学技術文明の恩恵を捨てることもできない。それが現在、我々の置かれた現状である。では、いったいどうすればよいのか。それこそが、何としても打開の道を見出さねばならない現代的課題なのである。

思うに、これについては、無の意識に裏づけられ、貫かれつつ、二つの互いに矛盾した方向のあいだに、矛盾を承知のうえで、一定のバランスを保つ道、それしかないであろう。こう言ってよければ、要するに自我包摂・自我強化均衡型の道である。きわめて困難な道だけれども、おそらくそれしかないであろう。

しかしだからといって、人間性心理学者アブラハム・マズローの見方に従うわけには行かない。彼は、「欠乏欲求＋成長欲求」という仕方で、欠乏欲求と成長欲求のあいだに一定のバランスを保とうとする。欠乏欲求とは、衣食住の欲求にはじまって、人から評価されたいという欲求や、学校なり職能集団なり、ある何らかの社会集団への所属欲求等々、人間が生きて行くうえで満たされる必要がある基本的欲求のことである。それは本質的にプラグマティックな欲求である。しかしこの欲求が満たされるだけでは、人間は満足しない。人間が真に満たされるためには、さらにそれに加えて、成長欲求が満たされなければならない。つまり、自己を包むある何らかの大いなる全体と合一化することによって、より豊かな成長を遂げたいという欲求が満たされなければならない。マズローはこの成長欲求を別に「自己実現欲求」とも呼んでいる。またこの欲求の最高の実現形態を「至高経験」(peak experience)と呼んだりしている。とにかくこの二つの欲求がともにバランスよく満たされたとき、真の充実感が得られるというのがマズローの見方である。本論文に引き寄せていえば、欠乏欲求は自我強化型人間の欲求に属し、成長欲求は自我包摂型人間の欲求に属すると言い換えることができるであろう。

しかしこの見方は、一見すると尤もらしいが、あまりにも調子がよすぎる。まず第一に、欠乏欲求が満たされたうえで次に成長欲求へとそんなにうまく事態が推移するものであろうか。もちろん推移する場合もあろう。しかしそうでない場合もある。むしろ逆に、欠乏欲求の充足が阻まれたとき、あるいは自ら進んで欠乏欲求を否定したとき、そのときこそ真に成長欲求は発動するのではないか。たとえば釈迦がきっぱりと欠乏欲求を否定したように。しかしマズローには、人間のそうした逆説的な在り方への突っ込んだ洞察はほとんどまったくない。さらにまたマズローにあっては、ただ外部から成長欲求が対象的に観察されているだけで、その内在的洞察があまりにも稀薄であり、その結果、不可避的にただその一般的特徴が併列的に並べ立てられることにならざるをえない。しかしこれでは、たとえその観察された一般的特徴がどれほど当たっていようとも、ただそれだけのことであって、生きて働かないのである。要するにマズローの見方は一見尤もらしいが、実際には使いものにならないのである。

あるいはこれとは別に、臨床心理学者の河合隼雄は「中空均衡型」という興味深い見方を提起している。これは『古事記』のなかの神話を拠り所にしており、ある面で日本人論と密接に連関している。『古事記』のなかの神話によると、アマテラス、スサノオ、ツクヨミの三神は父イザナギの水中出産により生まれた神々である。河合によると、そのうちアマテラスは女性原理を体現し、スサノオは男性原理を体現するのに対して、ツクヨミは中空性を体現している。本論文の文脈でいえば、アマテラスは自我包摂型の意識を体現し、スサノオは自我強化型の意識を体現するのに対して、ツクヨミは自我超出型の意識を体現しているということである。このうち中空性を体現するツクヨミに河合は注目する。世界の神話のなかで、アマテラスやスサノオに当たる神々はいたるところにいるが、ツクヨミは世界に例を見ない日本独特の神である。ここに日本人独自の精神構造がある。つまり日本人の精神構造は基本的に、その中心が中空で、それを軸にして女性原理と男性原理のあいだに一定のバランスが保たれている、いわば「中空均衡型」とでも言うべき構造を成している。そう河合は見る。これは非常に面白い見方である。単に日本人論としてだけではなく、人間学的にも非常に面白い見方である。

しかし残念ながら、ではこの「中空」とはそもそも何か、河合はこれについて、ただ「エネルギーの充満したもの」とか「無であって有である状態」といった程度の漠然としたことしか語っておらず、深くそれに徹することがない。中空ということが深く自覚されていない。その結果、不可避的に女性原理と男性原理のあいだを不安定に揺れ動くほかないのである。本論文の用語を使って言えば、自我包摂・自我強化ジレンマ型に陥るほかないということである。そしてそれはまた現代日本人の主流を占めている在り方でもある。ここに今日、河合の言説が一般に流布する大きな理由があるのである。

それゆえ自我超出型人間が自我包摂・自我強化均衡型の道を歩むには、何よりもまず無の意識に徹する必要がある。それは無が無自身を意識することだから、無の自覚と言い換えても同じことである。とにかく無の意識に徹することである。底無き底としての絶対の無の意識に徹することである。そこから出直さなければならないのである。

そしてそのうえで、一方では「他者のなかに私が生き、私のなかに他者が生きる」自他合一においてあるとともに、他方では「他者は他者、私は私」、「個は個に対して個」と明確に自他二元においてあるところがなければならない。西田幾多郎の用語を使えば、絶対矛盾的自己同一においてあらねばならないということである。そしてさらにそれを踏まえて、利己的欲望や情念を解消しつつ、可能なかぎり他も生かし我も生かすことである。仏教的に言えば、自利利他である。筆者自身の言い方をすれば、無の愛である。要するにそれが自我超出型人間の歩むべき道である。困難といえば困難であるが、しかし結局、これ以外に道はないのである。

第九章　矛盾論

第一節　在ると持つ

まず始めに社会心理学者として著名なエーリッヒ・フロムの次の文章を引用することにしよう。少し長いが、非常に印象深い文章なので、引用することにする。

「持つ存在様式と在る存在様式との間の違いを理解するための序論として、故鈴木大拙が「禅に関する講義」において言及した、類似の内容を持つ二つの詩を実例として用いたい。一つは日本の詩人芭蕉（一六四四—一六九四）の俳句であり、もう一つの詩は十九世紀のイギリスの詩人テニソンの作である。それぞれの詩人が類似の経験、すなわち散歩中に見た花に対して起こした反作用を記述している。テニソンの詩はこうである。

ひび割れた壁に咲く花よ
私はお前を割れ目から摘み取る
私はお前をこのように、根ごと手に取る
小さな花よ—もしも私に理解できたら

お前が何であるのか、根ばかりでなく、お前のすべてを—
その時私は神が何か、人間が何かを知るだろう

英語に翻訳すると、芭蕉の俳句はだいたい次のようになる。

眼をこらして見ると
なずなの咲いているのが見える
垣根のそばに！（訳注：よく見れば　なずな花咲く　垣根かな）

この違いは顕著である。テニソンは花に対する反作用として、それを持つことを望んでいる。彼は花を「根ごと」「摘み取る」。そして最後に、神と人間の本性への洞察を得るために花がおそらく果たすであろう機能について、知的な思索にふけるのだが、花自体は彼の花への関心の結果として、生命を奪われる。私たちがこの詩において見るテニソンは、生きものをばらばらにして真実を求める西洋の科学者にたとえられるであろう。

芭蕉の花への反応はまったく異なっている。彼は花を摘むことを望まない。それに手を触れさえしない。彼がすることはただ、それを「見る」ために「目をこらす」ことだけである。……

テニソンはどうやら、人びとや自然を理解するために花を所有する必要があるようだ。そして彼が花を持つことによって花は破壊されてしまう。芭蕉が望むのは見ることである。それもただ眺めるだけでなく、それと一体化すること、それと自分自身を〈一にする〉こと—そして花を生かすこと—である。」（『生きるということ』、佐野哲郎訳、紀伊國屋書店、三四—三六頁。但し、「ある」は「在る」に代えてある、別に他意はない、感覚の問題である。）

我々人間には、基本的に異質な二つの存在様式が複雑に絡みあって混在している。一つは「在る」様式であり、もう一つは「持つ」様式である。その異質性を右記の文章は鮮やかに示している。

西洋人はどちらかと言えば、総じて「持つ」様式に傾きがちである。たとえば、《Vous avez de la santé?》とか、《Vous avez l'heure?》といった言い方をする。これは、「元気?」とか、「今何時?」といった意味である。意味としてはそうであるが、しかし直訳すると、前者は「あなたは健康を持っているか?」であり、後者は「あなたは時間を持っているか?」となる。日本人にとっては、まことに奇妙な言い方である。健康や時間はいったいはたして「持つ」ものなのであろうか。日本人なら絶対にこういう言い方はしないであろう。あるいはまた、《Avez-vous un médicament pour l'estomac? Oui, j'ai quelque chose de très bon.》とか、《J'ai mal à la tête.》といった言い方をする。これもまた直訳すると、前者は「あなたは胃薬を持っていますか? はい、非常にいい薬を持っています」であり、後者は「私は頭に痛みを持っている」となる。日本人なら、薬局に行って絶対にこんな言い方はしない。日本人なら、「胃薬ありますか? はい、いいのがあります」となるであろう。ましてや、「頭が痛い」であって、絶対に「頭に痛みを持っている」というような言い方はしないであろう。

しかし西洋人はいたるところでこういう言い方をする。西洋人は総じて日本人よりも強く「持つ」様式に傾斜していると言ってよい。もちろん西洋人の場合にも、たとえば先の例で言えば、《Comment allez-vous?》とか、《Qelle heure est-il?》といった、「在る」様式の言い方がある。にもかかわらず頻繁に西洋人は「持つ」様式での言い方をする。そのほうが常態だとさえ言ってもよい。たしかに言語表現は単なる言語表現にすぎないのではなく、そこにはその言語表現をする人の存在様式が色濃く反映している。それゆえそこから見れば、一般に西洋人は日本人よりもはるかに強く「持つ」様式に傾斜している、言い換えれば、この「持つ」様式の別名である自他二元・心身二元の存在様式、基本的に自己と外界、心と身体を分離する存在様式に強く傾斜していると言えるのではないか。もとよりフロムが皮肉っぽく指摘するように、「おそらく産業化がもう二、三世代進めば、日本人も彼らのテニソンを持つことになるだろう」(前掲書、四〇頁)。事実、そうなりつつある。たとえ言語表現としては、依然として「在る」様式を使っているにしても、実質的には「持つ」様式になっているかもしれない。もしかしたら、その場合のほうが多くなっているかもしれない。もちろんこれは程度問題であって、基本的には日本人だから、西洋人だからといったレベルの問題ではない。あくまで人間の問題であって、民族的問題に短絡的に還元することはできないし、またしてはならないのである。

それにしても我々人間は、どうしてもこの二つの様式が複雑に混在した仕方で生きざるをえないようである。どちらか一方だけで生きている人間はまずいない。無理にそうしようとすると、かえってオカシクなる。「在る」様式か「持つ」様式か、どちらだといった二者択一レベルの問題ではないのである。では、どうするか。それが問題である。

思うに、結論的に言えば、「在る」様式を強化すること、そしてそれによって、「在る」様式と「持つ」様式との間に一定のバランスを保つ仕方が一番望ましいであろう。「持つ」様式を解消することはできない。たとえば私がどれほど他者と一体化し、他者と自己自身を〈一にする〉「在る」様式においてあろうと、「持つ」様式を解消することはできない。「持つ」様式なき「在る」様式はない。それゆえ私と他者との完全なる一体化はない。たとえどれほど一体化しようと、決して自他の亀裂・分離は解消されることはなく、そこから陰に陽に「持つ」様式が立ち現われてくる。それは不可避である。

たしかに「在る」様式においてあるとき、他者は私の勝手な所有欲の対象とはならない。そうしようという思いすら起こらない。私のなかに他者が生き、他者のなかに私が生きているからである。しかし現実には私と他者の関係はそれだけではすまない。必ずや他面では「持つ」様式が立ち現われてくる。どれほど深く他者を愛していようと、立ち現われてきて、私の所有欲充足のための道具として他者を利用することになる。そうならざるをえない面がある。それが我々人間の偽らざる実相である。

「持つ」様式は自他分離を前提にしている。それゆえ「持つ」様式においては、私は他者を対象化する。もちろんこの対象化は必ずしも一概に否定すべきものではない。たとえば医学において、この対象化が遂行されなければ、満足に手術ができないであろう。たえず患者のまなざし、患者の苦痛を感じ続けていては、手術どころではないであろう。そこでは患者を、たとえその患者が愛する人であっても、対象化する必要があるのである。あるいはまた、ある人が悩みの相談にやってきたとしよう。その際、ただ単にその人の悩みと一体化し、共感するだけではどうしようもないのであり、その人の置かれた状況を冷静に客観的に考察する必要がある。さもなければ、その人の悩みが打開される道は見出されないであろう。

しかしそれでもやはり他面、この対象化においては、基本的に私は他者を冷たく突き放すことになる。極端な言い方をすれば、私にとって他者は死のうが生きようがどうでもよい存在者となる。いやそれどころか、他者の不幸に快感すら感じる。俗に「人の不幸は蜜の味」と言われるが、言い得て妙である。それゆえ対象化は必然的に他者を自らの功利化の道具にする。そこでは他者は金銭欲・性欲・権力欲・名誉欲等々、私の自己中心的な所有欲を満たすための道具にすぎない存在者となる。「自然」という大いなる生命すら道具化される。そしてそのなかで人は互いに傷つけあい、苦しめあい続けるほかなくなるのである。ここにおいて、いったいどうすればよいのか。

「在る」様式を強化すること、そしてそれを通じて、「持つ」様式と「在る」様式の間に一定のバランスを保つこと、それ以外にないであろう。先に述べたように、「持つ」様式は解消できない。解消できないどころか、今日とどまることなく拡大再生産される一方である。それを何とかして押し止める必要があるが、しかしそのためにはまず何よりも「在る」様式が強化されなければならない。それなくして、いくら「持つ」様式の拡大再生産を押し止めようとしても徒労である。ましてや「持つ」様式と「在る」様式の間に均衡を保つことなど及びもつかないであろう。事態は深刻である。「持つ」様式が猛威を振るっている。いくら「在る」様式を強化しても、もう手遅れで、鎮めることができないかもしれない。それほど事態は深刻である。

しかしだからといって、このまま手をこまねいていても、どうしようもない。何とか「在る」様式の強化に努めねばならない。そしてそれと連動して、「持つ」様式のプラス面をあくまで生かしつつ、その弊害の解消に努めなければならない。「持つ」様式が必ずしも一概に悪いわけではない。それゆえそのプラス面を十分に生かしつつ、「在る」様式の強化に努めることである。困難な道だけれども、それ以外にないであろう。

だがそのためには、どうすればよいのか。筆者自身としては、はっきり言えば、坐禅すること、迂遠なことかもしれないけれども一度、坐禅に徹すること、そしてそれを通じて、底無き底としての絶対無あるいは端的に無の意識に徹すること、そこから始めるほかないと思っている。しかしここで注意しておかねばならないが、この坐禅はややもすると、非日常的な超感覚的知覚（extra-sensory perception：通称ＥＳＰ）や超心理学的（para-psychologique）な超常現象を志向しがちになる。もちろん超感覚的知覚や超常現象自体は坐禅の途中経過で当然起こることであるが、それをもっぱら志向し、惑溺してはならない。それは自己否定力の弱さに起因し、不可避的に邪道に陥る。大事なことは、あくまで「無に滅し、無から甦る」ことを通じて、利己心にとらわれ、惑溺したあり方を少しでも改善して行くことなのである。

しかしそれなら、この無の意識とは何か。それは端的に言えば、「私は私、汝は汝、私と汝は互いに絶対に他なるものである、しかもそれでいて同時に私のなかに絶対の他としての汝が生き、絶対の他としての汝のなかに私が生きている」、そういう意識である。それゆえこれを無的相互限定の意識と言い換えてもよい。しかもここで言う「汝」は必ずしも人とは限らず、人間界・自然界・超自然界を問わず、およそ存在するすべてのものが「汝」である。この無の意識に徹すること。単なる制度改革ではどうしようもない。どれほど立派な制度改革でも、それだけではどうしようもない。立派な制度改革であればあるほど、かえって逆効果になりかねない。深い意識改革なくして、事態は何も変わらないのである。

第二節　全体化と個性化

自己が何ものであるかをとらえようとする場合、まったく正反対の二つのとらえかたがある。どうしてもそういうふうに我々人間はできているようである。それを一般的な仕方で定式化すれば、一つは自己をある何らかの全体から出発して、そのなかに包摂しようとするとらえかたであり、もう一つはあくまで自己を基点にし、そこから出発して、ある何らかの全体を自己のなかに包摂しようとするとらえかたである。しかしこう一般的に定式化すると何を言いたいのかわからないかもしれないので、具体的な例を挙げよう。

たとえば手紙を書くとき、誰でも相手の住所を明記するであろう。さもないと届きようがない。その際、どのように住所を明記するか。二通りの仕方がある。一つは次のように明記する。

京都市北区等持院北町56―1
林　信弘

それに反して、もう一つは次のように明記する。

Nobuhiro Hayashi
56-1, Kitamachi, Tojiin, Kitaku, Kyoto.

いったいこれは何を意味しているのであろうか。

明らかに前者では、「信弘」という一個の個人が、ある大きな全体に包摂される仕方で、それゆえ「京都市」の前に「日本国」を付けてもよいし、さらにはその前に「地球内」や「宇宙内」を付けてもかまわないが、とにかくある大きな全体に包摂される仕方で、そしてその全体を順次縮小して行くという仕方でとらえられている。さらにここでは、「信弘」という一個の個人は、あくまで「林」という家族名（姓、nom de famille）、「林」というある家族集団に包摂される仕方でとらえられているのである。

それに反して、後者ではまったく逆に、「信弘」という一個の個人が基点に置かれる。家族名からすら先だって、「信弘」という「個人名」（prénom）が基点に置かれる。そしてそこから出発して順次、自己の置かれている空間的位置を拡大して行く。しかもその空間的位置の拡大はあくまで「信弘」という一個の個人の内に包摂される仕方で拡大して行くのである。それゆえこれを西田幾多郎流に表現すれば、前者が述語的包摂関係においてあるのに対して、後者は主語的包摂関係においてあると言うことができよう。

そこでこれをまた別な観点から見れば、それは集団の構成原理と密接に関わっているということである。つまり前者が、ある何らかの全体としての集団があるから個人があるという構成原理に立っているのに対して、後者はまったく逆に、個人があるから集団があるという構成原理に立っているのである。言い換えれば、前者が全体としての集団のなかに個人が包摂されるのに対して、後者は個々の個人のなかに集団が包摂される仕方で集団が構成されるということである。それゆえ後者においては、たとえばパリという町では、その通りという通りが、デカルト通りやモンテーニュ通り、ジャン＝ジャック・ルソー通りやヴォルテール通り、あるいはスフロ通りやオスマン通りといった、深くパリと関わった個人名で埋めつくされるのに対して、京都の町では決してそういうことにはならない。京都の町には、紫式部通りや清少納言通りも、織田信長通りや豊臣秀吉通りも、あるいは坂本龍馬通りや西郷隆盛通りもない。あれだけ京都を舞台に活躍した人物なのに、その名を冠した通りがひとつもないのである。要するに、前者においては、個人は結局、京都という町に包摂され、その内に吸収され、消えてしまう、いわば場の原理に貫かれているのに対して、後者ではあくまで、個々の個人が集まってこそパリという町は成り立っているという、個の原理が支配しているのである。それは鮮やかな対照を成していると言えよう。

ここにおいて、いったいどうすればよいのか。前者（つまり日本式）にするか後者（つまり西洋式）にするかといった二者択一レベルの問題ではない。さりとて前者を主とし、後者を従とするのか、あるいは逆に後者を主とし、前者を従とするのかといったレベルの問題でもない。もちろん日本人の西洋人化か西洋人の日本人化かといったレベルの問題でもない。まして日本人が西洋語を使うべきだ、いや西洋人こそ日本語を使うべきだとか、日本人も西洋式に通りの名を付けるべきだ、いや西洋人こそ日本式にすべきだとかいったレベルの問題ではない。事実、前者の住所を西洋語で表記できるし、後者の住所もまた日本語で表記できるし、また西洋人が日本式に、日本人が西洋式に通りの名を付けようと思えば付けることができるのだから、基本的にこれは言語の問題ではないのである。では、どうするのか。

思うに、これは基本的に生き方の問題である。存在様式の問題と言い換えてもよい。前者の住所表記や道路表記が象徴的に表現しているのは全体化の存在様式であり、後者の住所表記や道路表記は個性化の存在様式を象徴的に表現しているのである。そこであらためて、どうするかである。

ここでもまた結論的に言えば、無の意識に徹しつつ、両者の間に一定のバランスを保つこと、それが一番望ましいであろう。きわめて困難ではあるけれども、その方向を取るべきであろう。

たしかに全体化はとかく個人を軽視しがちである。いやそれどころか、時には全体のために個人を無視しがちであり、逆に個性化は個性化で、全体を軽視ないし無視して、とかく過剰な自己中心主義に陥りがちである。それゆえこの両者の弊害を克服すること、それが今日最も重要な課題である。格好よく言えば、両者の弊害を弁証法的に乗りこえて行くこと、それが現代人の根本課題でなければならないということである。

第三節　性善と性悪

人間の本性は善か悪か、これは古今東西を通じて延々と問われ続けてきながら、いまだに決着のついていない問題である。事実、考えれば考えるほど厄介な問題である。

人間は善の面と悪の面が複雑に混在した存在者である、それが現実の人間を観察したときに出てくる一番穏当な見方であろう。たしかに周りの人間や自己自身を観察するとき、善と言えば善であり、悪と言えば悪だというのが最も常識的なところであろう。しかし人間の本性をぎりぎりまで問いつめ、その根源において善か悪かということになると、ここにまったく相反する見方が立ち現われてくる。一つはいわゆる性善説であり、もう一つはいわゆる性悪説である。何事につけ人間はまったく正反対の見方にとらわれ、その間を不安定に揺れ動くようで、性善説と性悪説もその一例である。そしてそのあげくに解きがたいジレンマに陥るのである。

すばらしい人間や出来事に出会えば、我々は人間が信じられ、性善説に傾くし、逆にどうしようもなく醜悪な人間や出来事に出会えば、当然のごとく性悪説に傾くであろう。しかし事態はそれほど単純ではないのである。たとえば性善説を代表する思想家にルソーがいる。彼は人間本性の根源的性善を主張し続けた。それは終生変わることのない、彼の根本的な人間観であった。しかしだからといって、彼は決してオプチミストだったのではない。彼は人間の悪について驚くほど敏感な感受性をもっていた。彼ほど執拗に人間悪を暴露し続けた人もめずらしい。にもかかわらず人間は生まれながらにして善であることを確信して疑わなかった。彼は言う、「人間は邪悪である。悲しい連続的な経験がその証拠を不用にしている。けれども、本来、人間は善良である」（『人間不平等起原論』、本田喜代治・平岡昇訳、岩波文庫、原注(i)、一四七頁）と。

それゆえルソーは人間悪の原因を人間本性の根源的性悪に帰せしめない。それゆえ当然、性悪説の一種であるキリスト教の原罪説に人間悪の原因を求めない。人間は生まれながらにして罪悪深重である、悔い改めよ、祈れ、キリストを介して神の救いを求めて、といった原罪説に求めない。そうした内面的な処理の仕方を取らない。むしろ彼は人間悪の原因を不平等な社会制度に見る。経済的不平等をベースにして政治的不平等が生まれ、逆に政治的不平等が経済的不平等を加速し、さらにこの経済的・政治的不平等が文化的不平等を生み、逆に文化的不平等が経済的・政治的不平等を加速する。しかもこの経済的・政治的・文化的不平等相互の加速度的な相乗関係のなかで、それと連動して所有欲や支配欲や名誉欲、あるいは虚栄心や嫉妬やうぬぼれ等々、ありとあらゆる利己心が縦横無尽に羽根を拡げる。そしてそれがまたますます経済的・政治的・文化的不平等を拡大再生産するのである。

こうしたルソーの見方は思想史上、実に革命的な見方であった。それまではもっぱら人間悪を人間本性の根源的性悪のせいにするという内面的な処理の仕方に終始していたのに対して、そうではない、人間悪は不平等な社会制度と密接に連動しているのだという画期的な見方を導入したからである。その意味で、ルソーは十九世紀以降、急速に発展する社会科学の父と言っても過言ではないであろう。

しかしだからといって、このルソーの見方が必ずしも説得的だというわけではない。人間悪が不平等な社会制度と密接に連動しているというのはたしかにその通りである。しかし、もしルソーの言うごとく、人間本性が根源的に善であるとするなら、それならいったいではどうして不平等な社会制度が生まれてきたりするのであろうか。説明がつかなくなる。なぜならもし人間本性が根源的に善であるなら、いかにしても不平等な社会制度など生まれてきようがないはずだからである。こうして再び振り子は性悪説に傾くことになる。

しかしだからといって、性悪説に利（理）があるわけでもない。たとえば浄土三部経のなかに『観無量寿経』という非常に興味深い経典がある。この経典は、父ビンビサーラ（頻婆娑羅《びんばしゃら》）を投獄し、王位を簒奪した極悪非道の息子アジャータシャトル（阿闍世《あじゃせ》）王子によって牢獄に幽閉された母ヴァイデーヒー（韋提希《いだいけ》）がその悲痛な苦しみの極みにあって、釈迦に救いを求め、それを聞きとどけた釈迦が憐れんで使者を送るとともに、自ら姿を現じ、彼女のために、往生浄土のための観想の術（つまり往生浄土と一体化する、とりわけ阿弥陀如来そのものと一体化する観想の術）を詳細に授けるというのがその基本的な筋立てになっているが、そのなかで人間本性の出来具合いをやや図式的ではあるが、九種類に分類している所がある。つまり最上位の上品上生から始めて、上品中生、上品下生、中品上生、中品中生、中品下生、下品上生、下品中生と次々と降って行き、最後に最悪の人間本性としての下品下生に至るというものである。

この経典に深い影響を受けた愚禿親鸞は自ら進んで下品下生に身を置く。自己を愚かな極悪非道の悪人と見る。とても観想で救われるような出来のよい人間ではない、そう深く深く思い知る。そこから、すべてを捨てて、弥陀の本願を信じ、ただひたすらその御名を称え、その救いを求めるのである。

しかし思うに、自己が限りなく悪人だと思い知る、その思い知る自己は悪人であろうか。もしそれもまた悪人だとしたら、はたして弥陀の名号を称え、救いを求めたりするであろうか。絶対に求めたりしないであろう。そう思い知るかぎり、そこにはやはり何とも言いようのない人間本性の根源的性善が働いているのではなかろうか。これは先の原罪説にも同じく当てはまる。もし原罪という我々の根源的性悪を深く痛感し、悔い改め、キリストを介して神に救いを求めて祈るとしたら、そこにはもうすでに人間本性の根源的性善が働いていることになりはしないか。こうして性悪説は再び性善説に反転するのである。

ではここにおいていったいどうすればよいのか。これについては、一方では人間のどうしようもない悪魔的な醜悪さをしっかりと抱きしめながら、しかも同時にあくまで人間の善性を信じ、それに賭けること、そう応答するほかない。その意味で、つねに人間は善と悪が複雑に絡みあった存在者であるという常識的な見方には深い真実がはらまれているのである。しかしでは、そのためにはいったいどうすればよいのか。これについては、無の意識に裏づけられ、貫かれた愛、これを簡略化して「無の愛」と呼んでもよいが、その愛に徹すること、そう応答しよう。

もとより無の愛も性悪と性善のジレンマを解消することはできない。しかしそれでもなおやはり無の愛に徹することにより、限りなく深い心の安らぎのなかで、他者のなかに自己が生き、自己のなかに他者が生きるようになるであろう。そしてそのことが同時にまた我々をして、他も生かし我も生かすよう促し続けるであろう。

第四節　他愛と自愛

人は何のためにこの世に生まれてきたのか。はっきりしている。人は人を愛するためにこの世に生まれてきた。富も権力も名誉もすべて空しい。愛なくして、人生のどこに輝きがあるというのか。富や権力や名誉も、愛あってこそである。しかもそれでいて、人を愛することほどむつかしいことはない。何と人生は逆説的であることか。人は人を愛したいと思っている。どこまでも深く愛したいと思っている。陰に陽にそう思っている。しかも愛することができない。いつも傷つけあい、苦しめあっている。いったいどうしてそうなるのか。自己中心的だからか。愛したいのに、いつもそれと裏腹に人を自分の欲望充足のための手段にしているからか。たぶんそうであろう。しかもそのくせ、自己中心的であることに悩まされる。何と人間は矛盾に満ちていることか。

真に人を愛するとはどういうことであろうか。フロムは言う。

「愛は人間の中にある活動的な力である。人間をその仲間から隔離するところの壁を破壊する力であり、彼を他の人びとと結びつける力である。愛は彼をして孤立と分離の感覚を克服せしめるが、しかも、彼をして彼自身となり、その本来の姿を保持するようにさせるものである。愛においては二人の人はひとつとなり、しかもふたつにとどまるという矛盾したことが起るのである。」（『愛するということ』、懸田克躬訳、紀伊國屋書店、一二七―一二八頁）

この定義の言わんとすることは、愛とは合一しながら分離し、分離しながら合一していることだということである。たしかにその通りである。簡にして要を得ている。愛において生きるとは、他者のなかに私が生き、私のなかに他者が生き、しかも同時にそのことが他者が他者として生き、私が私として生きることの助けとなることである。だが我々はいつもそれに反したことばかりしている。

とかく我々は合一という名のもとに、他者に過剰に依存する。他者に依りかかってしまい、まっすぐに立って歩けない、いや歩こうとしなくなる。他者のなかに私が生きると言えば聞こえはいいが、その実すっかり他者に依存し、自己喪失の状態に陥る。自分というものがない。自分で判断し、行動しようとしない。しかしそれは何も他者を愛しているからではない。むしろ逆であり、ひそかに他者に憎悪を抱いている。他者に依存していながら、いや依存しているからこそ、そういう自己喪失の状態に陥らせた他者に言いようのない憎悪を抱くことになる。隙あらばいつでも反撃すべく、その機をうかがっている。「飼犬に手を噛まれた」と俗に言われるが、それは何も飼犬にかぎったことではないのである。

しかし憎悪からは何も生産的なものは出てこない。憎悪は憎悪を生み、ただはてしのない傷つけあい、苦しめあいがあるばかりである。破壊、それが憎悪の帰結である。

この他者依存を、逆に依存される側から見れば、他者は実に都合のいい存在者となる。自分の思い通りに所有し支配することのできる存在者となる。しかしそのことがかえって依存される人間を歪める。依存されることに慣れると、人はいつの間にか我を忘れて、度を越した自己中心主義に陥ってしまう。かけがえのない他者の自由な主体性を抑圧・否定し、自己の過剰な欲望充足のための道具にしてしまう。もしその人が依存する他者を真に愛していないかぎり、それは不可避の事態である。

あるいはそうかと思うと、依存される人間が逆に同時に依存する人間に依存し返すという相互依存関係に陥ることがある。いわゆる逆転移である。あるいは共依存とも言われる。こうなると事態は深刻で、どろどろした人間関係のなかで互いに傷つけあい、苦しめあいながら、しかも離れられないという泥沼にはまり込むことになる。そこから抜け出そうともがけばもがくほど泥沼にはまって行く。おそらく単なる体力や知力や想像力や意志力だけではどうしようもないであろう。では、いったいどうすればよいのか。

「他愛なくして自愛なく、自愛なくして他愛なし」、たしかにその通りで、そうなればどれほどよいであろう。そのとき真に人生、生きるに値するものとなる。しかし実際には、そううまく作動しない。作動しないのが常態である。そこに人生の苦悩、悲哀がある。

他愛はとかく自己喪失的な他者依存に陥り、自愛は自愛で、自意識過剰の自己固執、身勝手な自己中心主義に陥る。ここにおいて、いったいどうすればよいのであろうか。

ここでもまた結論的に言えば、無の自覚に徹すること、そこから始めなければならない。はたして本当に徹し切れるかどうかわからないけれども、為しうるかぎり努めねばならない。そのことなくして、「真の愛」(先の言い方をすれば、「無の愛」)はないからである。たとえば近代日本最大の哲学者、いや単なる哲学者というよりも、一個の偉大な思想家であった西田幾多郎は、その著『無の自覚的限定』に収められた論文「私と汝」のなかで、この真の愛について次のように言っている。

「真の愛というのは何らかの価値のために人を愛するのでなく、人のために人を愛するということでなければならぬ。如何に貴き目的であっても、そのために人を愛すると考えられるならば、それは真の愛ではない。真の愛とは絶対の他において私を見るということでなければならぬ。そこには私が私自身に死することによって汝において生きるという意味がなければならぬ。自己自身の底に絶対の他を見ることによって、私が私であるという私のいわゆる絶対無の自覚と考えられるものは、その根柢において愛の意味がなければならぬ。」(『場所・私と汝』西田幾多郎哲学論集I、上田閑照編、三四八—三四九頁)

「それでは、我々が自己自身の底に見る絶対の他と考えるものを如何に見ることによって、真の自覚の意味が成立し、人格的自己というものが考えられるであろうか。その他と考えられるものは、唯物論者のいう如き単なる他であってはならぬ、また唯心論者の考える如き大なる自己という如きものであってもならぬ。それは絶対に他なるとともに私をして私たらしめる意味を有《も》ったものでなければならぬ、即ちそれは汝というものでなければならぬ。私に対して汝と考えられるものは絶対の他と考えられるものでなければならない。物はなお我に於てあると考えることもできるが、汝は絶対に私から独立するもの、私の外にあるものでなければならない。しかも私は汝の人格を認めることによって私であり、汝は私の人格を認めることによって汝である。汝をして汝たらしめるものは私であり、私をして私たらしめるものは汝である。私と汝とは絶対の非連続として、私が汝を限定し汝が私を限定するのである。我々の自己の底に絶対の他として汝というものを考えることによって、我々の自覚的限定と考えるものが成立するのである。斯く私が私の底に汝を見、汝が汝の底に私を見、非連続の連続として私と汝とを結合する社会的限定という如きものを真の愛と考えるならば、我々の自覚的限定と考えるものは愛によって成立するということができるであろう。」（前掲書、三四二—三四三頁）

　これで十分である。言説としては、これで十分である。十分すぎるほど十分である。後はただもうこれを日々の生活において実践することである。可能なかぎり実践することである。言説以前において、また言説以後において。それが人生において最も大事なことである。しかしそれならば、ではどうすれば実践することができるのか。これについては、原則的にはあくまで各人が「自分で」模索するほかないと応答しよう。他人があれこれ言うべきことではないであろう。しかしそのことを承知のうえで、あえて言えば、筆者自身としては、あらためて坐禅から出直すべきだと思う。きわめて迂遠なことだけれども、そこから出直すほかないのである。

第十章　自我超出論

第一節　自我包摂型と自我強化型

類型論的に見るとき、日本人にかぎらず、そもそも人間には基本的に異質な二つのパターンの存在様式が複雑に絡みあって存在している。一つは自我包摂型の存在様式であり、もう一つは自我強化型の存在様式である。前者は自我をある何らかの「他なるもの」のなかに包摂しようとする存在様式であり、それに対して後者はあくまで自我を基点にして、そこから出発して、自我を取り巻くある何らかの「他なるもの」を自らのうちに包摂しようとする存在様式である。それゆえこれを言い換えれば、前者の存在様式においては、自我は「他なるもの」と不可分に融合しているのに対して、後者の存在様式においては逆に、自我は「他なるもの」と自他二元的に鋭く対峙しているということである。しかもここで言う「他なるもの」は個々の個人である場合もあれば、家族や職能集団や企業や階級や国家といった社会集団である場合もあれば、山川草木虫魚禽獣といった自然環境である場合もあれば、あるいは神や仏といった超越者である場合もある。要するに、自我を取り巻くものすべてがこの「他なるもの」として立ち現われてくるのである。

ところで戦後日本においては、自我包摂型の存在様式は厳しい批判を受けてきた。丸山真男の論文「超国家主義の論理と心理」を始め、土居健郎の『「甘え」の構造』や会田雄次の『合理主義』や中根千枝の『タテ社会の人間関係』やイザヤ・ベンダサンの『日本教について』や森有正の『経験と思想』等々、枚挙するのもウンザリなほど、その批判は厖大な量に上っている。しかし量は厖大ではあるが、その批判の核心を成すものは共通しているようである。それは、自我包摂型の存在様式が自我強化型の存在様式を認めないということ、つまり要するに個人主義（合理主義を含む）と、その個人主義をベースにした民主主義を抑圧・否定するというものである。別な言い方をすれば、自我包摂型の存在様式は反近代化路線ないし前近代化路線だということである。この種の批判は戦後、これでもかこれでもかと執拗に為されてきたが、それも戦前の日本を考えあわせると、無理からぬところがある。

それゆえ当然、近代化路線が声高に叫ばれてきた戦後日本にあって、この存在様式を擁護しにくい風潮が支配しており、内心この存在様式を支持している人も口ごもるか、沈黙するほかなかった。また事実、この存在様式をあからさまに支持する人は少数派であった。しかしあからさまに支持する人はごく少数派であっても、現にこの存在様式で生きている人がはたして少数派であったかどうか、それにこの存在様式が自我強化型の存在様式を支持する人が言うほど悪いものであるかどうか、慎重に吟味する必要があるだろう。

自我包摂型の存在様式においては、たとえば私と他者との分離感が弱まり、私は他者に強く合一感を感じるようになる。他者と私は切れていない。そこでは私は私において他者を感じ、他者において私を感じる。それゆえもはや他者は単なる他者ではなく、「私の私」となっており、私は私で、もはや単なる私ではなく、「他者の他者」となる。他者は私の分身であり、私は他者の分身となるのである。それゆえ自我包摂型の存在様式において人は、自我強化型の存在様式が不可避的に陥らせる深い分離不安・断絶感・孤独感から解放される。完全に解放されることはないにしても、少なくとも自分は独りぼっちではないのだという深い合一感に満たされ、安らいだ気持ちになる。それは人が生きるうえでとても大事なことであり、何ら非難されるべきことではない。一般に自我強化型の存在様式が支配的な西洋人にくらべ、多くの日本人はこの合一感を比較的強く感じながら生きてきたし、今もそうなのではないか。またこの合一感を感じたいと強く思っているのではないか。一方では近代的自我の確立と言いながらも、他方では自我包摂型の存在様式において生きてきたのではないか。そしてそれは必ずしも悪いことではないかもしれない。

しかしそうは言うものの、反面この合一感はとかく強い依存心を生み出す。ほとんど避けがたい仕方で生み出し、自分で判断し、行動する力を減退させる。それどころか、もしこの依存心が満たされなければ、相手に対して激しい恨みを抱きさえする。とかく合一感は、一般に「甘え」と呼ばれる負の依存関係を生み出しがちなのである。もとより甘え自体が必ずしも悪いわけではない。時には甘えられる関係は生きるうえで必要である。とことん甘えるということがあってもいい。しかしその結果、自己喪失に陥ってはならない。甘えながらも、一方ではあくまで自分で判断し、行動する力を失ってはならない。その意味で、自我強化型の存在様式のベースにある個人主義はとても大事なのである。

ところが個人主義は個人主義で、これまた好ましからざる傾向をはらんでいる。なぜならそれは深い自他分離感のなかで、他者を対象化し、対象化することによって他者を自らの欲望充足のための道具として利用したり、機械論的な諸法則の束に還元したりすることになってしまうからである。それは不可避の事態である。もとより個人主義もまた一概に悪いわけではない。現に我々はこの個人主義の産物である近代科学技術文明の有効性を十分に享受している。十分すぎるほど十分に享受している。その弊害を厳しく批判する者もその実、その有効性はちゃっかりと享受している。いちいち細かいことまであげつらうまでもなく、ちゃっかりと享受している。しかもそれでいてやはり我々は誰も、それだけでは十分に満たされないのである。ここにおいていったいどうすればよいのか。人間とは本当に厄介な生きものである。

第二節　自我超出型

「もう戦後ではない」と早くも昭和三十年代に言われたことがあるが、それから早や半世紀近くたち、時代は二十一世紀、本当に「もう戦後ではない」、戦後は遠くなりにけりである。そういう日本人にとって、いま大きなターニングポイントに立たされているように思われる。いかに生きればよいのか、いかなる存在様式においてあればよいのか、歴史的なターニングポイントに立たされているのではないか、そう思われる。

総じて言えば、いま日本人はもっぱら自我包摂型で生きているであろうか。それとも自我強化型で生きているであろうか。はっきり言えば、どちらでもない。結論から先に言えば、いま日本人は自我包摂型の存在様式と自我強化型の存在様式に鋭く引き裂かれた矛盾した事態においてである。こう言ってよければ、自我包摂・自我強化ジレンマ型においてである。もちろん個々の日本人を見れば、強く自我包摂型に傾斜している日本人もいれば、逆に自我強化型に強く傾斜している日本人もいる。そんなことは今更言うまでもないことである。そのことを前提にして、あえて一般的に見れば、自我包摂・自我強化ジレンマ型が多数派を形成している、そう言いたいだけのことである。

しかし、もしそうだとすると、むしろ事態は厄介である。なぜならある意味これはどっちつかずの中途半端な在り方だからである。どちらにも徹底できず、その結果両者がかえって互いに他のマイナス面を助長しあう可能性が高いからである。いや事実そうなっている。一方では甘ったれながら、しかもそうであるがゆえに、他方では身勝手な自己中心主義に陥っている。共倒れの事態である。それゆえ当然、満たされず、空虚である。極端な言い方をすれば、滅ぶときはこうして滅ぶのかもしれない。そうした事態である。

しかしこれは見方を変えれば、どちらのマイナス面も十分に了解できるということであり、それゆえ両者のマイナス面をともに解消できる立場に立ちうるということでもある。だがそのためには、そういうレベルの存在様式に自我を変容しなければならない。では、そのような存在様式とはいかなるものであろうか。

それは、デカルトやカントやフッサールやフロイトに代表される、西洋伝来の自我強化型の存在様式ではない。しかしさりとて、ベルグソンやブーバーやハイデガーやユングに代表される、これまた西洋伝来の自我包摂型の存在様式でもない。自我超出型の存在様式、それがその存在様式である。もとよりそれはきわめて困難な存在様式である。西洋伝来の存在様式のみならず、日本伝来にあっても、それほど顕著な存在様式であるわけではない。たしかに仏教のなかにはっきりとその存在様式が認められるが、だからといって実際にその存在様式が主流を占めていたとは、お世辞にも言えないであろう。端的に言ってしまえば、日本人は長く、そのプラス面もマイナス面も含めて、自我包摂型の存在様式で生きてきたのであり、だからこそ戦後、その存在様式に対して、これでもかこれでもかとさんざん厳しい批判が為されてきた。そしてその批判はまんざら的外れではなかったのである。

その効果あってか今日、日本人は自我包摂・自我強化ジレンマ型の存在様式においてある。先に言ったように、それは非常に厄介な事態であるが、しかしそれとともに新たな展開の可能性が秘められてもいる。だがそのためには、根本的な自我変容が必要であり、それが自我超出型の存在様式である。

この自我超出型の存在様式においては、自我はその根底において無の意識に貫かれていなければならない。限りなく深い底無き底としての無の意識に貫かれていなければならない。それゆえそこでは自我は非実体化される。仏教用語を使って、これを無我、あるいは無自性と言ってもよい。それゆえ当然また、この自我に執拗につきまとう利己的欲望や情念、つまり利己心も非実体化される。そして非実体化されることにより、利己心へのとらわれから解放される。もとより利己心が消えてなくなるわけではない。消えてなくなりようがない。たとえば利己心のなかの最悪のもののひとつに嫉妬がある。人間は嫉妬する存在者である。ある意味、嫉妬は人間が生きている証だと言えなくもない。しかしこのどす黒い利己心のなかで人間は互いに傷つけあい、苦しめあうことになる。

そこから解放されるためには、この嫉妬を非実体化することにより、そこから離脱する必要がある。いや、非実体化するというのはおかしい。いまだ自我にとらわれている。むしろこう言うべきである、嫉妬が自ずから非実体化されることにより、そこから抜け落ちると。

しかしだからといって、嫉妬は消去されない。厳然と存在し、執拗につきまとう。ただそれにとらわれ、振り回されることがない。そしてそうであるがゆえに、それとともに何とも言いようのない仕方で、無の愛とでも言うべき愛が立ち現われてくる。どうして立ち現われてくるのか正直わからないけれども、立ち現われてくる。そしてこの無の愛は、他者のなかに私が生き、私のなかに他者が生き、しかもそうであるがゆえに、他者が他者として、私が私として主体的に生きるよう促すなかで、可能なかぎり嫉妬を消去しようとするのである。完全な消去は無理だけれども、可能なかぎり消去しようとするのである。

それゆえ自我超出型の存在様式は、先の二つの存在様式のマイナス面をともに乗りこえて行こうとする存在様式だと言ってよい。裏返せば、「他者のなかに私が生き、私のなかに他者が生きる」という自我包摂型の存在様式がもたらす「合一化」のプラス面と、「他者は他者、私は私」という自我強化型の存在様式がもたらす「主体化」のプラス面をともに生かそうとする存在様式だということである。要するに結論的に言えば、自我超出型の存在様式とは、あくまで底無き底としての絶対の無に限りなく自我を開きながら、一方では合一化の存在様式においてありつつ、しかも同時に他方では、人は人、我は我なりの個性化の存在様式に向かいつつ、可能なかぎり利己心を解消しようとする存在様式なのである。西田哲学独自の用語を使えば、それは絶対矛盾的自己同一の存在様式だということである。

しかし現実には先にも言ったように、日本人の多数派を占めているのは自我包摂・自我強化ジレンマ型の存在様式である。これを心理学の用語を使って、アイデンティティ混乱型の存在様式と呼んでもよい。アイデンティティを喪失しているのではない。アイデンティティが矛盾に引き裂かれ、混乱しているのである。この不安定な存在様式のなかで日本人は苦しんでいる。自業自得だと言ってしまえばそれまでのことだけれども、何とかしてこの窮地から脱却しなければならない。それには自我超出型の存在様式しかない、それが筆者の立場である。

おそらく人はこれに対して、あまりに現実離れしていると批判するだろう。なるほどそうかもしれないが、それでもなおあえて言おう。現実離れしているように見えるからこそ、類・種・個いずれのレベルにおいても、人は苦しみ続けるほかないのであると。

第三節　実質主義からアイデンティティ混乱型へ

敗戦後、多くの日本人は己の欲望に忠実に生きること、見せかけの真善美、上っ面だけの道徳的・宗教的品性などにとらわれず、欲しいものは欲しいといい、嫌いなものは嫌いという、そういう生き方をしてきた。こう言ってよければ、徹底した実質主義の生き方をしてきた。格好をつけずに、ただひたすら便利で快適な生活を求めて、ガムシャラに、なりふりかまわずに生きてきた。時に甘えながら、時に孤独に陥りながらも、遮二無二生きてきた。たとえば無頼派の作家・坂口安吾は敗戦直後の日本にあって、日本および日本人に向かって次のように呼びかけた。

「人間の、また人性の正しい姿とは何ぞや、欲するところを素直に欲し、厭な物を厭だと言う、要はただそれだけのことだ。好きなものを好きだという、好きな女を好きだという、大義名分だの、不義は御法度《はっと》だの、義理人情というニセの着物をぬぎさり、赤裸々《せきらら》な心になろう、この赤裸々な姿を突きとめ見つめることがまず人間の復活の第一の条件だ。そこから自分と、そして人性の、真実の誕生と、その発足が始められる。」（『堕落論』、角川文庫、一〇九頁）

事実、日本人はこの安吾の呼びかけ通り、生きてきたのではないか。誰から何と非難されようと、かまわずにそう生きてきたのではないか。そしてそのあげくのはてに、いま日本人は矛盾に引き裂かれたアイデンティティのなかで混乱し、いったいどう生きていったらよいのか、わけがわからなくなってしまっているのである。

これを心理学的類型として、アイデンティティ混乱型と呼ぶこともできよう。しかしそう呼んだからといって、事態が変わるわけではない。豊かな社会の実現とひきかえに、いじめ・不登校・家庭内暴力・自殺・少年犯罪等々、従来の常識を覆す社会問題・教育問題が続出するなか、いったいどう生きて行けばよいのか途方に暮れているのである。

いまさら単純に自我包摂型の存在様式に帰れとも言えない。無理に帰ろうとすると、戦前の二の舞になる恐れがある。さりとて自我強化型の存在様式は現実の西洋社会の有り様を見ているとあまりにも問題がありすぎる。西洋かぶれのいわゆる進歩的知識人の尻馬にはもう乗れない。いい面がないとは言わないけれども、もうこれ以上は乗るべきではない。しかしだからといって、場当たり的な対症療法ではもうやって行けない。では、どうすればよいのか。これこそは現代日本最大の課題ではなかろうか。

第四節　無の愛

人は互いに傷つけあい、苦しめあいながら生きている。もとより人は人を愛したいと思っている。どこまでも深く愛したいと思っている。しかもそれでいて、本当に人を愛するとはどういうことかわからないままに、やはり互いに傷つけあい、苦しめあいながら生きている。何と人間とは矛盾に満ちた生きものであることか。

真の愛とはいったいどういうものなのであろうか。愛の問題は人生の根本問題であるだけに、人間であるかぎり誰もがそれに思いを致してきた。単に歴史上、その名をとどめてきたすぐれた「愛の思想家」だけの問題ではない。有名無名、誰もがそれに思いを致してきた。それゆえここでは筆者自身の思いを簡潔に論じて行くことにする。

愛とはまず何よりも他者と合一化しようとする存在様式である。他者のなかに私が生き、私のなかに他者が生きるようになる存在様式である。他者のなかに入り込み、他者となって感じ、考え、行為する存在様式である。その際、その他者は生者・死者を問わない。たとえ数百年前の人であっても、その時間の隔たりを一気に貫いてその人とひとつになるのである。真偽・善悪・美醜・好悪すべてを超えて、その人とひとつになるのである。たとえわけのわからない面が多々あるにしても、それをも超えて、その人とひとつになるのである。この存在様式なくして愛はない。それは愛の不可欠の構成要素である。

しかしここで是非とも注意しておかなければならないが、だからといって、この合一化の存在様式は決して自他二元が消去されたところに向かうのではないし、また向かってはならない。それは見当はずれに陥ることになる。我々の生きるこの現実の世界は至るところ自他二元に満ちている。それゆえ苦しみも多い。耐えがたい苦しみもある。しかしだからといって、この自他二元の世界から離れてどこに行こうとするのか。かりそめの離脱は空しいだけである。それに、生きているかぎり、実際にはこの世界から離れることなどできない。離れることができたかのような錯覚に陥るだけのことである。それゆえ自他二元の世界が消去されたところを想定して、それに向かうようなことをしてはならないのである。ここで言う合一化の存在様式は、そうではなくて、まさにこの現実の自他二元の世界そのものにあって、その自他二元の世界を貫き、包摂した存在様式である。自他矛盾、自他対立、自己の不可解さ、他者の不可解さをそのまま受け入れたうえで、しかもそれを貫き、包摂した存在様式なのである。

しかしながら、もし我々が無の意識に裏づけられていないならば、つまり底無き底としての無の意識に裏づけられていないならば、この合一化の存在様式は不可避的に、かつ気づかないうちに歪む。つまり不自然に自他二元から離脱しようとしたり、いわゆる甘えの状態に陥り、自己を見失ってしまうことになる。

それゆえどこまでも無の意識に徹しなければならない。どこまでもどこまでも徹しなければならない。そしてそのとき自ずからこの無の意識は、「他者は他者、私は私」の自他二元の存在様式を生かそうとする。為しうるかぎり、我も生かし他も生かそうとする。我々をして、一方では深く合一化しながら、しかも同時に他方では、他者が他者として、私が私として独立自尊、主体的に生きるよう促す。各自がそれぞれ「私の世界」と言いうる独自の世界を形成するよう促すのである。

この無の意識に裏づけられ、貫かれた愛を筆者は無の愛と呼んでいる。この愛の存在様式こそ、まさに自我超出型の存在様式の別名である。そしてこの存在様式が真に実現されたとき、人は心の底から生きていることに充実感を感じるのである。

第十一章　思想認識管見

第一節　思想的雑居性の容認

かつて政治思想史家・丸山真男は、日本における思想的座標軸の欠如を「思想的雑居性」（あるいは「精神的雑居性」）と呼び、次のように書いている。

「私達の思考や発想の様式をいろいろな要素に分解し、それぞれの系譜を遡るならば、仏教的なもの、儒教的なもの、シャーマニズム的なもの、西欧的なもの――要するに私達の歴史にその足跡を印したあらゆる思想の断片に行き当るであろう。問題はそれらがみな雑然と同居し、相互の論理的な関係と占めるべき位置とが一向判然としていないところにある。そうした基本的な在り方の点では、いわゆる「伝統」思想も明治以後のヨーロッパ思想も、本質的なちがいは見出されない。」（『日本の思想』、岩波新書、八―九頁）

今筆者は、「欲望のコントロール」という問題意識をもっている。いったいどうすれば欲望をコントロールできるのか、なぜ、何のために欲望をコントロールする必要があるのか、それに対して、何とか納得づくの答えを得たいと思っている。この場合、その答えを得るための有力な手続きとして、先人の思想的遺産から学ぶということがある。独り善がりに陥らないために、これは必要不可欠の手続きである。

その際、思想的雑居は、まことに都合がいい。選り取り見取り、何でもある。変に一大思想体系が正統派として威張っていたら、こうは行かない。必ずや他の思想は異端として弾圧され、消滅するか地下に潜るかせざるをえない。それにくらべて、思想的雑居には、そうした硬直した陰惨さがない。各思想は反発したり混淆したりしながらも、それぞれがそれぞれなりに顕在化し続けることができる。相互の論理的関係性など、あろうとなかろうと、かまわない。欲しければ、愚痴をこぼさずに、こちらでつければいい。

思想的雑居には、思想の断片しかない、と丸山は言う。思想の断片で結構。所詮、思想などというものは、人生の断片でしかない。たとえそれが一大思想体系を成していようと、そのことに変わりはない。しかし、そう言うときっと、その言い方こそが日本的だと言われかねないが、言いたければ、どうぞ御随意にと言うほかない。そう言われて、ハイそれでは撤回しますというわけには行かない。

それに、思想の断片がダメなら、その断片を手がかりに、本家本元にあたればよい。もっとも、たとえ断片といえども、必ずそこには何らかのかたちで思想的独自性があるはずだから、何もわざわざ本家本元にあたらなくとも、それで十分だといえば十分である。

思想的雑居のどこが悪いというのか。大東亜戦争を引き起こしたからなのか。それなら、たび重なる植民地戦争や二度にわたる世界戦争を引き起こした欧米の思想的整然性、かりに思想的整然性だとして、その思想的整然性は悪くないのか。いや、こんな粗雑な議論はやめよう。阿呆らしい。

要するに、思想的雑居性に負い目を感じる必要など全然ないのである。肝心なことは、自分自身の問題意識にそくして、その雑居思想から何を学ぶかということだ。つまみ食いであろうと大いなる誤解であろうと何であろうと、かまわない。自分で納得できるなら、それでいいのである。

そこでついでに、これと関連して、文芸評論家・加藤周一の次の言葉を挙げておこう。

「英仏の文化を純粋種の文化の典型であるとすれば、日本の文化は雑種の文化の典型ではないかということだ。

私はこの場合雑種ということばによい意味もわるい意味もあたえない。純粋種に対しても同じことである。よいとかわるいとかいう立場にたてば、純粋種にもわるい点があり、雑種にもおもしろい点があり、逆もまた同じということになるだろう。しかしそういう問題に入るまえに、雑種とは根本が雑種だという意味で、枝葉の話ではないということをはっきりさせておく必要がある。」(『雑種文化』、講談社文庫、三一―三二頁)

その通りである。たしかに加藤周一の言う通りである。英仏の文化が本当に純粋種かどうか、はなはだ怪しいけれども、それはともかくとして、こと日本文化に関しては、文化的雑種であることは否定すべくもない事実である。私にかぎらず、等しく誰もが認めるところであろう。どうあがいてみたところで、この事実をチャラにすることはできない。それなら、いっそのこと、悪あがきせずに、この事実を前提とした上で、日本は日本なりの文化を作って行くほかないし、作って行こう、というのが加藤の主張するところである。まったく同感である。同感ではあるが、しかしこれだけの話なら、所詮は、ただのスローガンでしかない。問題は、こうした文化論以前に、御当人がどんな問題意識をもち、それに対して、どう答えようとしているかということである。それ抜きで、文化的雑種を云々してみても、ハイそうですかで、それ以上何も大したものは出てこないであろう。

思想的雑居性に関しても、事情は同じで、単に思想史上のレベルで、これ以上何を言っても、あまり生産的ではないので、これで切り上げることにする。

第二節　思想認識の方法

我々が過去のすぐれた先人の思想から学ぼうとする場合に、是非とも必要なものは、いわば共感的認識とでも言うべき認識である。思想を、まるで物体のごとく、外からあれこれ論ずるのではなく、その思想の内部に入り込んで、その思想の流れにそくしつつ、その思想の本質をとらえる力が必要である。

ある思想家の金銭感覚がどうの、酒癖、女癖がどうの、夫婦関係や友人関係がどうの、と根掘り葉掘り調べ上げるのは、結構おもしろいけれども、しかしその思想家の思想自体に対する共感的認識をきちんと踏まえていなければ、ただの身辺雑記、覗き趣味とたいして変わらない。あるいはもう少し高級に、ある思想家の思想と生活のズレを通じての、その思想家のパーソナリティ分析や、ある思想家の思想の時代背景や思想史的位置の解明といった対象的認識もまた、共感的認識を踏まえていないかぎり、あまり生産的ではない。

ところが、肝心のこの共感的認識が容易ではない。相当の密度でその思想とつきあわないと、その内部にまで入り込むことができない。しかも、いくらつきあっても、どうしても入り込めないものがある。そのほうが多いぐらいである。俗な言い方をすると、相性が合わないのである。もっとも、こちらの心境の変化で、合わなかったものが合うようになることもあるから、一概に決めつけないほうがよいが、それにしても共感的認識は実にむつかしい。それにくらべて、対象的認識は比較的容易である。容易といっても、緻密なものになると、それなりに結構厄介ではあるが、しかし厄介といっても、所詮は外から観察しているだけで、気分的に楽である。

共感的認識の場合には、そうは行かない。ひとつの思想にピッタリ寄り添いながら、その思想の根本本質に肉迫して行かねばならず、しかもそれは抜き差しならぬ仕方で、こちら側の思想や生き方の変容を迫ってくる。そこが対象的認識と根本的に異質である。

しかしだからといって、ある特定の思想や思想家に惑溺しないほうがいい。やはり一方では、その思想家のパーソナリティ分析も必要だし、またその思想なり思想家の置かれた時代背景や思想史的位置を客観的に分析する対象的認識も必要である。身辺雑記すら必要である。それだけだと、とかく品がなくなる対象的認識も、共感的認識を踏まえてさえおれば、かえって不可欠の認識となるのである。

そしてその上でなお、ある特定の思想なり思想家に強く引きつけられるというのであれば、それはそれで素直に受け入れればいい。本当に思想を認識するとは、そういうことだからである。しかし断っておくが、これは完壁に思想を認識し尽くすということとは別である。そんなことができるわけがない。その思想の当の担い手自身にすら、できているかどうかあやしいのに、ましてや他人にできるわけがないのである。

もちろん、他人のこちらが、当人にとって思いもよらない仕方で、その思想を認識することは十分にありうる。しかしそれが当たりであるかどうかは、まったく保証のかぎりではない。たとえかりに当人自身が、こちらの認識を承認したとしても、である。それほどに思想を認識することは、得体の知れないことなのである。

第三節　思想認識の基本的立場

今かりにある人が、ある問題意識をもち、それに対して、自分なりに納得の行く答えを得たいと思っているとする。その際、その有効な方法として、過去の思想的遺産のなかに、その答えを探し求めるということがある。しかし見つからない。見つからないはずで、もともと過去の思想的遺産のなかに、答えなどないのである。探せばいつかは見つかるというものではなく、絶対に見つからないのである。あるのはただ、手がかりだけである。

ところが人は、とかく答えがあると思い、現にその通り、答えを見つけ出してしまう。そして、それに過剰依存する。そこから、思想への甘え、思想家への甘えが生まれる。もっと大袈裟な言い方をすれば、歴史への甘えが生まれる。たとえば、ある人が最近、痛烈な唯円批判をしているが、しかしこと親鸞には全面依存である。その唯円批判は、唯円はずし、邪魔な唯円を除いて、もっと直截に親鸞によりかかりたい、甘えたいという思いから出ているのではないかと勘ぐりたくなるほどの、過剰なまでの全面依存である。

過去の思想、過去の思想家によりかかってはならない。それは不可避的に、自分を見失わせる。当人は、自己発見のつもりかもしれないが、甘えから、本当の自己発見は出てこないのである。

時間は流れる。しかも時間はつねに、そのつどそのつど異質で、どの瞬間も同質の時間ではない。それゆえ当然、現在は過去の複製子（コピー）ではないし、過去もまた現在の複製子ではない。そんなことは、誰でもわかっているはずだ。それなのに、とかく複製子扱いし、その結果、過去に答えを見つけ出してしまう。まことに困ったものである。

しかしもちろん、過去に手がかりを見つけることはできる。導きの糸、ヒントと言ってもいい。それは見つけることができるし、見つけるべきである。そして、それを踏まえつつ、自分の答えは自分で見つけること、つまり自分なりの思想を形成することである。

マクロ的に見れば、我々は宇宙のゴミにすぎない。ゴミというのが言いすぎなら、微粒子にすぎない。だが、どの微粒子も、かけがえのない微粒子なのである。

第四節　思想認識の喜び

「人の知恵を借りようとも思わず、人の指図《さしず》を受けようとも思わず、人間万事天運に在りと覚悟して、勉めることは飽くまでも根気よく勉めて、種々様々の方便を運《めぐ》らし、交際を広くして愛憎の念を絶ち、人に勧めまた人の同意を求めるなどは十人並みにやりながら、ソレでも思うことのかなわぬときは、なおそれ以上に進んで哀願はしない、ただ元に立ち戻って独り静かに思い止《とど》るのみ。詰まるところ、他人の熱に依《よ》らぬというのが私の本願で、この一義は私が何時《いつ》発起《ほっき》したやら、自分にもこれという覚えはないが、少年の時からソンナ心掛け、イヤ心掛けというよりもソンナ癖があったと思われます。」（『福翁自伝』、岩波文庫、二七二頁）

こういう文章に触れると、うれしくなってしまう。我が意を得たりの感がする。

福沢諭吉といえば、幕末維新期最大の思想家で、その思想全体を貫いているキー・ワードは、「個人主義」である。無論、福沢自身は、いまだこの言葉を知らず、これとは別の「自主独立」とか「独立自尊」といった言葉を使っているが、その意味するところは同じであり、右記の文章は、その個人主義の基本階調が生き生きと表明されている。

ところで、この文章にもまた、「天運」という、「天」を冠した言葉が出てくるが、福沢の場合、何か核心的なことを言わんとするとき、決まって「天理」とか「天命」といったふうに、「天」を冠した言葉が出てくる。何も付加せずに、端的に「天」と言うこともある。現に、名著『学問のすゝめ』の冒頭は、これまた有名な「天は人の上に人を造らず人の下に人を造らずと言えり」で始まっている。

それにしても、この文章は、わかったようで、わかりにくい面をもっている。それは、文末の「言えり」である。いったいこの「言えり」の主語は「誰」なのか、あるいは「何」なのか。「天」なのか、それとも別の「誰か」、あるいは「何か」なのであろうか、そこのところが不分明で、どちらにでも解釈可能である。

私自身は、この「言えり」の主語は、「天」だと勝手に解釈している。では、この「天」とはいったい何なのか。これがまた、わかりにくい。福沢自身は、いたるところで「天」という言葉を多用しながら、この「天」それ自体について、ほとんど定義らしい定義を与えていない。それでも、晩年のエッセイ集『福翁百話』の冒頭で、次のように言っているところがある。

「宇宙は誰《た》れかに造られたるものか、又は自然に出来たるものかとは、宗教論の喧《かまびす》しき所なれども、その議論は姑《しばら》く擱《さしお》き、我輩に於《おい》ては唯《ただ》今の宇宙のそのまゝを感じて、その美麗、その広大、その構造の緻密《ちみつ》微妙なる、その約束の堅固《けんご》不抜《ふばつ》なるに感心するのみならず、之《こ》れを思えば思うほどいよいよますます際限なく、唯独《ひと》り茫然《ぼうぜん》として止《や》むのみ。是《ここ》に於てかこの広大無辺なる有様を、神の力と云《い》う者もあり、如来《にょらい》の徳と云う者もあり。至極《しごく》尤《もっと》もなる次第にして、物の有様はありありと吾々人間の五官に触れ精神に感じながら、その名なくしては甚《はなは》だ不都合なれども、左《さ》ればとて我輩はその神を知らずその如来を知らざれば、明《あきらか》に神とも如来とも明言するを得ず。依《よっ》て案ずるに、吾々が幼少の時より人の力に叶《かな》わぬ事に逢えば、天なり天道なりと言流《いいなが》し聞流《ききなが》したる習慣こそあれば、仮《か》りにこの天の字を用いて宇宙現在の有様を代表せんと欲するものなり。但し天と云い又は天道、天工、天意など云えばとて、その天とは吾々の仰ぎ見る青空にもあらず又太陽にもあらず、唯宇宙に行わるゝ無《む》量《りょう》無《む》辺《へん》、無《む》始《し》無《む》終《しゅう》、至《し》大《だい》至《し》細《さい》、至《し》強《きょう》至《し》信《しん》、到底人智を以《もっ》て測るべからざる不可思議の有様を、天の文字に託するまでのことなれば、人々の思い思いに更《さ》らに穏当なりと認《したた》むる文字もあらば会釈なく之《これ》を改めて可なり。」(『福翁百話』福澤諭吉著作集第11巻、慶應義塾大学出版会、四―五頁)

ここでもまた私自身は深読みして、福沢の「天」は、仏教で言う「空」や「無」と相通じていると勝手に解釈している。福沢は、ある特定の実体的存在者としての「神」や「仏」を認めていなかった。そういうものとしては、「天」すら認めていなかった。徹底的に認めていなかった。そして、そうであったがゆえに、絶対の空・絶対の無としての天の「声」(あるいは「理」や「命」)をよく聞きえたのである。人はとかく無神無仏、すなわち無信仰と見なしがちだが、しかし必ずしも両者は一致するわけではない。福沢は、たしかに無神無仏の人であった。しかし決して無信仰の人ではなかったのである。

福沢の「個人主義」は、この「天」に裏づけられていた。両者はワンセットのものであった。そこに、なぜ福沢の「個人主義」があれほど欲望のコントロールに長けていたか、の秘密がある。

たしかに晩年、福沢は、「脱亜論」という大きなミステイクを犯した。それは、言い訳のきかぬミステイクである。しかしそれでもなお、福沢の個人主義は評価に値する。人には誰でも過ちがあるし、それに後の人が前の人を批判するのはたやすいことである。結果論で人を批判するのはたやすい。まるでピッチャーがボールを投げ終わった後で、あんなボールを投げてはダメだと、わかったような批判をする、へたな野球解説者のようで、あまり生産的ではない。

それに、福沢が、もし今生きていて、直接彼自身に、その批判が向けられたら、きっとためらうことなく自らのミステイクを素直に認め、謝罪するにちがいない。それが、福沢の個人主義の当然の帰結なのである。

と、このように、思想をあれこれ認識して行くことは当然、こちら側の思想や生き方の変容を迫ってくるものであり、これは、苦しいながらも、実に楽しく、人生において、思想の認識もまたひとつの喜びである。要するに、それが私の結論である。

最後に、同じ『福翁百話』のなかの私の好きな一節を挙げておこう。ここに天に裏づけられた福沢の個人主義の精髄がうかがえるであろう。

「人生を戯と認めながらその戯を本気に勤めて倦《う》まず、倦まざるが故に能く社会の秩序を成すと同時に、本来戯と認るが故に、大節に臨んで動くことなく憂ることなく、後悔することなく悲しむことなくして安心するを得るものなり。」(前掲書、三四頁)

第十二章　自我主義批判

第一節　サルトルの実存主義

「実存は本質に先行する」、これはサルトルの実存主義における基本テーゼである。一般によく知られた基本テーゼであるが、しかしなんのことはない、これを伝統的な認識論の用語で言えば、要するに一種の生得観念否定論である。それゆえ「質料は形相に先行する」、あるいは「存在は観念（イデア）に先行する」と置き換えることができよう。

しかもそこでは、「本質から実存へ」の逆プロセスの担い手としての神、認識論的に言えば、「形相から質料へ」、「観念から存在へ」の逆プロセスの担い手としての神の存在は否定される。何のためらいもなくあっさりと否定される。彼は次のように言う。

「実存主義は神が存在しないことを力を尽くして証明しようとするような意味での無神論ではない。そうではなくて、むしろそれは、たとえ神が存在しようと、何も変わりはしないであろうと宣言するのである。」（JEAN-PAUL SARTRE, L'EXISTENTIALISME est un humanisme, COLLECTION PENSÉES, LES ÉDITIONS NAGEL, p. 95.）

ここにあるのは必死の否定も肯定もない冷ややかな無神論である。理屈以前に、そもそも神の存在などに関心のない無神論である。もはやニーチェやドストエフスキーに代表されるごとき、あの十九世紀型の重苦しく陰鬱で狂おしいばかりの無神論ではない。ついに西洋の無神論はここまで来たのである。

しかしそうなると、存在は無規定的なものとなる。私自身をも含めて、いかなる存在といえども、絶対的な仕方で規定することはできない。存在というものは、それ自体においても、また他のいかなる存在との関係によっても決して規定されえない。存在はいかなる規定のうちにも閉じ込めることができず、それからはみ出し、あふれ出ている。それゆえ世界の諸事物にとって私は「余計者」（de trop）であり、私にとって世界の諸事物は「余計者」である。あらゆる存在は孤独のうちに見捨てられているのである。

それゆえにまた、存在はまったき偶然性においてある。いかなる存在にも、必然性、自己原因、自己目的などない。あらゆる存在はいかなる存在理由もなく生まれ、存続し、そして滅び去って行く。ただそれだけのことである。

そしてそれを通じて、ついにサルトルは個々の存在のこの不条理を超えて、存在一般の不条理、つまり世界という存在そのものの不条理を発見する。それが「即自存在」（l'être-en-soi）である。彼はこれについてパルメニデスの定義に倣って次のように言う、「即自存在とはそれがそれであるところのものであり、それであらぬところのものであらぬような存在である」と。即自存在は絶対の充実においてあり、時間と空間を超越し、増えもしなければ減りもせず、進化も退化もなく、運動も場所ももたないのである。

一見すると、なにかこれは仏教の「無」や「空」を思わせるものがあるが、しかし全然違う。似て非なるものである。サルトルにおける即自存在は不定形のカオスであり、しかもそれは、ねばねばしたもの、どろどろしたもの、ねとねとしたもの、ぬるぬるしたもの、べたべたしたもの等々、粘着的なイメージでとらえられているからである。それがサルトルの実存主義の根底にあるものであり、それに襲われたときの全身感覚的な気分こそ、「嘔吐（吐き気）」（la nausée）と彼が呼ぶところのものなのである。

そしてこの底無しの粘体としての即自存在のただなかに、理由もなく自己意識的存在としての「対自存在」(l'être-pour-soi)が出現する。通常は「自我(私)」と呼ばれたり、あるいは類的概念として「人間」と呼び慣わされているところの対自存在が出現する。この対自存在は自己のうちに微妙な分裂をかかえている。したがって自己と世界の諸事物とのあいだにもまた微妙な分裂をかかえている。微妙ではあっても、絶対に解消することのできない分裂をかかえている。分裂していて分裂しておらず、分裂しておらずして分裂しているところの微妙な分裂をかかえている。それが彼の言う「無(虚無)」(le néant)であり、時に「存在の穴」(le trou de l'être)と呼ぶところのものである。

対自存在としての私はたえず自己を意識している。「体調がすぐれない」とか「自分は怠け者である」とか、あるいは「他者の前でたえずポーズをとっている自己」を意識している。どんなに我を忘れているように見えようと、どこかにその我を忘れている自己を意識している自己がいるのである。しかもその際、そのように意識している自己はそのように意識されている自己と截然と分裂しているわけではない。それゆえ、たとえば体調がすぐれない自己を意識している自己は、一面ではたしかに体調のすぐれない自己である。だが他面では、そうであるかぎりにおいて、この体調のすぐれない自己を意識している自己は、体調のすぐれない自己ではないのである。逆に言えば、体調のすぐれない自己を意識している自己は一面では体調のすぐれない自己ではなく、しかもそうであるかぎりにおいて、他面では体調のすぐれない自己だということである。ただしこの場合、そのように意識されている自己は対象化され現象化されたかぎりでの自己であって、即自存在としての自己それ自体ではない。即自存在としての自己それ自体とは絶対の断絶において截然と分離されているからである。

さらにまたこの対自存在としての私は世界の諸事物との関係においても微妙な分裂においてある。私がある事物を見聞覚知したとき、一面では私はその見聞覚知された事物であるが、しかし他面では、そうであるかぎりにおいて、その見聞覚知された事物ではなく、また逆に一面では見聞覚知された事物でないかぎりにおいて、他面ではその見聞覚知された事物なのである。ただしここでもまた、その見聞覚知された事物は事物それ自体ではなく、あくまで対象化され現象化されたかぎりでの事物であることは言うまでもない。対自存在は即自存在としての事物それ自体とは絶対の断絶において截然と分離されているからである。

この微妙な分裂は決して解消できない。解消できたかのように思いこむことはできるし、それどころか、もともとこの微妙な分裂など存在しないかのように思いこむこともできる。この「思いこみ」をサルトルは、「不誠実」(la mauvaise foi)とか、あるいは「くそまじめの精神」(l'esprit de sérieux)と呼んでいるが、しかし思いこむことはできても、解消することは絶対にできない。何をどう感じ、考え、為していようと、絶対に解消できない。解消してしまえば、もはや対自存在は対自存在ではなくなり、即自存在に転化してしまうからである。そこで彼はこの対自存在を定式化して次のように言う、「対自存在とはそれがそれであらぬところのものであり、それであるところのものであらぬような存在である」と。

対自存在が対自存在であるのはこの微妙な分裂あるがゆえであり、そしてこの微妙な分裂こそが自由の根拠なのである。サルトルの言葉に、「人間は自由の刑に処せられている」という有名な言葉があるが、それは「人間は微妙な分裂の刑に処せられている」ということにほかならないのである。

それゆえ対自存在は自らの置かれた状況に拘束されない。一面では拘束されながら、他面では拘束されない。対自存在は自らの置かれた状況を自らの存在において主体的に引き受けつつ、未来に向かってそれを乗りこえて行く存在である。状況に拘束されつつも、多様な可能性のなかから、ある特定の可能性を決然と選択し、未来に向かって自己を投企し、不断に自己を作って行く存在である。自己の性格も人生もすべて然りである。彼は言う、「人間は自ら作るところのもの以外の何ものでもない」(ibid., p. 22.)と。それゆえサルトルにあっては、いわゆる「選択の無動機性」は否定される。アルベール・カミュが、その作品『異邦人』のなかで試みた選択の無動機性は否定される。彼においては、人間はつねに「状況―内―存在」(être-en-situation)であり、あくまで状況に拘束されつつ状況を作って行く存在だからである。

それゆえ対自存在はいかなる道徳的・宗教的法則にも、いかなる社会科学的・歴史科学的法則にも拘束されない。有無を言わせない自然科学的法則にすら拘束されない。一面では拘束されながら、他面では決して拘束されない。むしろそうした一般法則を自由に作り直して行く存在だということである。

こうしたサルトルの見方は一見すると尤もらしいが、しかしこの見方に従うとき、不可避的に自己矛盾に落ち込むことになる。なぜなら私が何をどう感じ、考え、為していようと、そうしている自己を微妙に距離をとって意識している自己がいるからである。たとえば仮に私が「嘘をつかない」という道徳的法則に従おうとするとき、その従おうとする自己を微妙に距離をとって意識している自己がおり、その自己はこの道徳的法則に従いながら、しかも他面では従ってはいないのであり、あるいはまた他者に対して自己の非を認め、謝罪しても、その謝罪する自己を微妙に距離をとって意識している自己がおり、その自己はこれまた謝罪する自己であって、同時に謝罪する自己でないのである。明らかにこれは自己矛盾以外の何ものでもないであろう。この微妙に分裂し、距離をとった意識をサルトルは「非反省的コギト」(le cogito irréflexif) とか、「非定立的意識」(la coscience impositionnelle) とか呼んだりしているが、どう呼ぼうと、そうしたことにかかわりなく、対自存在としての私は自己矛盾に落ち込まざるをえないのである。サルトルは「静寂主義」(le qiétisme) や「観想の哲学」(la philosophie de la contemplation) を否定して、「行動のなかにしか現実はない」(ibid., p. 55.) と言うが、しかしその行動が自己矛盾的である以上、その現実もまた自己矛盾的であらざるをえないであろう。それゆえこの見方に従うとき、自由であるとは自己矛盾的であるということにほかならず、しかもサルトル自身、そのことにどこか開き直っているところがあるように思われるのである。

たしかに人間は自己矛盾に陥りがちである。ある人やある物事を信じていても、反面どこか信じていない自己がいる。どれほど信じていようと、どこか信じていない自己がいる。自己自身に対してすら、信じているようで、信じていない自己がいるのである。それゆえサルトルの自己論（あるいは自我論や私論）はなかなかしたたかで侮りがたく、そう簡単には乗りこえられない面がある。すっきりとは納得し難いにしても、それでもたしかに誰にでも思い当たる節があるからである。

しかしだからこそ乗りこえて行かねばならない。ただしここで言う「乗りこえ」とは自己矛盾を総体として解消することに向かうことではない。そうではなくて、この自己矛盾をあるがままに受け入れることである。開き直るのではなく、ただ素直に受け入れ、それを慈しむこと、そしてそのうえで所有欲や支配欲、虚栄心や嫉妬やうぬぼれ等々、種々の利己心を生む自己矛盾の解消に努めることである。自己矛盾それ自体は解消できないし、また解消する必要もない。自己矛盾それ自体は善くも悪くもない。言い換えれば、善くも悪くもなるということである。その分岐点は利己心を生み、助長するかどうかというところにある。それゆえ肝心なことは利己心を生み、助長する自己矛盾を可能なかぎり解消することなのである。しかしサルトルはそのことにまったく触れない。人間は自己矛盾的である、ただそのことに開き直っているだけであり、それではどうしようもないのである。なるほど彼は、その哲学的主著『存在と無』の最後のところで、次の課題として道徳を置くが、しかし結局、その課題が果たされなかったのも、対自存在の自己矛盾性に開き直っているかぎり、やむをえざる当然の結果と言うほかないであろう。

さらにそのうえ、サルトルの実存主義には、したがってまたその哲学的基盤にある現象学的存在論には根本的な問題点がある。

サルトルは、デカルト、カント、フッサールの自我論はすべて「独我論」（le solipsisme）の壁を打ち破れていないと批判する。その批判は正しい。しかしその当のサルトル自身の自我論もまた独我論を打ち破れてはいないのである。

サルトルが対自存在としての他者の存在証明の決定的な根拠としたのは、他者の「まなざし」（le regard）であった。すなわち他者のまなざしによって、「対他存在」(l'être-pour-autrui)へと転化させられることによって、対自存在としての私は対自存在としての他者を発見する。換言すれば、他者の眼前で対象性のレベルに下落することを通して、逆に対自存在としての他者の自由そのものを発見するということである。他者が私のまなざしに抗して、逆に私自身にまなざしを投げ返すことによって、私は他者の自由なまなざしを発見するのである。

しかしはたして本当に他者のまなざしの発見に成功しているのであろうか。否である。サルトルにおいては、私のまなざしと他者のまなざしとは相互否定、相互対立関係においてある。そのことを彼は、サディズム―マゾヒズム関係として詳細に論じている。それゆえ他者のまなざしの発見というが、その発見ということ自体、私の自由なまなざしによって可能となる、いやもっと正確に言えば、その発見という働きそのものが私の自由なまなざしであるのだが、しかしそうだとすると、私は決して他者のまなざしを発見することができないということになる。なぜならサルトルによれば、私が自由なまなざしである場合には、他者は徹底して対象性のレベルに下落してしまっているのであって、他者のまなざしはどこにも見出されないからである。私が私自身のまなざしによって発見しえるのは徹頭徹尾ただ対象化された他者だけであり、他者のまなざしを発見したと思った瞬間、すでにそれは対象化されたまなざしに下落してしまっているのである。私が対他存在へと下落することによって発見しえたと思った他者の自由なまなざしは実は、対象化されたまなざしでしかなく、一個の幻想にすぎないのである。こうしてサルトルの自我論もまた独我論を免れないのである。

なるほどサルトルは独我論を免れるために責任論を持ち出して次のように言う、「我々各人は自己を選ぶことによって万人を選ぶ」(ibid., p. 25.)と。それゆえ彼によれば、たとえば私が結婚し、子どもをつくることを選んだ場合、そのことによって私は一夫一婦制の方向へと全人類をアンガジェ(関わらせ拘束)したのであり、またそうすることによってしか自己を結婚へとアンガジェすることができないのであり、したがって私は私自身の行動において、単に私自身に対して責任があるだけではなく、さらに万人に対して責任があるのだということである。

しかしこの責任論は、その哲学的主著『存在と無』で展開された彼の基本的立場と矛盾する。なぜならそこでは、私と他者は乗りこえがたい相互否定・相互対立の関係においてあるのであって、本来「我々」（Nous）という共同関係は成立しえないとされていたはずだからである。彼の基本的立場においては、「我々」というのは単なる心情的経験にしかすぎないのである。しかしそうなると皮肉にも、サルトルの責任論自身、そのサルトルという一個人の勝手な幻想であり、単なる心情的な一人相撲に陥らざるをえなくなるであろう。もちろん彼の自己矛盾論からすれば、矛盾したってかまわないのかもしれないが、しかしだからといって、それで一人相撲でなくなるわけではないのである。

しかしそれにしても、どうしてそういうことになってしまうのか。

要するにそれは、自意識過剰の対自存在にしがみつき、すべてをそこから始めようとするからである。対自存在にとらわれ、執着しているかぎり、他者に到達できないまま対自存在の牢獄に閉じ込められ、しかもこの牢獄の内には自己矛盾という空虚な穴が至るところに穿たれているのである。

しかし思うに、閉じ込められたのではなく、自分で閉じ込もったのである。自分から進んで入ったのである。だとすれば、自分で出て行くこともできるのではないか。

たしかに理屈としてはそうなのだが、しかし実際にはこれがなかなか容易ではないのである。これまでせっせ、せっせと牢獄を打ち固めてきており、いまさら出て行こうにも出て行きようがないのである。出口まで打ち固めてしまっているからである。

ではどうすればよいのか。牢獄から外を覗き見たり、天上を仰ぎ見たからといって、牢獄から出られるわけではない。さりとて地下をいくら掘っても、これまた出られない。出るにはただ一つの道しかない。それは、もともと始めから牢獄に閉じ込もってなどいないのだという自覚に目覚めることである。我々はただ対自存在という牢獄に閉じ込められている、あるいは閉じ込もっているつもりになっているだけのことであって、実際には閉じ込められてもいなければ、閉じ込もってもいないのだという自覚に目覚めることである。ただ自分で勝手に対自存在にしがみついているだけのことなのである。

この道しかない。「放てば満てり」と言われる。まさにその通りで、対自存在を手放すことである。手放せば、自由自在に出入り可能となる。牢獄はあってなきが如しとなる。牢獄が消えてなくなるのではない。牢獄はある。厳然としてありながらも、それに閉じ込められることなく、また閉じ込もることなく自由自在に出入り可能となるのである。

しかしそれにしても、いったいどうすれば対自存在を手放すことができるのか。これについては、無の自覚に徹することと応答しよう。対自存在という牢獄の内にも外にも実体がない、いかなる実体もないという無の自覚に徹することである。そのとき自ずから対自存在から抜け出ることになるであろう。そして抜け出たとき、「天地我と同根、万物我と一体」、「他者は他者、私は私でありながら、しかも他者において私を見、私において他者を見る」の存在充実に満たされるのであり、そしてそのことが自ずから我々をして、可能なかぎり利己心の解消に努めることによって、我も生かし他者も生かす道を歩むよう促し続けるのである。

サルトルの実存主義は戦後、時代を代表する一大流行思想であった。しかしその反動のためか、昨今まことに評判が悪い。「実存主義は表層的で、もうすでに乗りこえられた思想だ」とはよく言われることであるが、しかしはたして本当に乗りこえられたのであろうか。実存主義が表層的で深みに欠けるのは筆者も認めるところであるが、しかしだからといって、本当に乗りこえられたと言えるであろうか。好むと好まざるとにかかわらず、我々の誰もがその実存主義の表層性を生きざるをえないし、また現に生きているのに、である。それゆえ「実存主義はもう古い」という、しばしば断ぜられる批判もまたピントがはずれている。特にこの種の批判は、幕末維新期以来、次々と最新の西洋思想を身に纏ってては脱ぎ捨ててきた日本の知識人のあいだでは、お馴染みの批判であるが、ピントがはずれている。本来、思想に古いも新しいもない。肝心なことはその思想が事の実相を突いているかどうかである。そしてたしかに実存主義は実存主義なりに鋭く事の実相を突いているところがある。誰もが日々、その実相を生きている実相を突いているからである。それゆえ容易には乗りこえ難いところがある。たとえその実相が表層的ではあっても、いや表層的であるがゆえにかえって容易には乗りこえ難いところがあるのである。

ではどうすれば、乗りこえられるのか。無の自覚に徹すること、そこからしか本当には乗りこえられない、それが筆者の基本的立場である。

第二節　マルセルの希望論

サルトルからキリスト教的実存主義者と評された同じフランスの哲学者ガブリエル・マルセルに、「希望の現象学と形而上学の素描」（Esquisse d'une phénoménologie et d'une métaphysique de l'espérance: dans HOMO VIATOR par GABRIEL MARCEL, AUBIER ÉDITION MONTAIGNE.）という講演論文がある。ドイツ軍によるフランス占領下、一九四二年二月に、フルヴィエール神学校で行なわれた講演が基になった非常に興味深い論文である。そこでここでは、この講演論文にそくしつつ、マルセルの希望論を見て行くことにする（ただし、この論文からの引用は、煩雑さを避けるため、その引用頁数は一々表記しない）。

希望の条件は、私がもろもろの試練に出くわしているということである。つまり私が「……に囚われている」（être captif de……）ということである。ある外的な強制によって、私の行為そのものがあらゆる秩序の制限を受けているとき、私は自分が囚われているように思われる。しかしこのことは単に運動することや、相対的に自由なしかたで行為することの不可能性を意味するのではなく、むしろまさに感じることの充実、いやそれどころか思惟することの充実でさえもありうる、ある体験された充実に身を委ねることの不可能性を意味しているのである。たとえば、いつまでも続く涸渇性に悩む芸術家や作家、健康を失ってはじめて、そのすばらしさを意識する病人、あるいは彼を失った今になって、彼と直接的に交わっていたときよりも、もっと強く彼のことが思われるようになった恋人、さらには生まれ出ずる子どもを待ち望んでいる女性、不安にさいなまれながら愛を待っている青年等々、その例は尽きることがないであろう。しかしそのいずれの場合にあっても、共通していることは、かつて存在した充実、あるいは将来存在するであろう充実を鋭く意識していながらも、現実にはそこから疎外されて、乗りこえがたい障害に囚われているということである。

これは明らかに人間の条件そのものの性格を浮き彫りにしている。なぜなら人間の条件とは生の危機の必然性、およびそれを排除することができないという運命に根ざしているからである。そしてこの運命に降伏するとき、人は絶望に陥るのである。たとえば、病いに悩んでいる病人は、自分で勝手に事態を決定論的に先取りし、死の影におびえ、ついには自己の生の実在そのものを呪いさえするのである。もはや彼の意識する時間は閉じた時間であり、牢獄としての時間でしかない。こうして彼は目に見えない束縛に降伏し、自己解体してしまう。絶望とは打ち克ち難い人間の条件に直面して、それに降伏し、自己解体することなのである。

それに反して、「ストイシズム（禁欲主義）」（le stoïcisme）は人間の運命を避けることのできないものとして受容しはするが、しかしそのことによって自己解体することは決してない。ストイシズムはあくまで自己を保持し、自己の全体性を防禦しようとする。ストイシズムは来たるべき自己解体に魅せられて、絶望に陥ったりなどしない。ストイシズムは自己の運命を甘んじて受け入れることによって、逆にこの運命を無限に超越しようとするのである。たしかにこれはストイシズムの偉大さである。ストイシズムは「自我（私）」（moi, je）の崇高さの最高段階を示してくれるのである。

しかしストイシズムは依然、自己自身に閉じ込もったままである。ストイシズムは隣人をもたず、ただ自己自身にだけしか責任をとらない孤立状態のうちにある。その意味において、ストイシズムは希望と区別される。しかも希望は自己の運命を甘んじて受け入れるのではなく、むしろそれへの積極的な非受容であるという意味においても、ストイシズムと区別されるのである。要するに希望とは孤独者の行為でも、人間の運命を甘受しようとする行為でもないということである。

そこでマルセルは希望を、直接的なもの、予想されたもの、想い出されたもの、つまり所与の事実を否定して、ある何ものかへと向かう希望として特徴づける。希望は構成され、目録化された経験の総体を排除して、ある何ものかへと向かうのである。しかしながらこの何ものかは決して対象的な、希望する人自身にとって外部的な何ものかではない。そのような対象的な何ものかを「私は希望する」(j'espère)というのは、「私は欲望する」(je désire)の次元のものでしかない。たとえば、ごく卑近な例をあげれば、「明日、ジャックが昼食に来てほしいなあ、ただ午後だけなんて言わないで」というような希望は、「ジャックが私と一緒に、できるだけ長時間いてくれるようになることを私は欲している」という体の対象的な欲望の次元のものでしかないのである。それに反して、真の意味で、「私は希望する」という場合、それは「個々の対象を超越しようとする打ち克ち難い傾向にある」ということである。それゆえそれは「私は欲望する」とはまったく区別されたものなのである。欲するとは想像力にかりたてられて、「持たないという仕方で持つ」という所有の一様式を意味するのであるが、希望はそのような所有とはまったく違った行為様式である。希望は想像力を超越し、したがって所有をその総体において超越することによってはじめて生まれてくるものなのである。

我々が希望に浸透されるのは、我々の財産、知識、経験、さらには、おそらく悪徳よりも美徳といった「所有の甲冑」の裂け目を通してである。換言すれば、「所有の徹底的な不安定性に対立する、存在の安定性、あるいは存在のうちにおける安定性を認識する」者のみが、所有の足枷から完全に自由となって、「希望のうちにある生の神聖な軽やかさを認識する」ことができるということである。したがってまた希望は、欲望とは違って、目的と手段を分離することのない「技術的な思惟」にはまったく無関心である。希望は、ある目的を、そのような連関のうちでとらえることはしない。技術者や研究者は、ある目的に達する手段を発見しようとして、「何か手段があるはずだ、何か道があるはずだ」と言い、さらに「私はそれを発見するだろう」と付け加えるのであるが、しかし希望する者はただ一言、「それ（手段）は発見されるであろう」と言うだけなのである。希望する者は、「この世界における、ある種の創造的な存在に呼びかける」のであり、この創造的な存在に身を委ねるのである。

ここにおいて希望の予言的性格が明らかとなってくる。不治の病いに犯された患者が、回復のいかなる手段も発見されないにもかかわらず、自己の回復を単に抽象的に認識するのではなく、自己の根底から見るとき、そこにははっきりと希望の予言的な性格があらわれているのである。希望は、「あるであろうところのものを、まるで現に目にしているかのように肯定する」行為にほかならないのである。

そしてこのことから、希望と「希望する理由」とがいかなる関係にあるかが明らかとなる。人はしばしば、「希望する動機が不十分か、あるいは全面的に欠如している場合、人は希望することができるのか」と問う。しかしながら、このような問いを立てる人はとかく希望を自分にとって外的な現象として取り扱いがちである。観察者の立場を取って、どのような条件で希望という現象は生じうるのかなどと問うのはまさに希望の抹殺以外のなにものでもないのである。しかしそれにしても、とにかく右記の問いは次のような二つの意味に解されるであろう。すなわち、①希望を抱く理由もないのに、ある人が希望するということが事実として起こりうるのか、あるいは②その理由が不十分であるか、あるいは欠けている場合でも、人には希望する権利があるのか、の二つである。

まずこのどちらの場合においても、「希望する理由が存在しない、あるいは少なくともその十分な理由が存在しない」ということだけは暗黙のうちに容認されている。しかし存在するかしないかは、ある特定の主体と関わってはじめて言えることである。したがって、たとえば前者の問いの場合では、この問いを発する主体は次の二通りに解されうるであろう。すなわち、①この問いを発する私にとって、希望を抱く理由が認められない状況において、ある人が希望するということが事実として起こりうるのか、それとも②その主体自身にとって、その理由が認められない状況においてなのか、の二通りである。

ところで前者の場合においては、事実として起こりうる。ある人は私に関わりなく、事実として希望することができる。しかし後者の場合には、その主体は希望していないことになる。なぜならそもそもこのような問いを立てること自体、すでにその主体が希望から離れてしまっているからである。彼はもはや単なる「数理的理性」の領域に下落してしまっているのである。

さらに後者のような問いを発する場合、この問いを発する主体は、「希望を抱く権利」という観念を介入させることによって、すでに数理的理性の地平に身を置いてしまっているのである。それゆえ答えは決まりきっている。すなわち、希望する理由もなしに希望することが合法的であるなどということは馬鹿げている、と。要するに、結論的に言えば、「希望を抱く理由」などと言い出すやいなや、たちどころに人は希望から離れてしまうということである。

「希望を抱く理由」などという言葉は意味をなさない。それゆえこの点から言えば、希望は「非合理主義」、あるいは「徹底的な唯信論」(le fidéisme radical)の次元に属することがらだと言えよう。たとえば、息子の帰還をあくまで希望し続けている母親がいるとする。その際、傍観者の、「息子が生きながらえていると希望する理由は存在しない」というような客観的な判断は何の意味もなさないのである。なぜなら母親の希望は、「事実(客観的事実)」を拒絶しようとする、あるいは超越しようとする愛の思惟の行為」だからである。

しかしここで次のように反論する人がいるかもしれない。すなわち、愛をもちだしたところで、論理の限界を超えることなどできない、と。だがこのような反論が出てくるのは、希望を外部から考察しているからである。それに対して、絶対的な希望は客観的な可能性を何ら考慮することなく、ただ次のように肯定するだけである。すなわち、あなたは戻ってくるであろう、と。ここに希望の予言的性格がはっきりと現われている。このような希望に対しては、客観的な批判はまったく手のほどこしようがないのである。

以上の考察から、希望する者が、希望するために、なんら「希望する理由」など必要としていないということが明らかになったが、このことから、さらに次のことが理解されるであろう。すなわち、だからといって希望する者は決してオプチミストではない、と。オプチミストは、「物事はうまく行くに決まっている」という堅固な確信、あるいは漠然とした感情をもっている。もちろんオプチミズムといっても、さまざまである。経験的な考察に基盤を置くオプチミズムもあれば、形而上学的・神学的な装いのもとに現われるオプチミズムもある。しかしながら結局の所、あらゆるオプチミズムは同一の習性を前提としているのであって、最初そう思うほど、深遠なものではない。なぜなら所詮、オプチミズムは十分な距離をとって考察された経験のうちに自己の支点をとるのであって、その結果さまざまな対立が安易にある一般的な調和のうちに解消されてしまうことになるからである。そこでオプチミストの「言説（語り）」（le discours）のなかには、決まって次のような言い草が並べ立てられることになる。すなわち、「長いあいだには、人は必ず気づいたのだ………」とか、「間違いなく………だと確認することになるだろう」とか、「途中で立ち止まりさえしなければ………」といったふうにである。

ところでここで、この「言説」という言葉に注目しよう。この言葉は決定的な意味をもっている。というのも、オプチミストは本質的に「語る人」（le discoureur）だからである。それゆえオプチミストは「傍観者」（le spectateur）として現われる。そのためオプチミストにとっては、生は外部から眺められることになる。しかるに神秘的な現実への「直接的な内属」（la participation directe）であり、「参入」（l'engagement）であるところの希望を希望する人は、自分がある訴訟に巻き込まれている者として、自ら自己自身に現われる。希望する人は経験を外部から眺めるのではなく、自らそれを引き受けるのである。したがって希望とは、客観的な合理主義的判断に基づくオプチミズムとは違って、超合理的、超相対的な判断に基づいたものなのである。

しかしこのように言うと、たちどころに次のような反論（主にストア派やスピノザ哲学からの反論）が立ち現われることになる。すなわち、希望は主観的な心的傾向にすぎず、事物の根底への明晰さを欠いている、と。なるほど、ある物質的な成果、たとえば橋やトンネルの建設などと結びついた希望に関してなら、たしかにそう言えるであろう。奴隷労働の場合のように、たとえ希望がなくても物質的な成果は得られるのであって、この成果にとって所詮、希望などというものは偶然的なものでしかないであろう。しかし創造ということが問題となるや、事情は一変する。なぜなら創造というものは創造される事物への愛がなければ本来、不可能であり、そしてまさにこの創造される事物への愛こそ、真の希望にほかならないからである。それゆえこの種の希望に関しては、上述のごとき反論はまったく意味をなさないのである。

しかしさらにここにおいて、「自然主義者」（**le naturaliste**）から次のような反論が投げかけられるかもしれない。すなわち、希望とは結局、「有機的生命力」（**la vitalité organique**）にしかすぎないのではないのか、それゆえその限度を超えるとき、もはや希望を維持することはできないのではないのか、と。明らかにここには、希望の価値を貶めようとする意図が見てとられる。なるほどたしかに寒さや飢えが注意力をある観念に集中することや、反省を行使することなどを不可能にすることがある。しかしだからといって、そこから反省や注意力の本性に関して、唯物論的な結論を引き出すのは馬鹿げている。反省や注意力は寒さや飢えに支配され、かつ抵抗する単なる有機的生命力ではない。希望もまたそうである。なぜなら希望は有機的組織のほとんど全面的な壊滅にもかかわらず、なお存続しえるものだからである。それゆえ希望は有機的生命力ではない。希望の自然学などという考えは馬鹿げているし、どう見ても矛盾している。なぜなら希望は「精神的（霊的）原理」（le principe spirituel）そのものにほかならないからである。したがってまた希望をアポステリオリに想像された心理学的素因から出発して説明することもできないのである。

「私は汝に我々のために希望する」（J'espère en toi pour nous）、要するにそれが希望の基本テーゼである。言うまでもなくこのテーゼの核心を成しているのは「汝」であり、その汝が「我々」の基盤であり、知性・愛・創造の源である。それゆえ「私」や「我々」に絶望することは取りも直さずこの「汝」に絶望することである。しかも私はつねにこの汝に絶望する可能性を保持している。「持つ」様式に囚われるや、私は希望への態度のみならず、その可能な実在への信念までも失ってしまう。ただ所有という軛から解放された人間だけが希望に生きる生の神聖な軽やかさを知ることができるのである。

以上がマルセルの希望論の概要である。非常に興味深い希望論であるが、しかしそれにしても、いったいマルセルはこの希望論をどこから導き出しているのであろうか。

これについては、彼自身、明言しているように、「瞑想」（le recueillement）からである。これを別に「第二次元の反省」（la réflexion à la seconde puissance）とも呼んでいる。あるいはまたこれを「存在直観」（l'intuition de l'être）と言ってもかまわないが、とにかく瞑想からである。もちろんこの瞑想は対自的に反省するとか、純粋な認識主観に立ち返るとか、主客の単なる知的統一体のうちに自己を映し見るといったようなことではない。そうではなくて、それは主観と客観、内と外の区別が全面的に溶解、消失するところの一種の神秘的合一である。これについて彼は次のように言っている。

「ある存在が私に現存として、あるいは存在として与えられていると私が言うとき、このことは、まるで存在が私の前に単に定立されているかのように、私は存在を取り扱うことができないということを意味している。存在と私のあいだには、ある意味で私が存在についてとりうる意識を溢れ出ているような関係が結ばれているのである。存在はもはや単に私の前にあるのみならず、私の内にもある。より正確には、前とか内とかいう範疇が乗りこえられ、もはや意味をもたなくなるのである。」(GABRIEL MARCEL, POSITION ET APPROCHES CONCRÈTES DU MYSTÈRE ONTOLOGIQUE, ÉDITIONS NAUWELAERTS (LOUVAIN), BEATRICE-NAUWELAERTS (PARIS), p.81.)

彼の希望論はすべてこの瞑想から導き出されており、たしかにそれはそれとして非常に興味深いものであるが、しかし同時にまたここに大きな問題点も孕まれているのである。

彼の瞑想は、あれかこれかの二者択一、二分法を生み出す。自他二元の「持つ」様式の希望と自他一元の「在る」様式の希望という二分法を生み出す。そして彼は前者を廃して、後者を取る。それは当然の成り行きであるが、しかしそれでよいのであろうか。こうした二分法の論法はわかりやすいといえばわかりやすいが、本当にそれでよいのであろうか。

マルセルの自他一元の瞑想はなんのことはない、自他二元の希望と自他一元の希望という新たな二元論を生み出してしまっている。これでは不徹底である。瞑想というのなら、無の意識に徹した瞑想でなければならない。自他二元のみならず、自他一元をも超出した、いわば「無の瞑想」でなければならない。それが真の瞑想である。そして無の瞑想は、「持つ」様式の希望と「在る」様式の希望を峻別し、後者はよいが、前者はダメだというような、狭苦しく窮屈な立場を取らない。そのような立場自体が対象的な形式論理であり、それでは本当の「神聖な軽やかさ」は出てこないのである。

無の瞑想は、「持つ」様式の希望も「在る」様式の希望もともに受け入れる。しかも両者を決して峻別しない。峻別したほうが、知的には理解しやすいが、それでは事の本質を見誤ってしまう。事実、「持つ」様式の希望と「在る」様式の希望は分けることができない。「持つ」様式の希望のなかに「在る」様式の希望があり、「在る」様式の希望のなかに「持つ」様式の希望があるからである。両者は表裏一体のものなのである。

たとえば先のところで、マルセルは、「明日、ジャックが昼食に来てほしいなあ、ただ午後だけなんて言わないで」という類のごくありふれた日常の希望を、対象的な「持つ」様式の希望でしかないものと見ているが、はたしてそうであろうか。そこにもまた、できるだけ長く彼と一緒にいたいという切なる愛の願いがこめられており、それゆえ「在る」様式の希望が同時に生きて働いていると見ることもできるのではないか。二つをそれほど截然と峻別することなど実際にはできないのである。それゆえマルセルのように、「希望する理由」を伴った希望は功利的なものでしかないとして一概に斥ける必要はない。そこにもまた時として、いやしばしば同時に、功利性を超えた「在る」様式の希望が生き生きと働いていることがあるからである。

それゆえ無の瞑想は「持つ」様式の希望をただいたずらに排除したところに「在る」様式の希望を探し求めるのではなく、まさに「持つ」様式の希望のただなかに「在る」様式の希望を生きて働かせようとする。マルセルのごとく、二者択一的・二分法的論法ではどうしようもないのである。たしかに我々の人生はさまざまな障害・試練にさらされており、そのなかでストイシズムやオプチミズム、あるいはペシミズムやニヒリズムに陥ったりする。しかしだからといって、そうした傾向をただ否定的に排除したところに「在る」様式の希望を探し求めたりしてはならない。むしろそうした傾向をもすべてあるがままに受け入れたうえで、そうした傾向のただなかにおいて可能なかぎり、「在る」様式の希望を生きて働かせなければならない。さもなければ、「在る」様式の希望といっても、それ自体がギコチナク、不自然なものとならざるをえないのである。

第三節　自我主義批判

自我主義それ自体は決して抑圧否定してはならない。いやむしろ積極的に育成・強化しなければならない。たしかに自我主義には種々の弊害がある。自意識過剰による自我主義の利己主義への変質、科学的認識の行きすぎた偏重による機械主義・道具主義・コピー主義の拡大再生産、とどまることを知らない自然破壊・環境汚染、深い孤独感と愛の不毛、ニヒリズムの進行等々、種々の弊害がある。それは認めざるをえない。しかしだからといって、自我主義を抑圧否定したからといって、それでどうなるものでもない。むしろ逆である。昨今の青少年の自我主義の弱さを見るとき、いや青少年のみならず、暦年齢としてはすでにもうとっくに大人のはずの者のうちにすら、自我主義の弱い者が少なくないのを見るとき、そしてそれが種々の社会病理・教育病理を生み出しているのを見るとき、そう思わざるをえない。自我主義批判は十分に自我主義を育成・強化したうえでのこと、あるいはその十分な育成・強化と密接に連動しつつなされなければならないのである。

しかしそれにしても、たしかに自我主義には大きな弊害がある。そこでこの自我主義を乗りこえようとして、これまでさまざまな試みがなされてきた。その際、我々人間はつねに死者とともに生きており、その意味で歴史的存在であり、それゆえ過去の有力な思想に手がかりを求めてきた。西洋では、それは中世の種々の神秘主義思想であったり、原始キリスト教であったり、あるいは新プラトン主義であったり、あるいはさらに遡って、ソクラテス以前（Vor-sokratiker）の自然哲学だったりする。また東洋では、インド教の梵我一如思想や輪廻転生思想だったり、中国の道教思想や天人合一思想だったり、あるいは日本の神道や国学思想だったり、実に多様である。

しかし何に手がかりを求めようとも、そこにはある共通の傾向が認められる。それは、我々のちっぽけな自我を、神や仏、自然や宇宙、あるいは国家や階級や地域社会や職能集団や宗教集団その他、ある何らかの全体のうちに内属・融合させようとする合一主義の傾向である。たとえば有名な道教思想家・荘子は次のように言う。

「何をか、之を和するに天倪《てんげい》を以《もっ》てす、と謂《い》うか。曰《い》わく、是《ぜ》と不是《ふぜ》とあり、然《ぜん》と不然《ふぜん》とあり。是、若《も》し果たして是ならば、則ち是の不是に異なるや、亦《また》弁無し。然、若し果たして然ならば、則ち然の不然に異なるや、亦弁無し。化声《かせい》の相待つは、其の相待たざるが若《ごと》し。之を和するに天倪を以てし、之に因《よ》るに曼衍《まんえん》を以てするは、年《とし》を窮むる所以《ゆえん》なり。年を忘れ、義《ぎ》を忘れ、無竟《むきょう》に振《ふ》るう。故《ゆえ》に諸《これ》を無竟に寓《ぐう》す。（ここで、どうしても天倪―差別を越えた自然の立場で和するということが必要になる。それでは天倪をもって対立を和合させるとは、どのようなことをいうのか。世の議論では、是であるとする意見と、是でないとする意見が対立し、そうであるとする意見と、そうではないとする意見とが対立する。もし、その是が真の是であれば、それは不是とは相容れないのであるから、不是とする議論は起こるはずがない。また、その然が真の然であるならば、それは不然と相容れないのであるから、不然とする議論は起こるはずがないのである。それにもかかわらず、そこに議論の対立が起こるというのは、その対立が気まぐれな主観から生じたことを示すものであり、そのような対立は真の対立ではなく、対立がないにもひとしいのである。このようなみせかけの対立を、天倪によって和合させ、自由無碍の境地のうちに包容することこそ、真に永遠に生きる道なのである。こうして、歳月を忘れ、是非の対立を忘れ、無限の世界に自在にふるまうことができる。これゆえにこそ、いっさいを限界のない世界—対立のない境地におくのである。）」（『老子 荘子』世界の名著4、小川環樹・森三樹三郎訳、中央公論社、一九九—二〇〇頁）

ここには、「天地我と同根、万物我と一体」の「万物斉同」の合一主義が明確に打ち出されており、非常に興味深いものがある。

しかしながらその反面、この荘子にかぎらず、一般的に見て、合一主義にはとかく自我主義を軽視ないし無視するところがある。自我主義を排除したところに合一主義を求めがちである。しかしそれでは自我主義を乗りこえたことにはならない。乗りこえるとはただいたずらに自我主義を抑圧否定するのではなく、自我主義をそれ自体としては受け入れつつ、その弊害を解消することだからである。

それに、いまさら我々は自我主義を放棄できないし、また放棄するつもりもない。我々は自我主義のもたらす種々の成果を十二分に享受しているからである。たしかに自我主義には大きな弊害がある。しかしだからといって、その弊害を解消しようとして、自我主義そのものを排除してしまったのでは、なんにもならない。そのうえ自我主義を排除した合一主義は合一主義で、それ自体が不自然な合一主義となる。なぜならその合一主義は自我主義を排除するという仕方で、不可避的に狭量な排他主義に陥ることになるからである。

それゆえ合一主義は自我主義を容認した大らかな合一主義でなければならない。「自我主義対合一主義」の合一主義は所詮、それ自体が二元的分裂に立った不自然な合一主義にすぎず、真の合一主義ではないからである。ではいったいどうすれば、合一主義は自我主義を容認できるのか。無の自覚に徹すること、そう応答しよう。仏教思想全体を貫く「無の思想」（あるいは「空の思想」）から謙虚に学びつつ、無の自覚に徹することである。そのときはじめて、一方では「他において我を見、我において他を見る」合一主義においてありながら、しかも同時に他方では「他は他、我は我」として、独立自尊・自主独立の自我主義を容認するようになる。そしてそのなかで、自我主義をして、可能なかぎりその弊害の解消に努めつつ、真に心から納得できる「我が道」を歩むよう促し続けるのである。

しかしそれにしても、ここにおいていったいいかなる事態が開示されているのか。これについては、無の愛が開示されている、そう応答しよう。無の自覚に徹するとき、その無の自覚は自ずから無の自覚に裏づけられ、貫かれた愛、つまり無の愛として働き出るが、その無の愛が開示されている。「無の自覚即無の愛、無の愛即無の自覚」の無の愛が開示されている。そしてこの無の愛に生きること、まさにこれこそが真の自我主義批判となるのである。

第十三章　則天立私

第一節　対人関係の基本型

他人を信じること、他人を信頼し信用すること、つまりこれを略して他信と言ってもよいが、この他信はまことに難しい。他信など本当に可能なのかと思えるほど難しい。もとより他人を信じたいという思いを払拭することはできないにせよ、それでもやはり素直に他人を信じることができない。そうした矛盾のなかに我々は置かれている。そこでまず夏目漱石の小品『硝子戸の中《うち》』のなかの次の一節を見ることにしよう。

「私は何でも他《ひと》のいう事を真《ま》に受けて、凡《すべ》て正面から彼らの言語動作を解釈すべきものだろうか。もし私が持って生まれたこの単純な性情に自己を託して顧《かえり》みないとすると、時々飛んでもない人から騙《だま》される事があるだろう。その結果蔭《かげ》で馬鹿にされたり、冷評《ひや》かされたりする。極端な場合には、自分の面前でさえ忍ぶべからざる侮辱《ぶじょく》を受けないとも限らない。

それでは他《ひと》はみな擦《す》れ枯《か》らしの嘘吐《うそつき》ばかりと思って、始めから相手の言葉に耳も借さず、心も傾けず、或時はその裏面に潜《ひそ》んでいるらしい反対の意味だけを胸に収めて、それで賢い人だと自分を批評し、また其所《そこ》に安住の地を見出し得るだろうか。そうすると私は人を誤解しないとも限らない。その上恐るべき過失を犯す覚悟を、初《しょ》手《て》から仮定して、掛からなければならない。或時は必然の結果として、罪のない他《ひと》を侮辱する位の厚顔《こうがん》を準備して置かなければ、事が困難になる。

もし私の態度がこの両面のどっちかに片付けようとすると、私の心にまた一種の苦悶《くもん》が起《おこ》る。私は悪い人を信じたくない。それからまた善《い》い人を少しでも傷《きず》つけたくない。そうして私の前に現われて来る人は、悉《ことごと》く悪人でもなければ、またみんな善人とも思えない。すると私の態度も相手次第で色々に変って行かなければならないのである。

この変化は誰にでも必要で、また誰でも実行している事だろうと思うが、それが果して相手にぴたりと合って寸分《すんぶん》間違のない微妙な特殊な線の上をあぶなげもなく歩いているだろうか。私の大いなる疑問は常に其所に蟠《わだか》まっている。」（『硝子戸の中』、岩波文庫、九四―九五頁）

この漱石の言葉は我々の対人関係の基本型を見事に言い当てている。我々は他人を素直に信じられない。信じたいという思いはありながらも、なかなか素直に信じられない。信じたいが信じられず、信じられないが信じたいという、信と不信の間を不安定に揺れ動く、それが対人関係の基本型である。

そしてこの信と不信、誠実と不誠実のあいだを不安定に揺れ動く対人関係のなかで、漱石は思いあまって、もし神がいるならば、人の善悪を正確に見分けられる明知を自分に授けてくれるか、さもなければ自分の前に立ち現われてくる人をことごとく善人にしてくれるように願っているが、これはあまりにも虫がよすぎる。しかもこうした願い自体の背後には、他人に対して強く身構えた漱石、他人と距離をとる自己防衛的な漱石がいる。弟子の芥川から「老辣無双」（比類なく辛辣で厳しい人）と評される漱石、逆に若い二人の修業僧には実に丁重な応対を見せる漱石、そうした揺れ動く漱石をも含めて、堅く身を閉ざした漱石がいる。愚かといえば愚か、狭量といえば狭量だけれども、しかし筆者自身は、そのように知たり顔で批判する気にはなれない。

なるほど小説のなかなら、たとえば太宰の『走れメロス』ではないが、感動的な他信の姿を描き出すこともできよう。いや小説のなかですら、稀なことである。現に太宰自身、『走れメロス』の直前に、『駈込み訴え』という作品を書いているが、逆にそこでは、キリストに対する裏切りユダの微妙な心の揺れ動きが描き出されているのである。ましてや現実にはありえないことではないのか。

いや必ずしもありえないことではない。たとえ稀有のこととはいえ、ありうることかもしれない。その証として、たとえば師法然に対する親鸞の他信が想い起こされるであろう。ただ自分は、南無阿弥陀仏と称えれば往生浄土できるという師法然上人の教えを信じて念仏しているまでのことで、たとえ法然上人に騙されて地獄に落ちたりとも少しも後悔しないと親鸞は言う。実に感動的な言葉である。

しかしこの親鸞の言葉をまともに受け取っていいものなのかどうか。実際には、これはオモテの心で、そのウラでは、もしかしたら騙されているのではないか、騙されているのではないかという疑心暗鬼に少なからずとらわれたのではないか。騙されても後悔しないなどと口に出して言うこと自体がその何よりの反証ではないのか。そうした反問が満更、げすの勘繰りとも言えないであろう。だがそれとともに、あのパスカルの「移ろいやすい被造物を愛してはならない、ただ神のみを愛せ」という言葉もまた、まともに受け取る必要はないであろう。この言葉のウラには、被造物を愛したいというパスカルの切ない思いがあるにちがいないからである。

しかしそれにしても、どうしてこうした矛盾に置かれることになってしまうのか。

それは対人関係が本質的に得体の知れないものだからである。友人を何とか助けようとして嘘をついたのに、その嘘がかえって友人を苦境におとしいれることになってしまい、その結果、思いも寄らず、周りの人から、友人を裏切る卑劣な奴と見られることになったり、あるいはよかれと思ってなされた人の助言を悪意に受け取り、不信の念を抱いたり、あるいはこれは本心だと言って本心を隠し、逆に本心ではないと言って本心を見せたり、あげくのはてには何が本心なのか自分でもわけがわからなくなったり、得体の知れないものだからである。

それにつけても想い起こされるのは芥川の『藪の中』という短編小説である。簡潔ななかにも、これほど対人関係の得体の知れなさを見事に描き出した作品もそう多くはないであろう。そこでは、客観的な事実としては若狭の国府の侍が藪のなかで死んでいたという事実がただ一つあるだけである。そしてその事実に対して、野盗の多襄丸は俺が殺したと自白し、侍の妻はわたしが殺したと懺悔し、侍自身の死霊は自ら命を断ったと物語る。この三人のそれぞれ変更の余地なき証言を前にして、検非違使はどうすればよいのか。ただ黙するのほかないであろう。

こうした対人関係の得体の知れなさのなかで、結局我々はいったい自分は何者なのかと問わずにおれなくなるであろう。だが安直な答えはない。各人が各人なりに悩み格闘しながら探究する以外にない。それにつけても、どういうわけか無頼派の作家・坂口安吾の言葉がしきりに想い起こされるので、ここにその一節を読むことにしよう。

「人生は短し、芸術は長し、それは勝手だ。然し、すくなくとも、芸術家自体にとっては、芸術の長さと人生の長さが同じことは当りまえではないか。人生だけだ。芸術は、生きることのシノニムだ。私が死ねば、私は終る。私の芸術が残ったって、そんなことは、私は知らぬ。第一、気持が悪いよ。私が死んでも、私の名前が残ったり、伝記を書かれて、こき下されたり、ほめられたり。でも、マア、私のために、もし何人かが、原稿料の種になって女房を養ったり、酒をのんだりするのだとすると、ああ、その何割かを生きている私がせしめてやれぬのが残念。私は私の芸術が残るだの、死後に読まれるだのと、そんな期待は持っていない。

私は突き放している。どうにでもなれ、と。私は行う。私は言い訳はしない。行うところが、私なのだ。私は私を知らないから、私は行う。そして、ああ、そうか、そういう私であったか、と。……

私は小説を書きすて、投げだしているのだから、私は芸術は長し、永遠などとは、夢にも念頭においてはいない。私は酔っぱらうと大言壮語、まるで大芸術家を自負する如くであるが、大ヨタなので、私は今と、これからの影の中で、うろつきまわっているだけなのだ。

私はちかごろ私の小説が人によまれるようになったことも、一向に面白いとも思われず、屋根裏だの居候の頃と同じことで、そして、別に、年齢が四十をすぎたというようなことも、まるで感じていない。私の魂は一向に深くもならず、高くもならず、生長したり、変化している何物も感じていないのだ。

私はただ、うろついているだけだ。そしてうろつきつつ、死ぬのだ。すると私は終る。私の書いた小説が、それから、どうなろうと、私にとって、私の終りは私の死だ。私は遺書などは残さぬ。生きているほかには何もない。

私は誰?。私は愚か者。私は私を知らない。それが、すべて。」（『散る日本』、角川文庫、七七頁、八〇頁）

筆者は一方では、この言葉に打ち震えるほどの共感を感じながらも、やはりこれではどうしようもないという思いがある。それにしても、安吾の言い草には切ないものがある。安吾自身、死後も自分の作品が読まれることをどれほど願っていたことか、と。

第二節　自己本位

漱石は、第一高等学校弁論部主催の講演会の席で、次のようなことを言っている。

「われわれ日本人民は人真似をする国民として自《みずか》ら許している。また事実そうなっている。昔は支那の真似ばかりしておったものが、今は西洋の真似ばかりしているという有様である。それは何故かというと、西洋の方は日本より少し先へ進んでいるから、一般に真似をされているのである。丁度あなた方のような若い人が、偉い人と思って敬意を持っている人の前に出ると、自分もその人のようになりたいと思う——かどうか知らんが、もしそう思うと仮定すれば、先輩が今まで踏んで来た径路を自分も一通り遣《や》らなければ茲処《ここ》に達せられないような気がする如く、日本が西洋の前に出ると茲処に達するにはあれだけの径路を真似て来なければならない、こういう心が起るものではないかと思う。また事実そうである。しかし考えるとそう真似ばかりしておらないで、自分から本式のオリヂナル、本式のインデペンデントになるべき時期はもう来ても宜《よろ》しい。また来るべきはずである。」（『漱石文明論集』、三好行雄編、岩波文庫、一七二―一七三頁）

どれほど多くの日本人が、この漱石と同じ思いを抱いてきたことであろう。かく言う筆者も、その一人である。しかし、いったいどうすれば、「本式のオリヂナル、本式のインデペンデント」が得られるのか。問題は、それである。

これについて、漱石は次のように言っている。

「何かに打ち当るまで行くという事は、学問をする人、教育を受ける人が、生涯の仕事としても、あるいは十年、二十年の仕事としても、必要じゃないでしょうか。ああ此処《ここ》におれの進むべき道があった！　漸《よう》く掘り当てた！　こういう感投詞を心の底から叫び出される時、あなたがたは始めて心を安んずる事が出来るのでしょう。容易に打ち壊されない自信が、その叫び声とともにむくむく首を擡《もた》げて来るのではありませんか。既にその域に達している方も多数のうちにはあるかも知れませんが、もし途中で霧か靄《もや》のために懊悩《おうのう》していられる方があるならば、どんな犠牲を払っても、ああ此所《ここ》だという掘当てる所まで行ったら宜《よ》かろうと思うのです。必ずしも国家のためばかりだからというのではありません。またあなた方の御家族のために申し上げる次第でもありません。貴方がた自身の幸福のために、それが絶対に必要じゃないかと思うから申上げるのです。」（前掲書、一一八―一一九頁）

これは、「私の個人主義」と題された、学習院での講演会のなかの一節で、漱石は、自分自身に言い聞かせるかのように、切々と若き聴衆に語りかけている。彼は、この講演会で、悪戦苦闘の自己の人生を振り返りながら、「自己本位」という立場を打ち出している。そしてそれを「私の個人主義」と題している。右記の一節は、その核心を成すものである。

幕末維新期、日本は大きく方向転換し、いわば欧化路線を突っ走ることになる。漱石は、その最初の落とし子である。彼は、欧化路線を突っ走る。しかし突っ走りながらも、痛切なジレンマに悩まされる。

日本人の伝統的な心性と行動様式、およびその反映としての土着の思想を無視、ないし軽視した文明開化、つまり欧化路線は結局、猿真似に終わるだけで、日本人のアイデンティティを失わせ、精神的混乱をもたらすであろう。もちろん今更、後戻りはできない。後戻りするには、もうあまりにも突っ走りすぎた。彼の書斎は洋書で埋めつくされている。それに、文学ひとつにかぎっても、今更後戻りしてみても、新たな展望が開けるとも思えない。彼は言う、「人は、『源氏物語』や近松《ちかまつ》や西鶴《さいかく》を挙げてわれらの過去を飾るに足る天才の発揮と見認《みと》めるかも知れないが、余には到底《とうてい》そんな己惚《うぬぼれ》は起せない」（前掲書、二〇五頁）と。しかしだからといって、このまま闇雲に欧化路線を突っ走っても、上滑りになるか、神経衰弱にかかるのがオチである。彼はまた言う、「既に開化というものが如何に進歩しても、案外その開化の賜《たまもの》としてわれわれの受くる安心の度《ど》は微弱なもので、競争その他からいらいらしなければならない心配を勘定に入れると、吾人の幸福は野蛮《やばん》時代とそう変りはなそうである事は前《ぜん》御話しした通りである上に、今言った現代日本が置かれたる特殊の状況に因ってわれわれの開化が機械的に変化を余儀なくされるためにただ上皮《うわかわ》を滑って行き、また滑るまいと思って踏張《ふんば》るために神経衰弱になるとすれば、どうも日本人は気の毒と言わんか憐れと言わんか、誠に言語《ごんご》道断《どうだん》の窮状に陥ったものであります」（前掲書、三六頁）と。

こうしたジレンマは、ただに漱石一人のものではなく、明治以降の全知識人のもの、いや大なり小なり日本人全体がかかえこむことになったジレンマであり、百年後の今日なお決着のついていないジレンマである。

では、いったいどうすればよいのか。漱石は悪戦苦闘のすえに、次のように結論づける。

「ではどうしてこの急《きゅう》場《ば》を切り抜けるかと質問されても、前《ぜん》申した通り私には名案も何もない。ただ出来るだけ神経衰弱に罹《かか》らない程度において、内発的に変化して行くが好《よ》かろうというような体裁《ていさい》の好いことを言うより

外に仕方がない。」（前掲書、三八頁）

ここで「内発的」と漱石が呼んでいるものは、先の「自己本位」と同義と見てよいであろう。自己自身に立ちかえること、根のない浮草のごとく、フラフラせずに、もっと自分自身のセンスに自信をもつこと、人がどう思おうと、自分がよいと思うものはよいのであり、よくないと思うものはよくないのであり、自分のしたいことをし、したくないことはしない、そして自分の産み出したものが結果的に、欧化的であろうと、純日本的であろうと、あるいは雑種的チャンポンであろうと、かまわない。自分で心から納得できるものなら、それでいい。要するに、自分に正直になり、まっすぐ自分の足で立って歩いて行くこと、それが自己本位であり、内発的ということである。

もちろん言うまでもなく、この自己本位は、利己本位、つまり普通の言葉で言う、利己主義とは違う。そのことは、次の一節を読めば、一目瞭然である。

「今までの論旨《ろんし》をかい摘《つま》んで見ると、第一に自己の個性の発展を仕遂《しと》げようと思うならば、同時に他人の個性を尊重しなければならないという事。第二に自己の所有している権力を使用しようと思うならば、それに附随している義務というものを心得なければならないという事。第三に自己の金力を示そうと願うなら、それに伴う責任を重《おも》じなければならないという事。つまりこの三カ条に帰着するのであります。」（前掲書、一二六頁）

しかしそれにしても、漱石自身はいったい何に打ち当ったのか。これについては、「則天去私」がよく引き合いに出される。では、則天去私とは何か。それがよくわからない。彼が則天去私と言ったのは確かなようであるが、しかしそれについて何も明確なことを書き残してはおらず、本当のところは、よくわからない。もちろん、こちらであれこれ憶測することはできる。たとえば、この「則天去私」の「天」は、仏教の「無」や「空」と同義だとはしばしば指摘されることだが、しかし筆者自身としては、そうではないだろう、もしそうなら、「則天去私」ではなく、「則天立私」と言ったはずだ、それに、もし先の指摘がかりに正しいとしても、それならそれで、漱石が「則天立私」ではなく、「則天去私」と言ったのは、いまだ十分に「無」や「空」に徹し切れていないからではないのか、そういう思いにとらわれている。しかしこうした筆者の指摘も、所詮は憶測にすぎず、こちらの勝手な思いの投影でしかない。それゆえ、その真意は、永遠の？であり、また、？のままにしておいたほうがよい。それが漱石には一番似つかわしいであろう。

しかしそれはそれとして、もし漱石が無に徹し切れていないとすれば、彼の「自己本位」もまた大きく動揺し、深く挫折せざるをえない。事実、彼が小説世界で執拗に描き続けたのは、この動揺と挫折である。そして、それは強く人の心を打つ。人は誰も皆、同じ経験をするからである。しかしだからこそ、無に徹することが必要である。無に徹することにより、「則天立私」にまで出てくることが必要である。口で言うほど簡単ではないけれども、必要である。さもないかぎり、自己本位は、画餅にとどまらざるをえないであろう。

第三節　四賓主

『臨済録』という書物がある。これは、唐の禅僧で、臨済宗の開祖として有名な臨済義玄の言動を集めた語録であるが、そのなかに次のような説法がある。

「主客相見するが如きは、便ち言論往来あり。或は物に応じて形を現じ、或は全体作用し、或は機権《きけん》を把って喜怒し、或は半身を現じ、或は獅子《しし》に乗り、或は象王に乗る。真正の学人有るが如きは、便ち喝して、先ず一箇の膠盆子《こうぼんす》を拈出す。善知識是れ境《きょう》なることを弁ぜず、便ち他の境上に上って模《も》を作し様《よう》を作す。学人便ち喝す。前人肯《あ》えて放《はな》たず。此れは是れ膏肓《こうこう》の病、医するに堪えず。喚《よ》んで、客、主を看《み》ると作す。或は是れ善知識、物を拈出せず、学人の問処《もんじょ》に随って即ち奪う。学人奪われて死に抵《いた》るまで放たず。此れは是れ、主、客を看る。或は学人有って、一箇清浄の境に応じて善知識の前に出ず。善知識、是れ境なることを弁得し、把得して坑裏《こうり》に抛《ほう》向《こう》す。学人云く、大好《だいこう》の善知識と。即ち云く、咄哉《とっさい》、好悪《こうお》を識らず、と。学人即ち礼拝《らいはい》す。此れを喚《よ》んで、主、主を看ると作す。或は学人有って、枷《か》を披《ひ》し鎖《さ》を帯《お》びて、善知識の前に出ず。善知識更に与《ため》に一重の枷鎖《かさ》を安ず。学人歓喜して彼此《ひし》弁ぜず。呼んで、客、客を看ると作す。大徳、山僧是の如く挙《こ》する所、皆是れ魔を弁《べん》じ異を揀《えら》んで、其の邪正を知らしむ。（師家と学者と相見した場合には必ず問答のやりとりがある。ある時は相手の力に応じて指導し、ある時は自己の全力量をもってそのまま応待し、ある時は槌を拈じたり払子を立てたり、大笑したり罵ったり、ある時は姿を現わしたり隠したり、その境界を窺わせず、ある時は文殊の根本智の境界に立ち、ある時は普賢の差別智の境界で出る。もしここに真正の眼のある修行者があったならば、その修行者はまず一喝を下す気構えで、一箇の膠《にかわ》の盆《ぼん》のようなあっちにくっつきこっちにくっつき、手におえない言句を突きつける。師家はこれを、師家を試みる手段とも気づかず、その言葉に取付いてあれこれと応待に苦労する。この師家の無能さを見た修行者は、そこで一喝して、根こそぎそれを奪おうとするが、師家はなおさらしがみついて放さない。こんなのは不治の大病で、治《なお》しようが無い。こういうのを客が主を見るという。被指導者であるべき弟子が、逆に指導者であるべき師家をリードしている例である。また師家が何の言句もはたらきも示さないで、修行者の質問に応じて皆奪い取ってしまう場合がある。修行者は奪われても奪われても死ぬまで放さない。こういうのを主が客を見るといい、師家が完全に弟子をリードした例である。あるいは修行者が胸中一糸掛けずさらりとした心境で師家の前に現れると、師家はその心境を見抜いて、そんなところに何をしているか、と奪って捨ててしまう。修行者は、ああ、老師はあっぱれな大善知識でありますと褒《ほ》めあげる。師家は、やい！　何をぬかす、ものの善悪《よしあし》の見分けもつかぬ奴めが！　と言葉では謗《そし》るが心では褒める。修行者はすうっと礼拝する。こういうのを主が主を看るといい、師家も弟子も勝《すぐ》れた場合の例である。あるいは修行者が、迷いだ悟りだという厄介《やっかい》な首枷《くびかせ》を担《かつ》いだり、鎖を引ずったりして師家の前に現れる。眼《まなこ》のない師家はこれに対して、さらにくどくどしい教理や因縁を説いて聞かせ、またその上に一重《ひとかさ》ねの首枷《くびかせ》や鎖を捲《ま》きつけてやる。なにもわからない修行者は、またそれを師家の親切だなどと有難がる。こういうのを、客が客を看るといい、師家も弟子も共になっていない例だ。お前たち、わしがこのように説き示すのは、みな師家や修行者の錯りやすいところを指摘してその邪正を知らしめるためである。）」（『臨済録』、朝比奈宗源訳註、岩波文庫、九五―九七頁）

これは古来、「臨済の四賓主《しひんしゅ》」と言われる説法で、ここには教育的な対人関係の四つのパターンが展開されている。一つは、教育者が被教育者に従属し、依存するパターンで、これを臨済は、「客、主を看る」と言っている。逆に、被教育者が教育者に従属し、依存するパターンで、臨済の言う「主、客を看る」がこれに該当する。第三は、「客、客を看る」で、このパターンにおいては、双方ともが互いに他に従属し、依存しあうことになる。今風に言えば、いわゆる「共依存」である。最後に、もう一つのパターンは、逆に今度は、互いが互いに自らの自立性を確保しあっているパターンで、臨済はこれを「主、主を看る」と呼び、このパターンの教育的対人関係を最も望ましいものと見ている。

あるいはまた、この「臨済の四賓主」は、単に教育的対人関係にとどまらず、もっと広く、そもそも対人関係一般における四つのパターンを展開したものと見ることもできる。つまり、第一に、こちらが相手に従属し、依存する、「客、主を看る」対人関係、第二は逆に、相手がこちらに従属し、依存する、「主、客を看る」対人関係、第三は、こちらと相手の双方が互いに他に従属し、依存しあうことになる、「客、客を看る」対人関係、第四は、こちらも相手側もともに自らの自立性を確保しあっている、「主、主を看る」対人関係である。もちろん臨済は、最後のパターンをよしとしている。

しかしそれにしても、ではいったいどうすれば、「主、主を看る」対人関係に入ることができるのか。非実体性の意識としての無の意識、空の意識に徹することである。

「道流《どうる》、心法無形《しんぽうむぎょう》、十方に通貫《つうかん》す。眼《まなこ》に在《あ》っては見《けん》と曰《い》い、耳に在っては聞《もん》と曰い、鼻に在っては香《か》をかぎ、口に在っては談論《だんろん》し、手に在っては執捉《しっそく》し、足に在っては運奔《うんぽん》す。本是れ一精明《いちせいめい》、分れて六和合《ろくわごう》と為《な》る。一心既に無なれば、随所《ずいしょ》に解脱《げだつ》す。山僧が与麼《よも》に説く、意、什麼《いずれ》の処《ところ》にか在《あ》る。祇《ただ》道流が一切馳求の心歇《や》むこと能わずして、他の古人の閑機境《かんききょう》に上《のぼ》るが為なり。道流、山僧が見処を取らば、報化仏頭《ほうけぶっとう》を坐断し、十地《じゅうち》の満心《まんしん》は猶客《なおかく》作児《さじ》の如く、等妙《とうみょう》の二覚《にかく》は担枷鎖《たんかさ》の漢《かん》、羅漢辟支《らかんびゃくし》は猶厠穢《しえ》の如く、菩提涅槃《ぼだいねはん》は繋驢橛《けろけつ》の如し。何を以か此の如くなる。祇《ただ》道流が三祇劫空《さんぎごっくう》に達せざるが為に、所以《ゆえ》に此の障礙《しょうげ》有り。若《も》し是れ真正の道人《どうにん》ならば、終《つい》に是《かく》の如くならず。但能く縁に随って旧業《きゅうごう》を消《しょう》し、任運《にんうん》に衣装を著《つ》けて、行《い》かんと要すれば即ち行き、坐せんと要すれば即ち坐し、一念心の仏果《ぶっか》を希求《きぐ》する無し。何に縁《よ》ってか是《かく》の如くなる。古人云く、若し作業《さごう》して仏を求めんと欲せば、仏は是れ生死の大兆《だいちょう》なり、と。（修行者たちよ、心は形が無くて、しかも十方世界を貫いている。眼では見、耳では聞き、鼻ではかぎ、口では話し、手ではつかまえ、足では歩いたり走ったりするが、もともとこれも一心が感覚器官を通してはたらくのだ。根本の一心が無であると徹底したならば、いかなる境界に入ってもとらわれることはない。わしがこのように説く目的はどこにあると思うか。お前たちがあれこれ迷いまわる心を止めることができずに、もっぱら古人の使い古した言句や型を有難がっているからだ。お前たち、わしの見解に立てば、報身仏・化身仏など足下にも寄せつけない。十地の菩薩の修行の完成したといってもそんなものは浮浪児、等覚・妙覚の悟りをした仏たちといっても手錠つきの囚人、羅漢・辟支仏も不潔そのもの、菩提・涅槃も驢馬《ろば》を繋《つな》ぐ棒杭のような邪魔物だ。なぜならば、お前たちが、無限の時間がそのまま空だと達観できぬから、こんなものにひっかかるのだ。もし、正しい見解が手に入った修行者なら決してそんなことはない。ただ因縁に任せて生活し、寒ければ着物を重ね、厚ければ脱ぎ、歩くも坐るも思いのまま、いささかも悟りを求めようなどとは思わない。なぜならば、古人も「もし、あれこれ計《はか》らいをして、仏を求めようとしたならば、それこそ大きな迷いの始まりである」と言っている。）」（前掲書、四四―四六頁）

この臨済の言葉をよくよく熟読玩味する必要があるのである。ここにこそ、「則天立私」の真の手がかりがあるのである。

第四節　私は、私ならずして、私

人間は、「私は」・「自分は」と意識し、発語する存在者である。つまり自己意識的存在者である。それゆえ人間は、「私とは何か」と自己を問う存在者となる。問わずにはおられない存在者となる。私はどこから生まれ、どこに消えて行くのか、飲んだり食べたり、考えたり意志したり、怒ったり笑ったり、喜んだり悲しんだりする私、その私とはそもそも何者であるか、と問わずにはおられないのである。では無の意識あるいは無の自覚に深く徹するとき、この問いに如何に応答することができるのか。

これに対して、たとえば宗教哲学者・上田閑照は、その著『私とは何か』（岩波新書）のなかで次のように応答する。すなわち「私は、私ならずして、私である」と。

この定式化は、私とは何かという問いに対して、「我なし」という自己否定と「我あり」という自己肯定の、いわば無的限定とでもいうべき在り方において応答しようとするものであり、非常に興味深いものである。この無的限定は基本的に二つの方向性から成っている。一つは、無窮の自己否定を通じて、底無き底としての「限りない開け」（これを上田は「虚空」とも言う）に向かって自己を開いて行く方向性であり、それに反して、もう一つは、そこから反転して、他者に向かって、したがってまた世界に向かって自己を開きつつ、しかも同時にその他者に対して、世界に対して、我ありとはっきりと自己を肯定する方向性である。しかもこの二つの方向性から成る無的限定は原理的には「見えない二重性」を成している。もとより前者の方向性は垂直的（ヴァーティカル）、後者の方向性は水平的（ホリゾンタル）と図式的にイメージ化し、そうすることでこの無的限定を「見える二重性」に転化することもできるが、しかし原理的には「見えない二重性」を成しているのである。

上田は、立って「我」・坐して「我なし」、と言う。もちろん坐してと上田が言う場合、明らかに坐禅がモデルになっており、その坐禅の根本趣旨に注目して、次のように言う。
「「坐って、なにもしない」。直立を零度におさめ、手足を組んで背骨を真っ直ぐにしてまとめた全身体を、静かに座に、したがってさらに座を支えている大地に委ね、沈潜する。手も使わず（物事につかみかからない）、脚も使わず（物事を追わない）、頭も使わず（人間の思惑で物事を決めない）ということは、直立と結びついた人間の優位性を零度に戻して浄めることであり、手も脚も頭も存在全体を無にして出直すことである。「無にする」（宗教的象徴ではしばしば「死ぬ」）とは、この場合、「世界」を超えつつむ虚空のごとき限りない「開け」に「我なくして」開かれることである。そして、無から出直す、すなわち坐禅から立ち上がる（入定《にゅうじょう》に対して出定《しゅつじょう》、宗教的象徴では「甦る」）。このとき、ふたたび世界内ではあるが、坐禅において開かれた「限りない開け」は閉ざされることなく、「我」がふたたびそこに居る世界は見えない二重性になっており、「我」も世界にありつつ同時に世界を透りぬけている「我ならざる我」である。坐禅から立ち上がって動き働くことは、いわば「無からの創造」である。その際、「無」は限りなく静寂であり、それだけに「動」はこの上なく動でありつつ、動いて動かずという趣がある。」（『私とは何か』、岩波新書、五四―五五頁）
非常に興味深い見方であるが、さらにそれを踏まえて上田は、この坐して「我なし」と立って「我」という二つの逆ヴェクトルの運動がいかなる連関においてあるかを論じて、次のように言う。
「坐から立ち上がって直立し、また直立をおさめて坐に還る、この反復運動の現動において直立の「我」と坐の「我なし」がそれぞれの意義を活性化しつつ連動するとき、そのようなあり方の全運動そのものを、運動の場所も含めて、自己と呼ぶ。直立したところでは「我」と言う「我」でありつつ、坐ったところでは「我なし」。この坐における「我なし」は直立においてもその「脚下」として現《げん》であり、「我と言う」ところにも「脚下」の「我なし」が働いている。ここに、その全運動の自覚が「我は我であって、我でない」とも言う所以がある。同時にまた、坐の「我なし」から立ち上がって「我」と言いつつ「我」であるとき、それは無から「我」が成立する新しい出来事であり、その「我」には「我なし」から立ち上がる現運動の力が込められていて、揺るぎのない「我」となる。一人よがりではない。ぎりぎりの孤・独のゆえの独・立である。このような独・立は「我なし」という無から立ち上がってであり、直立をおさめる坐によってくりかえし現に「我なし」となる。

このような仕方での、立って「我」・坐って「我なし」の連動する全運動の自覚が「我は、我ならずして、我なり」であり、この自覚として自己が現成《げんじょう》する。」（前掲書、五六―五七頁）

これもまた非常に興味深い言説であるが、しかしこの連関は必ずしもスムーズに作動するわけではない。いや必ずしもどころか、ほとんどの場合、うまく作動しない。それが我々人間存在の悲しい実相である。しかしそうであるにしても、いったいどうすればうまく作動するようになるのであろうか。これに対して上田は、閉じられた自己意識としての自意識を打破すること、つまり自我中心性を打破することと応答する。しかしそれならば、ではこの自我中心性はいったいどうすれば打破できるのか。これに対しては、上田は仏教の「我《が》」（我執・我欲）の思想に注目し、「貪《とん》・瞋《じん》・痴《ち》の三毒」の解消を説く。すなわちあくなき所有欲としての貪、他者の存在そのものへの怒りとしての瞋、根本的無知無明としての痴の三毒の解消の必要性を強調する。敏感すぎるほど厳しい見方であることを承知のうえで強調するのである。

しかしそれならば、この貪瞋痴の三毒はどうすれば解消できるのか。ここで上田の明解な応答は止まる。筆者なら、無の意識に裏づけられ、貫かれた愛、つまり無の愛によるほかないと応答する。それは哲学者・西田幾多郎がただ端的に「真の愛」と言うところのものである。しかし上田は愛の問題を真正面からほとんど取り上げない。そこが、上田自身が決定的な影響を受けた西田幾多郎との決定的な違いである。見えない二重性としての「自己否定に徹した自己肯定」、これを上田は、「私は、私ならずして、私である」と定式化するが、はたして愛なくして、この定式化はスムーズに作動するものであろうか。上田の気に入っている言い方を借用すれば、「私は、私ならずして、私である」の「、」（読点）を通じて、限りない「余白」・「行間」に開かれ、開かれることによって貪瞋痴の三毒を解消しつつ、「我は我なり」とまっすぐに立って歩くことができるのであろうか。それともこの定式化自体が愛の定式化であろうか。しかしそれにしても、上田は愛の問題にほとんど言及しない。上田が深い影響を受けた西田幾多郎のメインテーマの一つが愛だったのに比して、きわだった相違をなしている。西田はつねに愛に言及する。上田はほとんど言及しない。しかし愛なくして、貪瞋痴の三毒を解消しつつ、「我は我なり」とまっすぐに立って歩くことができるのであろうか。つまり愛なくして、「則天立私」は可能なのであろうか。

「外は広い、内は深い」という鈴木大拙の言葉を上田は好んでしばしば引用する。しかし「外は広い、内は深い」は、それに応じて、愛もまた「広く深く」でなければならないのである。

第十四章　自己変革論
――上田閑照『私とは何か』をめぐって

第一節　自己変革から

なぜ壮大なプロレタリア革命の実験はかくも無惨な失敗に終わったのか。なぜ国民国家は見せかけの民主主義の背後で執拗に、人種主義を醸成し、ファナティックな全体主義、残忍な軍事的衝突を生むのか。なぜ国民国家の連合体としての国連はあまりにも無力にすぎるのか。なぜ官僚的システムは人間を組織の歯車にしてしまうのか。なぜ市場のグローバル化は世界における富の不均等配分を縮小するどころか、かえってますます拡大し、国境を廃止するどころか、それを商業的・金融的投機のための手段として利用することになるのか。また、なぜ市場のグローバル化においては、文化的差異が格好の観光商品として、さまざまな仕方で利用されるのか。なぜテクノサイエンスはただ闇雲に実効性の追求を自己増殖させて行くのか。なぜテクノサイエンスにおいては、機械、機械、機械なのか。なぜコンピュータ言語やマスメディア言語に代表される情報言語は一種の言語専制主義を生むのか。しかも、なぜ我々を恥知らずで無責任にするのか。なぜ既成のいわゆる「世界宗教」はあいもかわらず自らの正当性を主張し、不寛容な宗教戦争の種となるのか。なぜいわゆる「新宗教」は息苦しい現実を憎悪しつつ、神秘的イリュージョンの世界に逃避するのか。なぜある特定の文化的アイデンティティから世界市民的アイデンティティへの弁証法的乗りこえはいつも挫折するのか。

こうした一連の問題に対して、それは我々がいつも所有欲や支配欲や名誉欲、虚栄心や嫉妬やうぬぼれや甘えや憎悪、優越感や劣等感といった利己的欲望や情念の解消に、つまり利己心の解消に失敗するからだと答えよう。迂遠な答えのように思われるかもしれないが、結局これに尽きるであろう。

では、いったいどうすれば利己心を解消できるのか。これについては、もし我々がただ単に制度論的観点から種々の制度変革を試みるだけでは、決して利己心は解消できないであろう。制度変革に先んじて、あるいは制度変革を包摂する仕方で、まず自己変革が行なわれないかぎり、利己心の解消はできないであろう。

もとより自己と制度は相互規定的なものであって、自己が制度を規定するとともに、制度が自己を規定する。だがそれでもやはり、この相互規定性の起点はあくまで自己にある。それゆえ自己変革が制度変革のベースとならねばならない。制度を変えるためには、まず自己を変えねばならない。自己と制度の相互規定性のベースにあるのは、自己変革であって、とかく社会科学が陥りがちな制度変革ではない。

それゆえ自己変革抜きの制度変革では、利己心の解消には成功しない。どのような制度変革も、どれほど立派な制度変革であっても、単なる制度変革だけでは利己心は解消できないのである。たとえば今かりに、利己心を解消するために、経済的世襲制度の廃止という制度変革を打ち出すとしよう。なるほどこの制度変革自体はこの上もなくすばらしいことである。しかしたとえそうであっても、もし自己変革による利己心の解消が伴わないならば、まったく絵に画いた餅で、百パーセント実現不可能である。それでも無理に強行すれば、むしろ逆効果で、かえってなお一層の利己心の肥大化と、その屈折・歪曲をもたらすことになるだけであろう。

まず自己変革から、次いでそれに伴って、あるいはそれに包摂される仕方で制度変革へ。さもなければ、利己心を解消することなどできないであろう。

だがそれならば、この自己変革とはどのようなものであり、またどのようなものであるべきなのか。結局、問題はそこに行き着くのである。

第二節　自己否定に徹した自己肯定

現代日本を代表する宗教哲学者・上田閑照は言う。

「社会全体の雰囲気が決定的に変えられなければならない。社会がよくならないかぎりはよくならないとしても、社会的な雰囲気の地盤がなければ、一挙に客観化した制度のようなかたちで社会をよくしていくことは、おそらく不可能であろう。それだけに自覚した個人の意義が大きくなってくる。社会のなかで生きている個々人は、単に社会の一員にすぎないのではなく、自分で、自分の内からという生き方で生きることが可能になる原点である。これではいけないとほんとうに考える人間が、自分で自分の生活を変えていくこと、これは最後まで可能な道として残るであろう。そしてそれは、単に個人的なことではない。社会のなかに共に生きる個々人として個から個へと深く伝わるものがある。それが、社会的雰囲気の醗酵素になる可能性はあるであろう。」（『上田閑照集』第十巻、岩波書店、三一八―三一九頁）

たしかにその通りである。しかしでは、自分で自分を変えるとはどういうことであろうか。自分でオカシクなった以上は、自分で自分を変えることが容易ではないことは十分承知しながらも、しかしそれでもなお自分で自分を変えるとはどういうことであろうか、あるいは自分が変わるとはどういうことであろうか。本章では、上田の主著の一つである『私とは何か』（岩波新書）を手がかりに、この問題を探究して行くことにする。この書は上田の他の著書に較べて、一番ストレートにはっきりと上田の思想的立場が開示されているので、これを手がかりに探究して行きたい。

上田の思想的立場（坐禅をモデルにした「坐る」というところから出てきた思想的立場）の基本にあるのは、筆者なりの言い方をすれば、「自己否定に徹した自己肯定」である。「私は、私ならずして、私である」、「我ならざる我」、「自己なき自己」、「自分から出て、自分に返る」、「無に滅し、無から甦る」、「虚空に滅し、虚空から甦る」等々、上田自身はさまざまに言い回しているが、通底しているところはひとつ、「徹底した自己否定を通った自己肯定」、それに尽きるであろう。

それらすべてを畳み込んで、上田はたとえば次のように言う。

「「我」が関係性に解消されて、「我なし」であるとき、「我なし」のその「無」は関係に満たされるとともに、関係を透過して関係の究極の場所である「限りない開け」、すなわち関係の底なき底、いわば「永遠の無」に通じている。このように、「我なし」の「無」は実は関係に解消される以上の「無」である。また、そうであってこそ、「我《が》」によって握りしめられている「我」が否定され得るのである。「我なし」の「無」は単に我の「無」ではなく、「底なき無」である。関係の交わる結節点が突起するごとくに「我」が生起するとき、全関係を唯一独自の仕方で集約映現《えいげん》するその結節点は、全関係の底の「無」から突起してくるのである。「無から」全関係が唯一独自に結節するところに、「我」が生起する。こうして「我」はあらためて「無」から始まり、「無」から始めることができるのである。真に「我」と言い得るのは、このように、「無から」(ex nihilo)始め得る限りにおいてである。「我なし」は関係性に解消され、(逆に言えば)関係性に満たされるだけでなく、「我なし」の無は関係の底の無底である「永遠の無」にとどいていて、関係性の結節点である「我」はこの無から関係性を通って働くことができ、それによって全関係性に新しいものを加えることができるのである。これが無からの真の自発性である。」(『私とは何か』、岩波新書、一五七―一五八頁)

かなり入り組んだ文章であるが、しかしこの文章の言わんとするところは結局、次の二点に要約できるであろう。

(1) 徹底した自己否定により、我は非実体化され、関係性の網の目に解消されるとともに、この非実体化を通じて、我は限りない底なき底としての絶対の無に開かれる。

（2）と同時に反転して、我は実体がないながらに、この関係性の網の目の主体として、またこの関係性の網の目を新たに創造し直す可能性を有した主体として自己肯定し返す。

さらにこれをもっと簡潔に要約すれば、先に言ったように、「自己否定に徹した自己肯定」ということになるのである。しかも上田のこの立場は先にも触れたように、坐禅をモデルにした「坐る」場から出てきたものである。それは次の文章を読めば明らかである。

「直立したところでは「我」と言う「我」でありつつ、坐ったところでは「我なし」。この坐における「我なし」は直立においてもその「脚下」として現《げん》であり、「我と言う」ところにも「脚下」の「我なし」が働いている。ここに、その全運動の自覚が「我は我であって、我でない」とも言う所以がある。同時にまた、坐の「我なし」から立ち上がって「我」と言いつつ「我」であるとき、それは無から「我」が成立する新しい出来事であり、その「我」には「我なし」から立ち上がる現運動の力が込められていて、揺るぎのない「我」となる。一人よがりではない。ぎりぎりの孤・独のゆえの独・立である。このような独・立は「我なし」という無から立ち上がってであり、直立をおさめる坐によってくりかえし現に「我なし」となる。」（前掲書、五六—五七頁）

ここでもまた、それを貫いているのは、徹底した自己否定を通った自己肯定ということである。しかもこの自己否定と自己肯定は原理上、見えない二重性を成している。もとよりそれはしばしば見える二重性に転化する。たとえば神と人、コスモスと世界、あの世とこの世というふうに。しかしこうした二重性を文字通りの客観的な二重性として受け取り、それにとらわれ、惑溺すると、かえってそのこと自体が見えない二重性を忘れさせてしまい、真の自己変革の道を閉ざしてしまうのではないか。上田自身、当然のごとく、その危険性にはっきりと気づいており、次のように指摘している。

「さまざまに言われ経験されてきた二重性は、あくまで見えない二重性への通路としてのアナロジーなのであって、文字どおりの客観的な二重性として提出し、またうけとられると、宗教の歴史が示しているように、かえって強烈に縛るもの（いわば「この世」のみならず「あの世」までも縛るもの）に変質する。」（前掲書、一二三頁）

しかしそれにしても、この自己変革は、より突っ込んだところでは、いったいどのようになっているのであろうか。これについてはまずデカルトのコギトと西田幾多郎の純粋経験を比較して論じた上田の次の文章から見てみよう。

「以上の事態は、疑うに疑い得ぬものを同じように求めたデカルトと西田において、疑い得ぬものが与えられるときの「我」の在り方に根本的な違いを示している。デカルトでは、疑いから再帰的に「我」が定立されるとともに疑い得ぬ真理の命題が見出された。西田では疑いに対して非連続的に、「我」を破るような仕方で、直接経験の事実が与えられた。「我」の性格が基本的に、一方は自己定立的、他方は脱自的となっている。デカルトでは「我考う、故に我あり、と我考う」というように、「我」へ「我」へと連続して自己確認的に貫徹してゆく「我」軸が通っている。西田においても「我」が析出されてくるが、事実に直接して「我なし」を通った「我」であるから、非連続の連続として「我」自身が連続して高次化することはない。むしろ「我なし」によって開かれる方向へと展開する。後年の西田の言葉を挙げれば、「私は点ではなく、円である。ものではなく場所である」。純粋経験が言葉になる（自覚化される）原初態は、「私は音を聞いている」ではなく、「音が聞こえている」になる。それが「私なき私」なのである。「私は」と言わないで、音が聞こえている場所になっている「私なき私」なのである。

デカルトが「コギト・エルゴ・スム」という真理の命題を見出したとき、それと結びついて、「我」を「考える実体」として理解しつつ、同時に精神と物体の実在的区別を措定している。一方、西田にとっては精神と物体の区別はすでに思惟の要求による人工的仮設である。西田は仮設であるそのことを否定しようとするのではない。仮設であるものを実在的と考えるその考えを否定するのである。区別の以前が「我なし」という仕方で経験され

て、その経験の自己分節の運動において仮設が有意義に働き得るのである。」（前掲書、一〇四―一〇五頁）

一読してただちにわかるように、上田が西田に与していることは明らかである。もちろん西田と同じく、上田も一概にデカルトを排斥しているわけではない。デカルトの方向があることは十分に認めている。しかし認めていながらも、もしそれが徹底した自己否定を通った自己肯定の自覚に、つまり無の自覚に裏づけられ、貫かれていなければ、不可避的に自閉的な自己固執・自己執着に陥る、そう上田は見ている。深い洞察と言わねばならぬ。ただし、純粋経験説の段階で、西田がすでにこの自覚にどれほど深く徹していたかどうかは議論の別れるところである。上田はすでに深く徹していたと見ている。それゆえ当然、純粋経験説は西田哲学のアルファでありオメガだということになる。それに対して筆者自身は、そうした見方が必ずしも一概に否定はできないものの、しかし西田哲学において無の自覚が深くはっきりと打ち出されてくるのはやはり何といっても場所論以降ではないかと思っている。しかしこの問題ついてはここではこれ以上言及しない。いずれにしろ真の自己変革においては、近代的自我の基底を成すデカルトのコギトは自己否定に徹した自己肯定に裏づけられ、貫かれていなければならないと上田が見ていることは間違いないであろう。

しかしそれにしても、自己否定に徹した自己肯定においてある自己、無に滅し、無から甦ってきた自己はいったいいかなる人間関係においてあるのであろうか。これについてもまた上田はブーバーと西田を比較しつつ、次のように言う。やや長くなるが、両者を比較しつつ、自ずから上田自身の人間関係論の核心部分が表明されているので、あえて引用することにする。

「西田の根本的な考えは次のようである。「私は汝に対することによって私であり、汝は私に対することによって汝である。」ブーバーとも共通するこのような基本的な見方のうえで、西田ではその「対する」の理解において否定性を強調する。「私に対して如何ともすることのできないものは汝である。」「私と汝を包摂する一般者はない。」「私と汝は絶対の否定を通じて結びつく。」「絶対の無を隔てて相対するのである、絶対の死即生なるものが私と汝とを相結合するのである。」「絶対否定を隔て相見る時、私に対するものは、山も川も木も石も、すべて汝の意味をもつのである。」このような否定性によって「私」も「汝」もぎりぎりに単純化され、「個と個」として考察される。「個は個に対することによって個である。個は絶対否定を通じて相対するのである。個は自己否定に於いて自己をもつ。個は自己矛盾的存在である。」このような否定性の強調はどのような意義をもつのか、西田の見方の脈絡を見てみたい。

ブーバーは言う、「我は自己を我自身の内に見出すことはできず、したがって汝のうちに自己を求めなければならない」。そうだとすれば、そしてそのように言うブーバーにおいて「汝」の他者性が前提されているとすれば、「我の自己が汝のうちにある」とき、そのような「我」は「我」としてどのような構造か。また「我」の自己であるような「汝」とはどのようなものか。この点、ブーバーにおいてはかならずしもはっきり自覚化されていないように見える。ただ「我」と言われ、「汝」と言われる。それに対して西田哲学では、真の自己の自覚を「自己の底に絶対の他を見、その絶対の他に於いて自己を見る」ことととらえ、その「絶対の他」が「汝」であるとする。このように「我と汝」が自己の自覚（自覚としての自己）のうちに構造化されている。この自己は、もちろんブーバーが否定する意味での「我自体」ではない。「自己の底に絶対の他を見、その絶対の他に於いて自己を見る」とは、「絶後に再び甦る」ということである。甦った自己は「自己ならざる自己」であり、絶対の他である「汝」は自己の「自己ならざる」ところのリアリティーにほかならない。」（前掲書、一二九―一三〇頁）

上田には基本的に鈴木大拙の禅仏教と並んで西田哲学の注釈者という面がある。それゆえ当然ここでもまた上田は西田に与している。一面ではブーバーを高く評価しながらも、基本のところで彼から離れて行く。無理矢理、離れるのではなく、穏やかに離れて行く。それが上田の思索のスタイルである。その離れの要点は、ブーバーの「我と汝」においては、自己否定の契機が弱く、それゆえどうしても我から汝への一方向的な働きかけが全面に出てしまい、そのため汝が「我―それ」の「それ」に転化し、対象化される危険性が高いということにある。ということは我が自閉的な自己固執に陥る危険性が高いということである。たしかに「永遠の汝」としての神がこの対象化の危険性の歯止めになっているが、しかしこの永遠の汝自身がまた我の自己固執化と連動して、「それ」に転化し、対象化される危険性が高いのである。

上田は西田哲学に決定的な影響を受けており、それにぴったりつき従い、その綿密な解釈を通して、何とか自らの思想的立場を打ち出そうとしている。しかし西田哲学はあまりに巨大であり、その作業は困難をきわめる。おそらく上田自身、自己独自の思想的立場を打ち出したとは思っていないかもしれない。しかし西田哲学とのたゆまぬ対話を通して、それでも自ずから上田自身の思想的立場が打ち出される。たとえあくまで西田哲学の思想圏を離れないものであっても、である。それが自己変革論である。もちろん上田自身は、そういう言い方をまったくしていないけれども、しかし筆者自身には、『私とは何か』で打ち出された思想的立場を表するに、これが一番ふさわしいように思われる。そしてその自己変革論の核心を成すのが、自己否定に徹した自己肯定に裏づけられ、貫かれた自他一如《いちにょ》である。それはただ単に自他二元が消去されたところに向かう単なる自他合一でもなければ、ましてや対象性のレベルにおける自他対称性、自他合同性でもない。そうではなくて、自もなく他もない底無き底としての虚空あるいは絶対の無へと限りなく開かれつつ、一方では他において自があり、自において他があり、しかも同時に他は他として、自は自として自他二元的に向きあうところの自他一如である、それはたとえば次の言葉を読めば明らかである。

「（A）自なく他なし。（B）自他向かい合いにおける「私と汝」。（C）その自他の向かい合い全体が「私」、すなわち「他なし」。（D）その同じ全体が「汝」、すなわち「私なし」。このように「無」、「相—対」、「絶—対」の互換である。これらの諸局面がそれぞれ充全に分節分極し展開しつつ相互に転じ合うとき、それが「非連続の連続」であり、伝統的に「自他一如《いちにょ》」と言われる出来事なのである。自他一如とは、二つのだんごが一つになって区別がないというような事態ではない。相対しつつ、相対から超脱しあい、超脱しつつ、呼応して相対に入るという運動において、しかも順逆自由に自発と呼応のうちに、自と他がそれぞれ唯一独立性と、それと逆対応的に相対性とを遂行実証してゆくことである。その限りにおいて、自己であり、自他であり、そして無であるということである。」（前掲書、一二三―一二四頁）

しかも上田はこれをただ単に抽象的に論じているのではなく、出会ってまず頭を下げておじぎをするというごくありふれた日常の挨拶の仕方をモデルにして論じている。たとえば次のように言っている。

「出会って、握手の場合のようにすぐに向かい合って「我と汝」になるのではなく、まず互いに頭を下げておじぎをする。これは単なる礼儀の交換にとどまるものではない。双方ともに「間」の深みに自分を無にすることである。「間」の底から自他を包みこんでいる底なき深みのなかへと自分を深く無にすることである。互いに「我《が》」という「我」を折って頭を下げ（頭を下げるのは「我《が》」を折ることの具体である）、我もなく汝もない、自もなく他もないところ（そこだけをとると、自他のみならず何もないところ）にいったん還って、そこから身を起こして（立ち上がって）あらためて向かい合い、そこではじめて「我と汝」になる。双方それぞれにおいて「我」からの一方性の根が切られて、それぞれが相互性に開かれた「我と汝」になる。このようにして、「永遠の汝」との関係とは異なる「間」の無底の深みから成立する「我と汝」を見ることができる。」（前掲書、一一六―一一七頁）

ある特殊な行為をモデルにした自己変革論は、それだけを取り出せば一見尤もらしいが、汎用性が低く、使いものにならない。それに反して、これは人と人とが出会って頭を下げておじぎをするというごくありふれた日常の行為をモデルにした自己変革論であり、それだけに普遍的な汎用性が高い。しかしだからといって、その実践が容易だというわけではない。ほとんどつねにあらぬ方向に屈折し歪曲してしまう。それを上田は実存の病と呼ぶ。そこで次にその問題を見ることにしよう。

「私は、私ならずして、私である」、それが「自己否定に徹した自己肯定」の上田自身の定式化である。「私ならずして」が「自己否定」、それを通って「私は私」が「自己肯定」である。別言すれば、「私ならずして」が「坐して我なし」であり、「私は私」が「立って我」ということである。その二つの不断の往還運動、それが「私は、私ならずして、私である」である。しかしこの往還運動はその構造上、否定と肯定が同時に含まれているため、きわめて不安定であり、ほとんどつねにあらぬ方向に屈折・歪曲する。上田はそれを「実存の病とも言うべき変容態」（前掲書、一二五頁）と呼んでいるが、これには大きく見て二つの方向がある。一つは「自己否定なき自己肯定」。「私は、私ならずして、私である」の「私ならずして」が抜けてしまって一押しに「私は私」となってしまう自己固執ないし自己執着の方向であり、もう一つは逆に「自己肯定なき自己否定」。「私は、私ならずして、私である」が「私は、私ならずして」で立ち消えになってしまい、「私である」と立ち上がってこれない自己喪失の方向である。これについて上田は次のように言っている。

「（A）「私は、私ならずして、私である」が、「私は」と言うとともに否定が入らずそのまま連続して一直線に押しだすように「私です」となる場合。粘着的自己同一、根本的には自閉自己執着。ここでは「私」における「私ならずして」が抜けているから、「私」に対する「私ならざるもの」、すなわち他者を「私」化しようとする運動になる。

（B）「私は、私ならずして、私である」が「私は、私ならずして」で立ち消えになってしまい（この場合は「私ならず」の否定の実際形態もすでに問題的。たとえば関係に開かれてはいるが関係の流動性のままに流されて）、あらためて「私です」と出てこられない場合。立ち消え的自己無化。自己喪失。」（前掲書、二二六—二二七頁）

ではどうするのか。たしかに自己固執が自己喪失の応病与薬となり、逆に自己喪失が自己固執の応病与薬となる場合もあろう。しかしそうした毒をもって毒を制するやり方は所詮はその場しのぎの対症療法でしかなく、根本的な解決にはならない。ではどうするのか。そこで上田は我々に対して、いや何よりも自己自身に対して次のように問いかける。

「「私は、私ならずして、私である」をその「私から出て、私に還る」原運動に戻してみると、（A）は「私」から出られない場合、なお、この自閉自執態のなかには、出られないままで「私から私へ」の運動が「私」内でなされる場合もあり、これは特に「コンプレックス」と言われるあり方になるであろう。（B）は「私」に還ることのできない場合。それに対して、「私は、私ならずして、私である」は、「私」から出て、「私ならざる」大きな旅、宇宙旅行どころではないはるかに広大な旅をして、「私」に還る。（A）（B）二つの典型的な不全態は、「私は、私ならずして、私である」に則って全運動へと回復されなければならない。（A）の自己執着は「私ならずして」によって、（B）の自己喪失は「私です」によって。回復は可能か。」（前掲書、三七頁）

筆者はこの問いかけに強い共感を覚える。おそらくこの問いかけに応じる以外に解決の道はないであろう。しかしそれにしても、上田にあっては、この二つの変容態のうち、どちらかといえば、自閉自執・自己固執の「閉じられた自己意識」、これを上田は「自意識」と呼んでいるが、その自意識に強く批判の矛先が向けられる。自意識は意識の癌とまで言い、厳しい批判の目が向けられる。もとより自己喪失についても、折に触れて、「自分がはっきりしないあり方」とか「自分が確立していない」とか、あるいは「宗教的な意味での他力も自己喪失に微妙に変質する」というふうに批判の目を向けてはいるが、しかしただそう言うだけで、それ以上突っ込んだ批判はしていない。それに反して、自意識に関しては厳しい批判の目が向けられる。デカルトは言うに及ばず、ブーバーまでもが自意識の方向で詳細に批判される。いったいどうしてそうなるのか。

これについてはここで速断することはできないにしても、上田にあっては、自己喪失もまた、自己喪失というあり方での自己固執という仕方で自意識に回収されてしまうからではないかと思われる。中途半端な自己否定という半開きの自己喪失はたちどころに自己固執という自意識に絡み取られ、呑み込まれてしまう、そう上田は見ているからである。

しかしそれだけではない。上田が自意識批判に集中するのは、「立って我」の直立我がもたらした現代の高度に発達したテクノサイエンス社会への危機意識が背景にある。上田は言う。

「人間ももはや人間的には生き得ないような、むしろ、人間自身がもはや人間的に生きることを求めないような組立体と言うべきものになってきた。それは、もはや造られた世界、すなわち、自然に与えられたものを素材とし、それに意味付与することによって人間のために造った世界ですらなく、素材をも造ることによって完全な人造世界、さらには単なる描かれた世界、いわゆるヴァーチャルな世界にまでなっている。直立して「脚下」を忘れ、「脚下」を忘れた軽さが、人間をして世界を描くことに浮遊せしめている。実質の素材はなく空虚があり、空虚のゆえに無制限な描き方が可能になる。情念や欲望に抵抗する物はなく、無制限に発情し、しかも空虚のなかで発散揮発してますます空虚になるのみという事態、そして狂乱態や絶叫が組立体世界のなかでの奇妙な神秘主義機能を発揮しつつ空虚を広げてゆくという事態にまで陥っている。人間学的優位性としての直立の、直立したままの偏りをもった加速度的直進が、事態をここまで来たらしめたと言わなければならないであろう。直立して「我」と言う。この「我」の集合体が制作する「我の世界」の一方的拡張が暴走してここまで来たということであろう。」（前掲書、四七―四八頁）

これが自意識という直立我の現代的帰結であり、本論文の冒頭で筆者が言及した諸問題と密接に連動した事態である。もちろん直立我自体が必ずしも悪いわけではない。立ち上がるという垂直の運動感覚のなかで、その反作用として自己否定が働き、自己を超えた高みへのセンス、あるいは自己を支える大地の深みへのセンスがあるなら、直立我は正常に作動する。しかし現実にはそうはならなかった。現実には「我ならずして」の自己否定がすっかり忘れられ、歯止めのない自意識の暴走となって今日に到っている。それが上田の時代認識である。では、あらためてどうするか、である。

これについては便利な処方箋はない。自意識に染みついた利己心を少しでも解消すること、それ以外に道はない。迂遠なことかもしれないが、それ以外に道はないのである。そこで上田は、それとの関連で、仏教の「我《が》」（我執・我欲）の思想に注目し、「貪《とん》・瞋《じん》・痴《ち》の三毒」の解消を説く。すなわちあくなき所有欲・支配欲としての貪、他者の存在そのものへの怒りとしての瞋、根本的無知無明としての痴の三毒の解消の必要性を強調する。

しかしそれならば、この貪瞋痴三毒の利己心を解消するにはどうすればよいのか。結局、ここに行き着くのである。これについてもまた便利な処方箋はない。基本的にはあくまで各人が「自分で」探究するほかないであろう。人から宛てがわれるものではないのである。そしてそのことを踏まえたうえで、上田は「無から出直す」、あるいは「無から新たに始める」ことを提唱する。上田は言う、「何がどうなるのか、誰にもわからないなかで、ひとつだけ言えることは、ほかならぬまさにこの「私」の脚下、「私ならずして」において開かれている脚下の無から新たに始める可能性はどこまでも「私」に残されているということである。そして個から個への道が残されているということである。自覚した個が、単に「私」的ではない意義を現す可能性があるであろう」（前掲書、一七〇頁）と。

では、「無から新たに始める」にはどうすればよいのか。これについては先にも触れたように、「坐して我なし」の坐禅である。上田はたとえば次のように言う。

「「坐って、何もしない」。直立を零度におさめ、手足を組んで背骨を真っ直ぐにしてまとめた全身体を、静かに座に、したがってさらに座を支えている大地に委ね、沈潜する。手も使わず（物事につかみかからない）、脚も使わず（物事を追わない）、頭も使わず（人間の思惑で物事を決めない）ということは、直立と結びついた人間の優位性を零度に戻して浄めることであり、手も脚も頭も存在全体を無にして出直すことである。「無にする」（宗教て」開かれることである。そして、無から出直す、すなわち坐禅から立ち上がる（入定《にゅうじょう》に対して出定《しゅつじょう》、宗教的象徴では「甦る」）。このとき、ふたたび世界内ではあるが、坐禅において開かれた「限りない開け」は閉ざされることなく、「我」がふたたびそこに居る世界は見えない二重性になっており、「我」も世界にありつつ同時に世界を透りぬけている「我ならざる我」である。坐禅から立ち上がって動き働くことは、いわば「無からの創造」である。その際、「無」は限りなく静寂であり、それだけに「動」はこの上なく動でありつつ、動いて動かずという趣がある。」（前掲書、五四―五五頁）

要するにこれが上田の自己変革論の核心である。そして筆者もここから出直すほかないと思っている。「道無窮」、果てしのない道だけれども、ここから出直すほかないのである。

しかしこうした上田の自己変革論を高く評価しながらも、なお最後に若干の問題点を挙げておきたいと思う。その一つは、先に言及したことと関連していることであるが、はたして自己喪失は自己固執という自意識に回収されてしまうものなのであろうかという問題である。自己喪失には自意識に回収されえないそれ固有の構造があり、それを深く考察する必要があるのではなかろうか。今日、いじめ・不登校・家庭内暴力・学級崩壊・自殺・少年犯罪等々、従来の常識をくつがえす社会病理・教育病理が続出しているが、そうした病理現象を解明するにあたって、心理学的には依存心や甘えとして考察されてきた面を強くもった自己喪失の観点抜きでは十分な解明がなしえないのではないか。もちろん自意識の観点も重要である。それは言うまでもないことである。しかしそれとともに自己喪失から見た解明が不可欠なのではないか。その点で、上田の自己喪失論は不十分な面があるように思われる。

第二はすでに前章で触れたことであり、繰り返しになるが、より根本的な問題と関わっている。上田は「無から出直す」ことを提唱しているが、しかしそのことは取りも直さず、無に裏づけられ、貫かれた愛、つまり無の愛から出直すことを意味しているのではなかろうか。西田幾多郎ならさしずめ「真の愛」（あるいは「絶対愛」）とでも言うところである。「自己否定に徹した自己肯定」、これを上田は、「私は、私ならずして、私である」と定式化するが、はたして愛なくしてこの定式化はスムーズに作動するものであろうか。それともこの定式化自体が愛の定式化であろうか。しかしそれにしても、上田は愛の問題にはほとんどまったく言及しない。そこが西田幾多郎と決定的に違うところである。どうも愛の問題を正面から論じることが苦手なのかもしれない。しかし愛なくして真の自己変革としての「則天立私」（あるいはこれを「則無立私」や「即無立私」と表記してもよい）は可能であろうか。この問題を最後に提起して本章を閉じることにする。

第十五章　西田幾多郎の純粋経験

第一節　純粋経験の基本構造

西田幾多郎といえば純粋経験、純粋経験といえば西田幾多郎というぐらい、西田の純粋経験はあまりにも有名であるが、しかしではその純粋経験とはいったいどのようなものなのかということになると、これが厄介で、なかなかすっきりとは納得しがたいところがある。つまり西田の純粋経験を純粋経験するのが容易ではないのである。

西田は「純粋経験を唯一の実在としてすべてを説明してみたい」（『善の研究』、岩波文庫、四頁）と言う。そして次のように言う。

「純粋経験というも単に知覚的意識をさすのでない。反省的意識の背後にも統一があって、反省的意識はこれに由って成立するのである、即ちこれもまた一種の純粋経験である。我々の意識の根柢にはいかなる場合にも純粋経験の統一があって、我々はこの外に跳出することはできぬ。」（前掲書、二二九—二三〇頁）

では、そのような純粋経験とはいったいどのようなものなのであろうか。

西田の「純粋経験」の「経験」は「意識」と読み換えることができる。それゆえたとえば、「純粋経験説の立場より見れば」とか、「純粋経験の立脚地よりして」とか、あるいは「純粋経験の状態においては」とか、その他その種の表現はすべて、「純粋意識説の立場より見れば」、「純粋意識の立脚地よりして」、「純粋意識の状態においては」といった表現に読み換えることができる。いや、それどころか、そもそも西田が用いている「経験」という用語はすべて基本的には「意識」という用語に読み換えることができる。それゆえたとえば、「個人あって経験あるのではなく、経験あって個人あるのである」（前掲書、三五頁）は、「個人あって意識あるのではなく、意識あって個人あるのである」に読み換えることができるし、あるいはまた、『善の研究』の出だしのあの有名な文言も次のように読み換えることができるのである。前者が原文であり、後者がその読み換えである。

「経験するというのは事実其儘《そのまま》に知るの意である。全く自己の細工を棄てて、事実に従《ごう》て知るのである。純粋というのは、普通に経験といっている者もその実は何らかの思想を交えているから、毫も思慮分別を加えない、真に経験其儘の状態をいうのである。たとえば、色を見、音を聞く刹那《せつな》、未だこれが外物の作用であるとか、我がこれを感じているとかいうような考のないのみならず、この色、この音は何であるという判断すら加わらない前をいうのである。それで純粋経験は直接経験と同一である。自己の意識状態を直下に経験した時、未だ主もなく客もない、知識とその対象とが全く合一している。これが経験の最醇なる者である。」（前掲書、一三頁）

「意識するというのは事実其儘に知るの意である。全く自己の細工を棄てて、事実に従うて知るのである。純粋というのは、普通に意識といっている者もその実は何らかの思想を交えているから、毫も思慮分別を加えない、真に意識其儘の状態をいうのである。たとえば、色を見、音を聞く刹那、未だこれが外物の作用であるとか、我がこれを感じているとかいうような考のないのみならず、この色、この音は何であるという判断すら加わらない前をいうのである。それで純粋意識は直接意識と同一である。自己の意識状態を直下に意識した時、未だ主もなく客もない、知識とその対象とが全く合一している。これが意識の最醇なる者である。」

しかしこのように純粋経験を純粋意識に読み換えたからといって、別にそれで純粋経験が明らかになるわけではない。なぜなら、そのときには、それはそれで、ではその純粋意識とはそもそも何かということが直ちに問題となるからである。

そこで、その解明のための手がかりとして、先に読み換えた文言に注意を集中することにしよう。それにしても、この文言は何を言わんとしているのであろうか。

思うに、ここでは、色を見る、音を聞くといった感覚的知覚レベルの純粋経験つまり純粋意識の状態が端的に指摘されている。言うまでもなく、それが主客合一である。「色が我、我が色」、「音が我、我が音」の、未だ主もなく客もない、主客未分の合一である。そこでは、見る我、聞く我は主観、見られる色、聞かれる音は客観といったふうに、未だ主客二元的に分離しておらず、見る我、聞く我は完全に色なり音と一つに融合している。そこでは、「見る色」、「聞く音」という、ただ独立自全の一事実あるのみである。

ところでこの純粋意識としての感覚的知覚は必ずしも瞬間的知覚とはかぎらない。たしかに先の文言にかぎって言えば、色を見、音を聞く「刹那」と、特に瞬間的知覚に焦点が合わせられているが、しかし西田自身は、純粋意識としての感覚的知覚を必ずしも「瞬間」に限定しておらず、それに「いくらかの時間的継続」を認めている。それは次の文言を読めば明らかである。

「我々は少しの思想も交えず、主客未分の状態に注意を転じて行くことができるのである。たとえば一生懸命に断岸を攀《よ》ずる場合の如き、音楽家が熟練した曲を奏する時の如き、全く知覚の連続といってもよい。また動物の本能的動作にも必ずかくの如き精神状態が伴うているのであろう。これらの精神現象においては、知覚が厳密なる統一と連絡とを保ち、意識が一より他に転ずるも、注意は始終物に向けられ、前の作用が自ら後者を惹起《じゃっき》しその間に思惟を入るべき少しの亀裂もない。これを瞬間的知覚と比較するに、注意の推移、時間の長短こそあれ、その直接にして主客合一の点においては少しの差別もないのである。」（前掲書、一六頁）

ところがここに思慮分別が加わるとき、つまり我がこれを見、聞いているとか、あるいはこの色は青だ、この音は鐘の音だとかいった思惟の働きが介入するとき、純粋意識は壊れる。そこでは、見る色、聞く音というただ一つの事実は解体し、見る我、聞く我と見られる色、聞かれる音の主客二元に分解し、さらに見られる色、聞かれる音もまた、この色は青だ、この音は鐘の音だというふうに、主語と述語の関係性に分解してしまうのである。しかしここで壊れるのは、ただ感覚的知覚としての純粋意識だけであって、純粋意識それ自体は全然、壊れていない。そもそも純粋意識つまり純粋経験は、西田にとって、すべてのものがそこから生まれ、そこにおいてあり、そこへと還って行くところのものであり、絶対に壊れようがないのである。

それゆえ思惟のうちにも純粋意識は働いている。つまり主客合一（主客統一）の力は働いている。たしかに一面では、思惟はすべてのものを客体化する。これを対象化あるいは表象化と言ってもいいが、とにかくそうしたうえで、思惟はものの構造や機能、もの相互の関係性を合法則的に思惟しようとする。そこでは思惟する我と思惟される対象は主客二元的に切れている。しかし他面では、思惟のうちには純粋意識が働いている。思惟はつねにそこから生まれ、そこにおいてあり、そこへと還って行く。冒頭の西田の引用文の言うごとく、反省的意識つまり思惟は純粋意識（純粋経験）の外に出られないのである。それゆえ純粋意識から見れば、思惟は主客二元的に分裂していながら分裂していない。なぜなら、純粋意識から見れば、たとえば、この色は青だ、この音は鐘の音だという思惟的判断において、思惟する我と思惟される対象が一つに融合しているからである。しかしそれでもやはり、この種の思惟的判断においては、思惟する我と思惟される対象の分裂は厳然として存在しており、解消されていない。それゆえ思惟の課題は、純粋意識の合一力（統一力）に深く従いながら、この分裂を解消し、分裂なき純然たる主客合一の状態において思惟することにあるのである。そこで西田は次のように言う。

「思惟は己《おのれ》自身にて発展するのである。我々が全く自己を棄てて思惟の対象即ち問題に純一となった時、更に適当にいえば自己をその中に没した時、始めて思惟の活動を見るのである。」（前掲書、二一七頁）

今かりに我々が、ある難解な数学的問題に取り組んでいるとしよう。その際我々は、こうすれば解けるのではないか、ああすれば解けるのではないかと、あれこれ試行錯誤するが、なかなか解けない。その数学的問題と我々とのあいだには大きな主客二元的分離が横たわっており、その分離に悩まされる。しかしある瞬間、ある着想（直覚）が浮かび、それに従って秩序正しく推論することによって解に達する。その時、その解と自己とのあいだには寸分の間隙もなく、一つに融合している。その解が我であり、我はその解である。最高の喜び。いやそれどころか、その解に達するために推論している間中も、我々はその数学的問題に自己を没入させて推論しているのであり、その間、次第に主客二元的分離が解消されて行く喜びを感じるのである。

あるいはまた我々が、ある哲学的思想についてあれこれ思惟しているとしよう。現に今我々は西田の純粋経験説について思惟しているが、その際大事なことは、その純粋経験説を外部から要領よく説明することではなく、そのなかに入り込み、それと一つになることである。では、一つになるとはどういうことか。それは、まず何よりも純粋経験に関する西田自身の思想展開にぴったりとつき従いながら、その思想展開を貫いている西田の根本直覚と一つになることである。なぜなら、西田自身も言うように、「我々がいかに縦横に思想を馳せるとも、根本的直覚を超出することはできぬ、思想はこの上に成立するのである。思想はどこまでも説明のできるものではない、その根柢には説明し得べからざる直覚がある、凡ての説明はこの上に築き上げられる」（前掲書、五五頁）からである。そしてこの直覚と一つになりながら、あらためて純粋経験に関する西田の思想展開のうちに自己を没して、それと一つになることである。そこでは西田の思想は私の思想となる。それが真に思惟することにほかならないのである。もちろん我々は我々なりの仕方で西田の純粋経験説を解釈し、説明しなければならない。そのなかで当然、批判すべき点があれば批判しなければならない。しかしそのためには、まず何よりもそれ以前に、西田の思想と一つになっていなければならない。つまり、こう言ってよければ、西田の純粋経験を純粋経験していなければならないのである。

しかもこのことは単に西田の思想に限らず、西田という一個の人間を理解する場合にもあてはまる。なぜならこの場合にも大事なことは、人間西田のなかに入り込み、彼の知情意と一つになって、ということは当然、我々の知情意が未だ分離していない独立自全の純活動あるのみのところから、そのさまざまな思い、その野心や挫折、その喜びや悲しみを理解することだからである。そのうえで、西田の伝記を書くのなら、書くべきである。さもないと、いくら西田関連の資料をかき集め、どれほど詳細に西田の生涯を追いかけようと、所詮は身辺雑記の域を出ないであろう。

それゆえ思惟の根底には、ある種の直覚がなければならない。数学的思惟であれ、哲学的思惟であれ、その他どのような思惟であれ、そこにはある種の直覚が働いていなければならない。これを西田は知的直観と呼んでいるが、たとえば夏目漱石が「文芸の哲学的基礎」という講演論文のなかで次のように語って、文芸作品の理解にとって必須のものとして、いわば「還元的感化」とでもいうべきものの重要性を強調しているが、これもまた一種の知的直観と見てよいであろう。

「還元的感化という字が少々妙だから、お分かりにならんかと思います。これを説明すると、こういう意味になります。文芸家は今申す通り自己の修養し得た理想を言語とか色彩とかの方便であらわすので、その現わされる理想は、ある種の意識が、ある種の連続をなすのを、そのまま写し出したものに過ぎません。だからこれに対して享楽の境《さかい》に達するという意味は、文芸家のあらわした意識の連続に随伴するという事になります。だから我々の意識の連続が、文芸家の意識の連続とある度まで一致しなければ、享楽という事は行われるはずがありません。いわゆる還元的感化とはこの一致の極度において始めて起る現象であります。

一致の意味は固《もと》より明瞭で、この一致した意識の連続が我々の心のうちに浸み込んで、作物を離れたる後までも痕迹《こんせき》を残すのがいわゆる感化であります。すると説明すべきものはただ還元の二字になります。しかしこの二字もまた一致という字面《じづら》のうちに含まれております。一致というと我の意識と彼の意識があって、この二つのものが合して一となるという意味でありますが、それは一致せぬ前に言うべき事で、既に一致した以上は一もなく二もないわけでありますからして、この境界に入れば既に普通の人間の状態を離れて、物我の上に超越しております。」（『文芸の哲学的基礎』、講談社学術文庫、八一―八二頁）

しかも逆説的と言えば逆説的、当然と言えば当然のことだが、この還元的感化つまり知的直観においては、たとえその文芸作品が人間相互の分裂・矛盾・葛藤状態の世界を赤裸々に描いたものであろうと、あるいは文芸作品にかぎらず、たとえばデカルトやカントのごとく、主客対立、自他二元をベースにした哲学的思惟を展開したものであろうと、それと合して一つになることによって、真にそれを理解するのである。

さらに西田においては、この知的直観は単に思惟のみならず、意志の根底にも働いていると見なされており、次のように言う。

「思惟の根柢に知的直観があるように、意志の根柢にも知的直観がある。我々が或事を意志するというのは主客合一の状態を直覚するので、意志はこの直覚に由りて成立するのである。意志の進行とはこの直覚的統一の発展完成であって、その根柢には始終この直覚が働いている、而してその完成した所が意志の実現となるのである。」（『善の研究』、岩波文庫、五六頁）

もとより西田にとって、意志の理想（目的）は、「主客を没したる知情意合一の意識状態」（前掲書、七九頁）、「知情意の分別なく主客の隔離なく独立自全なる意識本来の状態」（前掲書、一八八頁）に達することであり、それがまた真の善行為にほかならないのである。

しかし実際には、たえず知情意は分裂し、いたるところで自他矛盾、自他不一致に苦しめられ、理想は実現しない。それが我々の通常の意識状態である。ではいったいどうすればよいのか。

西田はこの解決を、本能的直覚や外在的権力（神権的権力や君権的権力）にも、あるいは単なる形式的な理性的思惟や快楽の感情（利己的快楽や公衆的快楽）にも求めず、まさに知的直観としての愛に求めている。主客合一（主客統一）の力としての純粋経験つまり純粋意識の最深最大の現われたる知的直観としての愛に求めている。

なぜなら意志がこの愛と一つに融合するときのみ、はじめて知情意もまた一つに合し、こうしてたえず我々を悩ます自他分裂から解放されるからである。そこで西田はこの愛について次のように言う。

「次に何故に愛は主客合一であるかを話して見よう。我々が物を愛するというのは、自己をすてて他に一致するの謂《いい》である。自他合一、その間一点の間隙なくして始めて真の愛情が起るのである。我々が花を愛するのは自分が花と一致するのである。月を愛するのは月に一致するのである。親が子となり子が親となりここに始めて親子の愛情が起るのである。親が子となるが故に子の一利一害は己《おのれ》の利害のように感ぜられ、子が親となるが故に親の一喜一憂は己の一喜一憂の如くに感ぜられるのである。我々が自己の私を棄てて純客観的即ち無私となればなる程愛は大きくなり深くなる。親子夫婦の愛より朋友の愛に進み、朋友の愛より人類の愛にすすむ。仏陀の愛は禽獣《きんじゅう》草木にまでも及んだのである。」（前掲書、二四三頁）

しかしそれにしても、ではいったいこの愛は何から由来するのか。言うまでもなく、それは神からである。では、神とは何か。神とは、西田にとって、宇宙を包摂する一大知的直観としての純粋意識（純粋経験）の統一力（合一力）の別名にすぎない。しかも、この「統一力」も他にしばしば使われている「統一作用」や「統一者」と全然同一で、この三者は互いが互いに他の別名でしかない。もともと西田においては、本体と現象は二元的に分離されえないものであって、両者は二であって一、一であって二であり、そのかぎりにおいて、本体とその現われとしての力や作用や活動は分離することのできないただ一つの事柄だからである。それゆえ純粋意識（純粋経験）の統一力を、純粋意識（純粋経験）の統一作用、純粋意識（純粋経験）の統一者と呼んでもまったく同じことなのである。

しかも西田はこの純粋意識（純粋経験）の統一力を、意識の統一力、宇宙の統一力、精神と自然とを合一した者、真実在、唯一の者の自発自展、唯一実在の唯一活動、独立自全なる無限の活動、我々の真の自己、ブラハマン即アートマン、有即活動、神人合一・神人同体、宇宙の本体、宇宙の根柢たる一大人格、統一的或者、超個人的統一、宇宙的意識統一その他、自在に使いわけているが、その指示するところのものはまったく同じである。そして神とはそうしたすべての名の究極の別名なのである。それゆえ原理上、西田における神は、一種の汎神論的神であって、単なる外在的な超越神の入る余地はまったくないのである。

そしてこの汎神論的神において、我々の愛は神の愛と分かちがたく合一し、互いに他を映し合うのである。「曩《さき》にいったように、我々の欲望は大なる統一を求むるより起るので、この統一が達せられた時が喜悦である。いわゆる個人の自愛というも畢竟《ひっきょう》此の如き統一的要求にすぎないのである。然るに元来無限なる我々の精神は決して個人的自己の統一を以て満足するものではない。更に進んで一層大なる統一を求めねばならぬ。我々の大なる自己は他人と自己とを包含したものであるから、他人に同情を表わし他人と自己との一致統一を求むるようになる。我々の他愛とはかくの如くして起ってくる超個人的統一の要求である。故に我々は他愛において、自愛におけるよりも一層大なる平安と喜悦とを感ずるのである。而して宇宙の統一なる神は実にかかる統一的活動の根本である。我々の愛の根本、喜びの根本である。神は無限の愛、無限の喜悦、平安である。」（前掲書、一二五―一二六頁）

第二節　合一力としての純粋経験

それゆえ西田の純粋経験説全体を貫いているものは驚くほど深い合一力（統一力）である。知も情も意も、時間も空間も、主観も客観も、真善美も、理想も現実も、物体も身体も心も、山川草木虫魚禽獣も、個人も家族も社会も国家も世界も、自然も精神も宇宙も神も、すべて何もかもがこの合一力（統一力）に包摂される。すべてのものが、そこから生まれ、そこにおいてあり、そこへと還って行くものとされる。この合一力（統一力）こそが純粋意識としての純粋経験の本体である。純粋経験においては、突きつめて言えば、意識現象が唯一の実在とされるが、しかしその意識現象は即ち宇宙意識であり、自然現象と精神現象は、このいわば宇宙意識ともいうべきものから立ち現われ、一定の分化発展を遂げた後、再び宇宙意識に還って行く。が、再び現われ、分化発展し、また還って行く。この無限の分化発展をはらんだ無限の循環運動を貫いているもの、それが合一力（統一力）なのである。

しかもこの合一力（統一力）は単に思想としての純粋経験説を貫くものであるだけでなく、人間西田本人の合一力（統一力）でもあった。彼はすべてのものをこの合一力（統一力）のうちに包摂しようとする。そうせずにはおられなかった。何とも言いようのない合一力（統一力）、西田自身の言葉を使えば、「自己以上の不可思議力」（前掲書、二四四頁）が働いていた。そこではもはや彼自身がこの合一力（統一力）に従って包摂しようとしているのか、この合一力（統一力）が彼をして包摂させようとしているのか見分けがつかない。彼はこの合一力（統一力）に取り憑き、取り憑かれているのである。しかもこの「取り憑き、取り憑かれる」こと自体がまた合一力（統一力）の働きにほかならないのである。

しかし世界は至るところ矛盾対立状態に満ちている。その世界の小さな一存在者にすぎない我々もまた、自己自身の内部においても、自他関係の間においても、至るところ矛盾対立状態に満たされている。それが我々を含めた世界の常態であり、当然、西田も例外ではない。そこには何かある強い力が働いている。そこで矛盾対立状態を引き起こし、かつそれを貫いているこの力を今かりに「分離力」と呼ぶことにするが、ではいったいこの分離力に対して、どう対応すればよいのであろうか。

この分離力に対して、あくまで西田はそれを合一力（統一力）のうちに包摂しようとする。もちろん西田はこの分離力を容認している。消極的にではなく、むしろ積極的に容認している。分離力は合一力（統一力）に不可欠だからである。「実在は矛盾に由って成立する」（前掲書、八五頁）とか、「活きた物は皆無限の対立を含んでいる」（前掲書、八七頁）とか、「衝突矛盾のある処に精神あり、精神のある処には矛盾衝突がある」（前掲書、一一二頁）とか、あるいは「統一の裏面には必ず矛盾衝突を伴う」（前掲書、一一八頁）とか、その他それに類したことを至るところで言っていることから、それは明らかである。しかしだからといって、分離力それ自体の独立性が容認されているわけではない。合一力（統一力）から独立に、それから切れたところで存在する分離力が容認されているわけではない。分離力が容認されるのは、それが合一力（統一力）に包摂されているかぎりにおいてである。なぜなら、あくまで西田にあっては、「実在は凡て統一に由って成立する」（前掲書、一一四頁）からであり、それはまた次の文言を見ても、明らかである。

「実在はこれに対立する者に由って成立するというが、この対立は他より出で来るのではなく、自家の中より生ずるのである。前にいったように対立の根柢には統一があって、無限の対立は皆自家の内面的性質より必然の結果として発展し来るので、真実在は一つの者の内面的必然より起る自由の発展である。」（前掲書、八八頁）

「意識統一の頂点即ち主客合一の状態というのは啻《ただ》に意識の根本的要求であるのみならずまた実に意識本来の状態である。（中略）然るに意識の分化発展するに従い主客相対立し物我相背《そむ》き、人生ここにおいて要求あり、苦悩あり、人は神より離れ、楽園は長《とこし》えにアダムの子孫より鎖《とざ》されるようになるのである。しかし意識はいかに分化発展するにしても到底主客合一の統一より離れることはできぬ、我々は知識において意志において始終この統一を求めているのである。意識の分化発展は統一の他面であってやはり意識成立の要件である。意識の分化発展するのはかえって一層大なる統一を求めるのである。統一は実に意識のアルファでありまたオメガであるといわねばならぬ。」（前掲書、一二二頁）

このように西田の合一力（統一力）は驚くほど深いものであった。何がなんでも分離力を合一力（統一力）に包摂せずにはおかないという迫力がある。それゆえ当然、分離力の現われとしての悪と苦は合一力（統一力）の現われとしての善と快のうちに包摂される。西田にとって、悪と苦は善と快に絶対的に対立するものではなく、むしろ前者は後者の不可欠の一部であった。悪あり苦あればこそ、世界も人も深い魅力をたたえ、それだけますます善は輝き、快はますます深いものとなるのである。では、善と快はどこから生まれるのか。言うまでもなくそれは最深最大の合一力（統一力）としての愛からである。もっと正確に言えば、「愛即知、知即愛」としての愛からである。西田にとって、愛と知は一体のものであった。そしてこの愛はまさしく合一力（統一力）の別名なのである。

もとよりこの愛は分離力の現われとしての各人の独立性を何ら否定するものではない。この愛においては、我々は互いに他の独立性を尊重しつつ、他と合一するのである。西田も、「余は自分の本分を忘れ徒《いたず》らに他の為に奔走した人よりも、能く自分の本色を発揮した人が偉大であると思う」（前掲書、一九五頁）と言っている。しかしそうは言うものの、他面ではやはりこの独立性が尊重されるのは、あくまでそれが合一力（統一力）に包摂されているかぎりにおいてでしかない。それに、もともと西田にあっては、この独立性は絶対に合一力（統一力）としての愛の範囲外に出られないのである。

しかもそのうえ、この愛は単に分離力を合一力（統一力）のうちに包摂しようとするにとどまらず、さらにこの分離力そのものを解消して、純然たる全き合一状態に達しようとする。達しようとしないではおられない。それがこの愛の本来の状態だからである。そこで例示して、西田は次のように言う。

「自己を忘れ、ただ自己以上の不可思議力が独り堂々として働いている。この時が主もなく客もなく、真の主客合一である。この時が知即愛、愛即知である。数理の妙に心を奪われ寝食を忘れてこれに耽ける時、我は数理を知ると共にこれを愛しつつあるのである。また我々が他人の喜憂に対して、全く自他の区別がなく、他人の感ずる所を直《ただち》に自己に感じ、共に笑い共に泣く、この時我は他人を愛しまたこれを知りつつあるのである。愛は他人の感情を直覚するのである。」（前掲書、二四四頁）

しかし残念ながら、その実現は容易ではない。たとえ実現しても、長続きせず、すぐに壊れてしまう。しかし壊れても壊れても、その実現に向かわずにはおられない。そこにしか真の快楽、真の幸福はないからである。

「最後に人心の苦楽について一言しよう。一言にていえば、我々の精神が完全の状態即ち統一の状態にある時が快楽であって、不完全の状態即ち分裂の状態にある時が苦痛である。右にいった如く精神は実在の統一作用であるが、統一の裏面には必ず矛盾衝突を伴う。この矛盾衝突の場合には常に苦痛である。無限なる統一的活動は直にこの矛盾衝突を脱して更に一層大なる統一に達せんとするのである。この時我々の心に種々の欲望または理想を生ずる。而してこの一層大なる統一に達し得たる時即ち我々の欲望または理想を満足し得た時は快楽となるのである。故に快楽の一面には必ず苦痛あり、苦痛の一面には必ず快楽が伴う、かくして人心は絶対に快楽に達することはできまいが、ただ努めて客観的となり自然と一致する時には無限の幸福を保つことができる。」（前掲書、一一八頁）

ここに純粋経験に託した西田の切実なる願いが率直に表明されているのである。

以上が西田幾多郎の純粋経験説の要点である。西田の純粋経験説は大変興味深いものであり、尽きせぬ魅力をたたえているが、その一方、非常に難解で、容易に人を寄せつけないところがある。しかしそれも、以上の要点をしっかりと自得すれば、自ずから参入することができるであろう。

第三節　合一力の起源

だがそれにしても、いったいどのようにして西田はこれほど深い合一力を身につけるようになったのであろうか。たとえば普通、我々は熱いものを熱いと感じたとき、単に外からその熱いものを熱いと感じている。その熱いものと我々とは切れている。ところが西田にあっては、熱いものを熱いと感じたとき、その熱いもののなかに入り込んで、それと一つになって熱いと感じている。内から熱いと感じている。皮膚に取り囲まれた自己に閉じ込もることなく、自己を超え出て熱さと一つになって熱いと感じている。そこにあるのはただ熱いものだけであって、その熱いものを熱いと感じる西田はいない。もっと正確に言えば、その熱いものと一つになった西田はいるが、その熱いものから分離した西田はいないのである。いったいどのようにして西田はこれほど深い合一力を身につけるようになったのであろうか。はっきり言って、よくわからない。生まれつきとしか言いようがないのである。

もちろんこの合一力自体は誰もが生まれながらに持って生まれてくるし、また生涯この合一力がなくなることはない。それゆえ実を言えば、我々もまた西田と同じく、決して見るもの、聞くもの、触れるものと切れてはいない。つねに我々は見るもの、聞くもの、触れるもののなかに入り込んで、それと一つになって見たり、聞いたり、触れたりしている。たとえば、我々が人の笑い顔や泣き顔を見て思わず笑ったり、泣いたりするのは、単に外からその人の笑い顔や泣き顔を模倣しているのではない。それではどこまで行っても、ギコチナク、不自然なままである。そうではなくて、内から笑い、泣くのである。その人の笑い顔や泣き顔のなかに入り込んで、それと一つになって自然に笑い、泣くのである。

あるいは、もう一つ例をあげれば、たとえばある人が私の手を握って熱いと言ったとき、どうしてそれが、その人が私の手を熱いと言っているのだということがわかるのであろうか。私自身は熱さを感じていない。私が感じているのはむしろ、その人の手の冷たさである。それなのに、どうしてわかるのであろうか。明らかにそこには合一力が働いている。相手が私の手を触って熱いと言ったとき、その相手の感じている熱さのなかに入り込んで、それと一つになって、その熱さを感じているのである。もしこの合一力がなければ、おそらく私は熱さと冷たさを混同してしまうであろう。なぜならそのとき私に与えられているのは、相手の手の冷たさと、相手の熱いという言葉だけだからである。しかし普通、我々は混同しない。極端に合一力が浅くなっていないかぎり、言い換えれば、極端に皮膚に取り囲まれた自己のなかに閉じ込もり、自閉症に陥っていないかぎり、相手が私の手を熱いと言っているのだということが自然にわかるのである。

それゆえ自閉症でないかぎり、合一力は働いている。しかしそれでもやはり、我々の場合、西田ほどにはこの合一力は深くない。いったいどうしてなのか。

それは、一般に我々の場合には、分離力が合一力を上回り、その分離力によって合一力が強く抑圧されているからである。見る私、考える私、感じる私と見られるもの、考えられるもの、感じられるものとが主客二元的に分離しているからである。つねに外から見、考え、感じるからである。

たとえば我々が今、固いものに触れて固いと感じたとしよう。それはごくありふれた経験であるが、人生はそうしたありふれた経験の流れをベースにして成り立っている。しかしそれにしても、この経験において何が起こっているのであろうか。固いものがあるから固いと感じるのか、それとも固いと感じるから固いものがあるのか、どちらであろうか。この問いは一見すると、なにげない問いのように思われるかもしれないが、この問いにどう答えるかはある意味、我々の人間観・世界観を決定的に左右する問いである。認識論的には、前者に傾けば、実在論となり、つきつめれば唯物論に行き着き、逆に後者に傾けば、観念論となり、これまたつきつめれば唯心論に行き着く。この問いは西洋認識論において数百年に渡って、いやそれ以上に渡って延々と議論されてきたものであり、いまだ決着がついていない問いである。

しかし思うに、いったいなぜこの問いが起こってくるのであろうか。そもそもこの問いはどこから発せられるのであろうか。明らかにこの問いが起こってくるのは、固いものを固いと感じる経験がすでに主客二元的分離を前提としているからである。固いものと、その固いものを固いと感じる我々とがすでにもう主客二元的に切れているところから、固いものを固いと感じているから、この問いが発せられるのである。もし固いものを固いと感じたとき、その固いもののなかに入り込んで、それと一つに合して固いと感じていたなら、もし固いものは我々であり、我々が固いものであるなら、この問いは起こってこないであろう。西田はそうした深い合一力を身につけていた。人並みはずれて深い合一力を身につけていた。もとより西田も人の子であり、それゆえ当然、自己の内と外、至るところに働く分離力を感じていた。感じざるをえなかった。それゆえ彼もまたこの種の問いに悩まされ続けた。それは、『自覚に於ける直観と反省』の「悪戦苦闘のドッキュメント」（『自覚に於ける直観と反省』西田幾多郎全集第二巻、岩波書店、一一頁）を見れば明らかである。しかし西田には同時に、人並みはずれて深い合一力があった。それが分離力を包摂しようとする。いや包摂しようとするだけではなく、分離力そのものを解消しようとする。解消しようとせずにはおられない。そしてそれは次のように言うところまで行くのである。

「真の善行というのは客観を主観に従えるのでもなく、また主観が客観に従うのでもない。主客相没し物我相忘れ天地唯一実在の活動あるのみなるに至って、甫めて善行の極致に達するのである。物が我を動かしたのでもよし、我が物を動かしたのでもよい。雪舟が自然を描いたものでもよし、自然が雪舟を通して自己を描いたものでもよい。元来物と我と区別のあるのではない、客観世界は自己の反影といい得るように自己は客観世界の反影である。我が見る世界を離れて我はない。天地同根万物一体である。印度《インド》の古賢はこれを「それは汝である」**Tat twam asi** といい、パウロは「もはや余生けるにあらず基督《キリスト》余に在りて生けるなり」といい（加拉太《ガラテア》書第二章二〇）、孔子は「心の欲する所に従うて矩《のり》を踰《こ》えず」といわれたのである。」（『善の研究』、岩波文庫、一九三頁）

「終りに臨んで一言して置く。善を学問的に説明すれば色々の説明はできるが、実地上真の善とはただ一つあるのみである、即ち真の自己を知るというに尽きて居る。我々の真の自己は宇宙の本体である、真の自己を知れば啻に人類一般の善と合するばかりでなく、宇宙の本体と融合し神意と冥合するのである。宗教も道徳も実にここに尽きて居る。而《しか》して真の自己を知り神と合する法は、ただ主客合一の力を自得するにあるのみである。」（前掲書、二〇六―二〇七頁）

ここで再度問おう、いったい西田はどうしてこれほどの合一力を身につけたのであろうか。生来のものであるとは先に述べたが、しかしそれだけではこれほどの合一力を身につけるのはむつかしい。では、何がこれほどの合一力を養ったのであろうか。

これについては、すぐさま思い浮かぶのは坐禅であろう。事実、日記を見ると、二十代後半から三十代にかけて、集中的に坐禅を続けている。この間、坐禅を中心に生活がまわっているという感すらある。その例として、たとえば坐禅を始めたばかりの明治三十一年二月のある一週間を見てみると、こうである。


「十四日（月）岡本、山本ヨリ手紙来ル。夜渡辺君来訪。九時頃ヨリ十二時マデ打坐。

十五日（火）午後渡辺、永井両君来訪。夜ハ打坐、十一時半マデ。

十六日（水）此日午後三時ヨリ北條氏宅ニテ独逸会アリ。夜十二時半帰ル。岡本へ手紙ヲ出ス。

十七日（木）午後永井君来ル。夜渡辺君来ル。七時過ヨリ十二時マデ打坐。

十八日（金）午後詩話ヲ読ム。夜由比君来訪。九時半ヨリ十二時マデ打坐。母及ビことみヨリ手紙来ル。

十九日（土）午後学校ニテ会議アリ。夜稲葉君来訪。十一時ヨリ一時半マデ打坐。

山本ニ Sidgwick ヲ送ル。

二十日（日）午後稲葉君と散歩ス。ソレヨリ牧瀬氏ヲ訪フ。夜小柳君ト松本氏ヲ訪フ。得田、榊へ手紙ヲ出ス。九時ヨリ十二時マデ打坐。」（『日記』西田幾多郎全集第十七巻、岩波書店、二八頁）

あるいは、もう一つ例をあげると、その三年後の明治三十四年の年始めは次のように記されている。


「一日（火）晴。早起雪門老師と達磨大師に拝をなす。昨夜不眠、精神不快なるにより麻水の上に散歩し、帰路に堀君を訪ふ。午後睡眠。夜坐禅。

二日（水）晴。午前坐禅。午後桑原政明君来り雑談。夜坐禅。此日は大に無用に時を消す。

三日（木）晴。午前坐禅。午後山を散歩す。夜坐禅。十二時頃まで独参。

四日（金）雨。午前坐禅。午後少し眠りて後坐禅。夜坐禅、十一時半まで。

五日（土）午前坐禅。午後坐禅。夜坐禅。十二時半頃まで。僧堂にあり未透の者が受くる恥辱を思ふて大に感んず。

六日（日）午前坐禅。午後坐禅。今村次七に逢ふ。夜坐禅、十一時頃まで。榎戸来宿。此夜和尚の処へ招かれ話をきく。参禅の要は実地の辛苦にあり、人往々禅を以て他に資せんと欲す、大なる誤なり。参禅の眼目は生死解脱にあり、この外他事あるなし。余も自〔ら〕省みて大に感ずる所あり。」（前掲書、四六―四七頁）

さらにその四年後の八月には次のように記されている。


「四日（金）家にありて打坐。どうも家にありては真面目になるを得ず、外魔に妨げらる。併しこれにてはダメなり。午後森内君を訪ふ。夜打坐。

五日（土）打坐。

六日（日）打坐。午後安達欽靖来る。夜三竹君を訪ふ、未だ帰らずといふ。

七日（月）打坐。」（前掲書、一五〇―一五一頁）

このように、ある時期、坐禅への持続的で集中的な行が実践されている。そしてそれが深い合一力を養ったことは間違いないであろう。生来の合一力をなお一層深化させるのに与って大であった。西田の純粋経験の背後に坐禅があるというのは定説となっているが、それは否定しがたい事実と言ってよいであろう。

第四節　人生の悲哀と無の自覚

しかしそれでもやはり、先にも述べたごとく、西田もまた人の子である以上は、至るところに働く分離力に直面し、苦しんだはずである。いや、はずではなく、苦しんだ。苦しみ続けた。彼ほど苦しみ続けた人もめずらしい。分離力は、いくら解消しようとしても、解消しようとする、その矢先から立ち現われてきて、彼を苦しめる。人一倍深い合一力の持ち主であるだけに、その苦しみもまた人一倍深いものがある。分離力に引き裂かれた人間関係の矛盾相克のなかで、「人は冷酷なり、人に由るはつまらぬものなり。人は己を利用し、愚弄するなり」（前掲書、一一二頁）と痛烈に言わしめるとともに、「余の如きは日々に私欲の為め此の心身を労す。慚愧々々」（前掲書、五一頁）と幾度となく自戒の言葉を吐かしめることになる。

とりわけ分離力のなかでも最深最大の分離力は愛する者との死別である。西田はその生涯において肉親・友人・教え子との度重なる死別を経験している。それは西田には如何とも為しがたいしかたで襲いかかってくる。もとよりそれは一人西田に限ったことではない。人として生まれてきた限り、誰もが経験することである。しかし人並みはずれて深い愛の合一力に貫かれていた西田にあっては、それは耐えがたい苦しみであり、ついには「しみじみとこの人生を厭いけりけふ此頃の冬の日のごと」（『西田幾多郎随筆集』、上田閑照編、岩波文庫、二四一頁）と痛切な悲哀の歌を歌わしめる。悲哀に満ちた人生経験を通じて西田は、どれほど合一力を深めようと、分離力のもたらす苦しみは絶対に解消されないことを思い知ったのであり、「哲学の動機は「驚き」ではなくして深い人生の悲哀でなければならない」（『無の自覚的限定』西田幾多郎全集第六巻、岩波書店、一一六頁）という独特の哲学観が吐露されるのもそこからなのである。

しかし西田はこの苦しみにありながら、いやこの苦しみにあるからこそと言ったほうがよいが、この苦しみを突き抜けて、限りなく深い底無き底に向かって自己を開いて行く。分離力のみならず、その分離力を解消しようとする合一力をもともに突き抜け、底無き底に向かって自己を開いて行く。そこにおいては、分離していることがそのまま合一していることであり、合一していることがそのまま分離していることであるような底無き底に向かって自己を開いて行く。そしてこの底無き底を西田は「真の無」と呼び（あるいはこれを「絶対無」あるいは端的に「無」とも呼び）、たとえば次のように言う。

「直覚の背後に、意識の野とか、場所とかいうものを認めるというには、多くの異論があるかも知らぬが、直覚というのが単に主もなく客もないということを意味するならば、それは単なる対象に過ぎない。既に直覚といえば、知るものと知られるものとが区別せられ、しかも両者が合一するということでなければならぬ。而して知るものは単に構成するとか、働くとかいうことを意味するのではなく、知るものは知られるものを包むものでなければならぬ、否これを内に映すものでなければならぬ。主客合一とか主もなく客もないということは、唯、場所が真の無となるということでなければならぬ。」（『場所・私と汝』西田幾多郎哲学論集Ⅰ、上田閑照編、岩波文庫、八二頁）

この底無き底としての真の無はもはや分離力も合一力も届かぬ所、したがってまたこの分離力と合一力の絡みあいが織り成す我々の知情意が届かぬ所、しかもそれでいて分離力と合一力が、したがってまた我々の知情意がそこから生まれ、そこにおいてあり、そこへと還って行く所である。西田は歌う、「我心深き底あり喜びも憂の波もとゞかじと思ふ」（『日記』西田幾多郎全集第十七巻、岩波書店、三九八頁）と。これは、先に挙げた歌や、あるいは「運命の鉄の鎖にひきずられふみにじられて立つすべもなし」（前掲書、三九五頁）といった歌が歌われたのとほぼ同時期に歌われた歌であるが、まさに「無の歌」と言ってもよく、我々の心深く沁み入るものがある。そしてこの底無き底としての無の自覚においてもまた、坐禅が決定的に重要な位置を占めていることは言うまでもないことである。

しかもこの無の自覚に深く徹することによって西田は、分離力の解消ではなく、むしろかえって分離力を積極的に容認する方向に向かう。それはとりもなおさず我々一人ひとりの個人性（個物性）を尊重しようとすることであり、「人は人我は我也とにかくに我がゆく道を我はゆくなり」（前掲書、四九六頁）とはっきりと歌いうる方向である。いわゆる個人主義の方向である。もとよりこの方向は、「余は自分の本分を忘れ徒《いたず》らに他の為に奔走した人よりも、能く自分の本色を発揮した人が偉大であると思う」（『善の研究』、岩波文庫、一九五頁）というふうに、純粋経験説においてもすでに認められるところのものであり、事実それと連動して、たとえば坐禅三昧と言っても過言でないほど坐禅に打ち込んだ時期の日記を見ると、「大丈夫事を成す唯自己の独力之れ恃む、決して他人の力をからず」（『日記』西田幾多郎全集第十七巻、岩波書店、九九頁）といった類の自戒の念をこめた表現が随所に認められるし、また自主独立・独立自尊を一身に体現した一代の傑物・福沢諭吉の死の報に接して、「福沢先生逝き、先生が独立独行、人によらずして事をなせしを思ひ深く感ずる所あり。大丈夫将にかくの如くならざるべからざる也」（前掲書、五〇頁）と深い尊敬の思いが書き記されたりもしている。さらに遡れば、四高の学生時代、友人数人と掲げたスローガン「頂天立地自由人」はその青春期の表現である。西田にとって、この方向はその生涯を貫く基本階調だったのである。

しかしそれでもなおやはり、純粋経験説に限って言えば、個人性を解消しようとする方向が圧倒的に優位を占めている。合一力が分離力を解消しようとする方向が強く全面に打ち出されている。そしてそれが純粋経験説の魅力でもある。ところがそれに反して、人生の辛酸をなめつくすなかで、深く無の自覚に徹することによって、西田ははっきりと個人性尊重の方向に向かう。もちろんだからといって、合一力が抑圧され、弱まるわけではない。むしろ逆に尋常ならざる深みに深められて行く。ただその合一力は、合一力と分離力が矛盾相克をはらみながら、しかも「合一即分離、分離即合一」の合一力である。もっと具体的に言えば、一方では「汝は汝、私は私」と互いの絶対の他性をはっきり見据えながら、しかも同時に「その絶対の他としての汝のなかに私が生き、私のなかに絶対の他としての汝が生きる」、そのような合一力である。時としては分離力を、つまり私と汝の自他二元性を解消しようとする方向性がなお依然として強く立ち現われてくることがあるにしても、基本的にはそのような合一力である。この無の自覚に裏づけられた合一力を西田は、絶対否定の弁証法、絶対矛盾的自己同一、行為的直観、逆対応等々、さまざまに読み換えながら、苦心惨憺なんとか言説化しようと試みている。たとえば西田後期の最も美しい論文「私と汝」のなかでは次のように言われている。少し長くなるが、引用することにしよう。

「絶対否定の弁証法において、自己の中に絶対の他を見るということは同時に絶対の他の中に自己を見るということでなければならぬ。」（『場所・私と汝』西田幾多郎哲学論集Ⅰ、上田閑照編、岩波文庫、三二二頁）

「私は私の表現の類推によって汝を知るという如き考の支持し難きはいうまでもなく、私は汝の表現に没入することによって汝を知るのでもない、いわゆる感情移入によって汝を知るのでもない。私は汝が私に応答することによって汝を知り、汝は私が汝に応答することによって私を知るのである。私の作用と汝の作用とが合一することによって私が汝を知り汝が私を知るのではなく、互に相対立し相応答することによって相知るのである。そこにはいつも作用と反動との如き関係がなければならぬ、いわゆる直覚と考えられるものとは全然異なった意味がなければならぬ。普通に直覚的に私が汝を知ると考えられる場合、かかる意味が明《あきらか》にせられていないと思う。私が汝の情緒に移入することによって、私が汝を知るのではなく、私という人格が汝という人格に直に応答することによって私が汝を知るのである。故に私は汝と同感することによって汝を知るよりも、むしろ汝と相争うことによって一層よく汝を知るということができる。而《しか》して斯《か》く応答によって私が汝を知り汝が私を知ると考えられるとともに、汝の応答なくして私は私自身を知ることはできない、また私の応答なくして汝は汝自身を知ることはできないということができる。

自覚において自己の中に絶対の他を見、他が自己の意味を有つという時、我々に対し絶対の他と考えられるものは自己自身を表現するものの意味を有たなければならない、かかる関係の底には人と人との関係がなければならない。而して人と人との関係ということは話し合うということでなければならない、互に応答するということでなければならない。私が他人の思想感情を知るといっても単に私と他人とが合一するということではない、私の意識と他人の意識とは絶対に他なるものでなければならない。私の意識は他人の意識となることはできないという意味においては、私は絶対に他人の意識を知ることはできない。絶対に対立するものの相互関係は互に反響し合う、即ち応答するということでなければならない。何処までも独立に自己自身を限定するものが、自己限定の尖端において相結合するのが応答ということである、そこにはいわゆる自他合一と正反対の意味がなければならない。いわゆる宇宙感情という如きものにおいて人は大宇宙と合一すると考えられる。しかし単に我が宇宙と合一しこれに没入すると考えるならば、我というものはない。斯く考えれば単なる無意識と択ぶ所がない（万有神教の弱点は此《ここ》にあるのである）。そこに大宇宙を一つの人格としてこれと話し合うという意味がなければならない。我々は無意識となることによって大宇宙と合一するのではなく、我々の人格的自己限定の尖端において宇宙的精神と面々相接するという意味でなければならぬ。」（前掲書、三一八―三二〇頁）

驚くべき合一力と言わねばならぬ。そして西田にとって、この合一力は突きつめて行くと結局、愛と言うほかないものに収斂して行くのである。西田は言う。

「愛というのは、本能的ということではない。本能的なるものは、愛ではない、私欲である。真の愛というのは、人格と人格との、私と汝との矛盾的自己同一的関係でなければならない。」（『自覚について』西田幾多郎哲学論集Ⅲ、上田閑照編、岩波文庫、三六八頁）

「真の愛というのは何らかの価値のために人を愛するのでなく、人のために人を愛するということでなければならぬ。如何に貴き目的であっても、そのために人を愛すると考えられるならば、それは真の愛ではない。真の愛とは絶対の他において私を見るということでなければならぬ。そこには私が私自身に死することによって汝において生きるという意味がなければならぬ。自己自身の底に絶対の他を見ることによって、即ち汝を見ることによって、私が私であるという私のいわゆる絶対無の自覚と考えられるものは、その根柢において愛の意味がなければならぬ。」(『場所・私と汝』西田幾多郎哲学論集I、上田閑照編、岩波文庫、三四八―三四九頁)

西田哲学を貫く根本テーマはいったい何だったのか。これについては、人によりさまざまなことが言われ得ようが、突きつめれば結局、愛ということであり、この点においては、純粋経験説以来、終始一貫、変わることがなかった、それが私自身の結論である。

本章は、西田幾多郎のいわゆる純粋経験を私自身のなかで納まりをつけたい、納まりがつくように納まりをつけたいという思いで論じてきた。うまく納まりがついたかどうか自信がないけれども、今のところこれ以上の納まりがつかないというのが正直なところである。

私は西田幾多郎という一人の哲学者を、いや哲学者というよりも一人の人間を深く愛している。私のなかに西田が生き、西田のなかに私が生きている。もとより物理的には西田はもうとっくにこの世にいない。そもそも私がこの世にやってくる前にもういない。だがこの世に西田の言葉が残された。この言葉を通してまっすぐに西田とつながっている。たしかに彼の言葉は難解で、何を言っているのかわからないところが多い。しかしそれをも含めて、まっすぐにつながっている。

人は何のためにこの世に生まれてきたのか。この問いに一義的な答えはない。人により、さまざまであろう。私自身は、人は人を愛するために、この世に生まれてきたと思っている。汝のなかに私が生き、私のなかに汝が生きるようになること、そしてそのことが同時にまた、汝が汝として生き、私が私として生きることの助けとなること、そのような愛においてあること、そのために人はこの世に生まれてきたと思っている。そしてこの愛を私は「無の愛」と呼んでいる。それは先の西田幾多郎の「真の愛」にひとつの名を与えたところのものである。

しかもこの真の愛、つまり無の愛においてあるとき、そのとき必ずや、ある決定的なことが了解されるであろう。つまり、結局人は、あの世で誰と共に生きていくのか、その相手を見つけるためにこの世に生まれてきたのだということが了解されるであろう。人生を単にこの世限りのものと見てはならないのである。そもそも人との出会いに限らず、この世で出会うさまざまな問題を何もかもすべてこの世で処理してしまおうとするのは不自然で、無理がある。政治経済の分野であれ、学問芸術の分野であれ、教育や心理臨床の分野であれ、その他いかなる分野であれ、そこで出会う問題をすべてこの世で処理してしまおうとしても、出来るものではない。無理に処理しようとするから、息苦しく、変になってしまうのである。もとよりあの世にもこの世にも実体はない。それゆえ当然、永遠不滅でもない。しかし実体もなく永遠不滅でもないながらに、あの世は存在する。この世が同じく実体もなく永遠不滅でもないながらに存在するように。それゆえ私の西田幾多郎とのつき合いは、あの世まで持ち越すであろう。いや確実に持ち越す。そう深く確信している。

しかし本書ではこの面についてはこれまでまったく言及してこなかった。いきなりこの面に言及することは邪道に陥る危険性が高いと判断したからである。しかしここまで論じてきた今、それほど読者も奇異の感を抱かれないと思うので、そう最後に正直に告白して本章を閉じることにする。

第十六章　無我論

第一節　思う我

我々人間にはどこかで狭く閉じ込められた自己自身を超え出たい、その外に出てみたいという思いがある。人間は人間として存在していること自体が孤独であるがゆえに、そういう思いにとらわれざるをえない。しかし容易には出られない。では、いったいどうすれば自己自身の外に超え出ることができるのか。

まずはデカルトの次の言葉を読むことから始めよう。

「そこで私は真理の源である最善の神ではなく、最高の力をもつと同時に悪賢い或る悪意ある魔神が、私を欺くことにその全力を傾けているのだと仮定しよう。天も空気も地も色も形も音も、その他外的な一切の事物は、この魔神が私の信じ易い心を籠絡するために用いる夢幻にほかならないのだと考えよう。私自身、手もなく、眼もなく、肉もなく、血もなく、なんらの感覚をももたず、ただ誤ってこれらすべてのものを所有しているつもりでいるのだと考えよう。私はあくまでも執拗にこの省察にとりこもろう。かくして、何かの真理を認識することは私の力におよばないにしても、少なくとも〔私の判断を差し控えるという〕このことは私にできることである。」（『省察』、桝田啓三郎訳、角川文庫、二三一頁）

これは揺るぎなき確固たる真理を発見するための必要不可欠の手続きとしてとられた、いわゆるデカルト的懐疑の基軸をなすものである。たしかにそれはその通りなのであるが、しかしこれは読みようによれば、自己自身の外に超え出ようとする内的衝迫を表わすものと見ることもできよう。

しかし実際にはそうはならなかった。自己を超え出ようとして、すべてのものを疑いながら、そのあげくのはてに結局、自己に返ってきてしまう。では、どのようにしてか。デカルトは言う。やや長いが、デカルト的懐疑の帰結の核心部分を成しているので、あえて引用することにする。

「そこで私は、私が見る一切のものは偽であると仮定する。欺きやすい記憶が表わすものは何一つかつて存在しなかったのだと信じよう。私は感覚というものをまったくもたず、物体も形も延長も運動も場所も〔私の精神の〕幻想〔にすぎないもの〕だとしよう。そしたら、真なるものと〔思われるの〕は何であろうか。おそらく、〔世の中に〕確実なものは何もない、というただこの一事だけであろう。

しかし、いましがた私が数えあげたすべてのものとは異なっていて、疑いを容れる余地などまったくないといったようなものは何も存在しないことを、いったい私はどこから知るのであるか。もしかしたら、何か神といったものが、あるいは、それを何と呼ぶにしても、そのようなものがこうした考えを私に注ぎ込むのではあるまいか。けれども、なぜ私はそのようなものを仮定する必要があるのであろうか。だって私自身がそのような考えの作者でありうるはずではないか。してみると、少なくとも私は何ものかであるのではないか。しかしながら、すでに私は私が何らかの感覚や何らかの身体をもつことを否定したのである。しかし待て、そうするといったいどういうことになるのか。私は身体や感覚につながれていて、それらなしには存在しえないのであろうか。しかし、世界のうちにはまったく何物もない、天も地も精神も肉体もない、と私は確信したのである。してみると、私もまた存在しないのであろうか。いな、むしろ、私が何かを確信したからには、〔あるいは、私が何かを考えたというだけで、〕たしかに私は存在したのである。しかし、誰かしらきわめて有力な、この上なく悪賢い欺瞞者がいて、故意に私をいつも欺いているのではあるまいか。彼が私を欺くのであれば、それなら疑いもなく私もまた存在するのである。たとえ彼がどれほど私を欺こうとも、私が自分は何ものかであると考えるであろう間は、彼は決して私を何物でもなくすることはできないであろう。したがって、一切のことをとくと思いめぐらし〔注意深く検討し〕たあげく、けっきょく、私は存在する、私は実存する、というこの命題は、私がこれをいい表わすたびごとに、あるいは心のなかで考えるたびごとに、必然的に真であるとして、これを立てざるをえないであろう。」（前掲書、三五―三六頁）

これはかなり入り組んだ説明であるが、その要点を集約すれば、次のようになるであろう。すなわち、いま私はおよそ存在するすべてのものの存在性を、あるいはおよそ存在すると思い込んできたすべてのものの存在性を疑っている、しかしそのようにすべてを疑わしいと思っている私、その私は何ものかである、つまり私は何ものかとして存在する、つまり私は存在する、と。さらにこれをぎりぎりまで凝縮すると、「思う我はある」（スム・コギタンス、sum cogitans）となる。そしてこれを分解して、命題風に定式化すれば、あの有名な「我思う、ゆえに我あり」（コギト・エルゴ・スム、cogito, ergo sum）となるのである。

しかしここで是非とも注意しておかねばならないが、この「コギト」としての「我思う」はほとんどつねに「我概念す」と取り違え、混同される。そして取り違え、混同したところで、この定式化に対抗して、それをもじって、「我感覚す、ゆえに我あり」とか、「我歩く、ゆえに我あり」とか、「我笑う、ゆえに我あり」とか、あるいは「我信ず、ゆえに我あり」というふうに定式化して、デカルトを批判した気になっているが、これは大きな誤解であり、批判にもなんにもなっていない。なぜならデカルトの「我思う」はそうしたものをすべて含み込んで「我思う」だからである。それゆえ今風に言えばむしろ、「思う我」は「意識する我」であり、「我思う、ゆえに我あり」は「我意識す、ゆえに我あり」というほうが適切であろう。それは次の言葉を読めば明らかである。

「しかし、それでは私は何であるのか。思惟するものである。思惟するものとは何なのか。むろん、疑い、概

念し、肯定し、否定し、欲し、欲しない、また想像し、そして感覚するものである。」（前掲書、四〇頁）

しかしそうだとすると、「我思う」の我は絶対に我の外に出られないことになる。それは単に「我思う、ゆえに我ありと我思う」というふうにたえず反省的に再帰する傾向をはらんでいるという理由からだけではない。単にそれだけではなくて、そもそもこの「我思う」にあっては、我が何を感覚し、概念し、意志し、為そうとも、すべて「我思う」だからである。こうして「我思う」としての「思う我」は「思う我」の内部で堂々めぐりし、その外に出られないのである。

もとよりこの「思う我」は普段は「身体」と呼ばれる「存在者」を媒介として外界のさまざまな存在者と関わっている。しかも関わっている存在者が現に存在していると何のためらいもなく思い込んでいる。しかし実際にはただ思い込んでいるだけであって、本当に身体という存在者や、その身体を媒介として見聞覚知する外界のさまざまな存在者が存在するかどうか、「思う我」は自力では確認できないのである。存在すると思い込むことはできるし、そう思い込んでいる「思う我」自体が存在することは確認できる。しかし「思う我」以外の身体を含む他の存在者が現に存在することは確認できないのである。ではどうすれば確認できるのか。

それは神の存在性が確認できたときだけである。神が確かに存在するならば、その神は完全なる存在者であり、それゆえにまた最善の存在者であるのだから、「思う我」としての私を決して欺いたりするはずはなく、私が身体をはじめ、さまざまな存在者が存在すると思っている、その思っている通りにそれらの存在者を存在させてくれていることは間違いがないからである。しかもひとたび、神の存在性が確認できれば、その後は一々神の存在性を確認する手間をとらずとも、安んじて私は身体をはじめとする外界のさまざまな存在者が確かに存在すると思っていいのである。

そこでデカルトは全力で神の存在証明にとりかかる。それが、心理学的証明・本体論的証明・宇宙論的証明というあの周知の三つの存在証明である。しかしそのうち心理学的証明と本体論的証明は、神の存在性をもって神の観念を証明し、神の観念をもって神の存在性を証明するという堂々めぐりの悪循環に陥っており、宇宙論的証明も、「思う我はある、ゆえに神はあるはずである」という蓋然的推測以上の域を出るものではなく、その存在証明は不十分だと言わざるをえない。しかしどうしてそういうことになるのか。それはデカルトがあくまで概念的推理に頼って神の存在証明をしようとしているからである。しかしそれではどこまで行っても、神の存在性は推測の域を出ず、真に存在すると確認することはできないのである。

しかしいま仮に存在するとしてみよう。デカルトの概念的推理による神の存在証明が確固たるものであり、神は真に存在するとしてみよう。それでもなお根本的な問題が残る。たしかに神が存在する以上は、身体をはじめとする外界のさまざまな存在者もまた存在する。それは先の論述からして確かである。しかしそれでも私は依然として、それらの存在者と切れており、孤立したままである。私はそれらの存在者の外部に取り残されたままである。いかにしても私は私の外に出られない。たとえ神が存在するとしてみても、私は私の外に出られないのである。

そこから不可避的に私は、私から切り離された神をまるで存在しないかのように取り扱うことができるようになる。存在していようといまいと、どちらでもかまわないようになるからである。それどころか、そこからもし神の存在証明に確証がもてず不信が募ってくれば、ついには神なしですますことになるであろう。いわゆる無神論である。

さらにそのうえ「思う我」としての私は不可避的に私以外のすべての存在者を物体に還元する。いわゆる科学的還元主義である。この科学的還元主義は、植物であれ動物であれ、また人間であれ天使であれ、その他何であれ、およそ生命的あるいは霊的な存在者とみなされるものから、その生命的あるいは霊的な存在者という固有の性格を奪い、すべてを等しなみに「物体」に還元してしまう。しかもそれは、さらにこの物体をその基本的な構成要素に還元し、そのうえである何らかの仮説に従って、この構成要素を再構成し直し、そうすることでこの物体の構造と機能を解明しようとする。それゆえ明らかにこの科学的還元主義を貫いているものは機械論的唯物論である。たしかに一面ではそれにより、科学的還元主義は生命なき存在者であると生命ある存在者であるとを問わず、それまで夢想だにできなかったほどの支配力をそれらに対して行使することができるようになり、それにより「豊かな財」の所有・蓄積が可能となった。しかしそれとともに、人間をはじめとしてすべての生命的存在者は単なる「自動機械」に貶められる。たとえ生命的存在者という名は残っていても、実質はもはや一個の「自動機械」にすぎない。こうして科学的還元主義は生ける存在者をとどまることなく破壊し、単なる「死せる物体」に化して行くのである。

とりわけこの「思う我」においては、私と他者は自他二元的に切れている。たしかにそれは私を自由な責任主体、理性的な認識主体の根拠にするが、しかしそれとともに、不可避的にその裏返しとして、私の内面的孤立化を生まずにはいない。「思う我」においては、私は他者とのあいだに乗りこえがたい境界線を引き、そのなかに閉じ込もるからである。私は本質的に自閉的であり、ナルシシックである。しかもそうであるがゆえに、私と他者は互いに他を対象化し、そうすることで互いに他を自らの利己的欲望の手段にする。「思う我」においては、自他のあいだにあるのは愛という名の連帯ではなく、つねに対立・競争であり、そしてそこから由来する虚栄心、嫉妬、うぬぼれ、その他ありとあらゆる利己的情念であり、そのなかで私と他者は互いに傷つけあい、苦しめあうことになる。「思う我」は愛を概念的に認識するすべは知ってはいても、愛を生きるすべを知らないからである。「つねに他人を手段ではなく、目的として扱え」というカントの定言命令で、この現実は如何ともなしがたい。「思う我」は本質的に利己的なのである。

ではここにおいて、いったいどうすればよいのであろうか。それには、何としても「思う我」の外に超え出る道を見出すほかはない。ではどこに見出せばよいのか。結局、問題はそこに行き着くのである。

第二節　無我

それには、逆説的なことを言うようだが、デカルト的懐疑をデカルトを超えて遂行することである。デカルトはその懐疑のただなかで次のように告白している。

「昨日の省察によって私はたいへんな懐疑のなかへ投げ込まれたので、もはや私はそれを忘れることもあるまいし、しかもどうすればその懐疑が解決されるかもわからないので、まるで渦巻く深淵のなかへ落ち込んでしまったかのように私は混乱してしまって、足を底につけることもできないし、また水面へ泳ぎ出ることもできないといったような状態であった。」（前掲書、三四頁）

これは単なる比喩ではなく、文字通りのデカルトの実経験であった。

しかしここでとどまっていてはならない。さらにこの経験をも抜けて行かなければならない。そして限りなく深い底無き底としての絶対の無に開かれることである。「思う我」としての我が非実体化され、底無き底としての絶対の無に滅することである。そして無に滅しつつ、しかも同時にそこから出てくることである。仏教のいわゆる「無我」に徹しなければならないのである。一般に無我はとかく単に「我無し」として受け取られがちであるが、それでは事柄の半面を見ているだけである。そうではなくて、無我とは「我無し」であるとともに、「無の我」でもある。底無き底としての無に徹することを通じて、あらためて無から出てきて我なのである。

ではいったいどうすれば無我を自覚できるのであろうか。これについては、坐禅が最適であろう。もちろん坐禅でなくとも一向にかまわない。無我が自覚できさえするならば、横になろうと、立とうと、歩こうと、走ろうと、あるいは跪こうと、踊ろうと、その他何であろうと一向にかまわない。かまわないけれども、それでもやはり筆者自身としては、坐禅が自然で、一番いいと思っている。では坐禅とは何か。これについては、先にも引用したごとく、宗教哲学者・上田閑照が的確な論述をしているので、再度それを引用することにしよう。

「［坐って、何もしない］。直立を零度におさめ、手足を組んで背骨を真っ直ぐにしてまとめた全身体を、静かに座に、したがってさらに座を支えている大地に委ね、沈潜する。手も使わず（物事につかみかからない）、脚も使わず（物事を追わない）、頭も使わず（人間の思惑で物事を決めない）ということは、直立と結びついた人間の優位性を零度に戻して浄めることであり、手も脚も頭も存在全体を無にして出直すことである。「無にする」（宗教的象徴ではしばしば「死ぬ」）とは、この場合、「世界」を超えつつむ虚空のごとき限りない「開け」に「我なくして」開かれることである。そして、無から出直す、すなわち坐禅から立ち上がる（入定に対して出定、宗教的象徴では「甦る」）。このとき、ふたたび世界内ではあるが、坐禅において開かれた「限りない開け」は閉ざされることなく、「我」がふたたびそこに居る世界は見えない二重性になっており、「我」も世界にありつつ同時に世界を透りぬけている「我ならざる我」である。坐禅から立ち上がって動き働くことは、いわば「無からの創造」である。その際、「無」は限りなく静寂であり、それだけに「動」はこの上なく動でありつつ、動いて動かずという趣がある。」（『私とは何か』、岩波新書、五四―五五頁）

そう論述したうえで、あらためて上田はこれを定式化して、「我は、我ならずして、我である」と見るが、そこで今さらにこれをもじって言えば、「思う我は、思う我ならずして、思う我である」となるであろう。

明らかにこれは自同律と矛盾律の転倒を意味している。

それゆえ無我の自覚においては、私が何を感覚し、概念し、意志し、為そうとも、何も感覚しておらず、概念しておらず、意志しておらず、為してはいないのであり、しかもそうであるがゆえにつねに何かを感覚し、概念し、意志し、為しているのである。ここでは、デカルトのように、自己否定の働きを途中で停止し、自己を否定する自己は否定できないという仕方で、自己肯定に反転するのではなく、どこまでも自己を否定する自己を否定し、限りない底無き底としての絶対の無に滅しつつ、同時にそこから自己肯定されるのである。それは、いわば

「自己否定に徹した自己肯定」である。

それに反して、デカルトにあっては、あくまで「思う我」はどこまで行っても「思う我」であって、決して「思う我は、思う我ならずして、思う我である」とはならない。それゆえ「我思う」は「我思う」であり、「我あり」は「我あり」である。そこに「我思わず」や「我あらず」の入る余地はない。もし「我思わず」であり「我あらず」なら、それはそれで今度は、あくまで「我思わず」は「我思わず」であり、「我あらず」は「我あらず」であって、そこに「我思う」も「我あり」も入る余地はないのである。

デカルトにあっては、否定か肯定かどちらかであって、あくまで否定は否定、肯定は肯定である。しかしそれに反して、無我においては、否定は否定であって、そのまま肯定であり、肯定は肯定であって、そのまま否定である。それゆえたとえば、「私は私であって、私でなく、私でなくて、私であり」、「私は見ていて、見ておらず、見ておらずして、見ている」のであり、「山は山にあらず、ゆえに山は山であり、山は山である、ゆえに山は山にあらず」であり、「熱が無熱、無熱が熱」なのである。そこでこれをまた先のデカルトの定式化をもじって言えば、「我思う、ゆえに我思わず、我思わず、ゆえに我思う」として定式化されるであろう。

しかしそれは、デカルトの「思う我」には完全に了解不能である。この我からすれば、それは、原始的な魔術的アニミズムやシャーマニズムの産物か、それとも統合失調症的な自我崩壊の論理にすぎないであろう。あるいはそれともある種の哲学的・宗教的神秘主義の単なる知的遊戯、言葉のレトリックにすぎないように思われるであろう。しかし無我の自覚においては、決してそれはアニミズムやシャーマニズムの産物でもなければ、自我崩壊の論理でもない。ましてや単なる知的遊戯、言葉のレトリックではない。むしろそれこそがまさに我をも含むあらゆる存在者の根源的な存在原理であり、それゆえ何もわざわざ「思う我」の外に超え出ようとするまでもなく、つねにすでにもともと「思う我」の外に超え出ているのである。

しかしここで次のような反論が出されるかもしれない。すなわち、「我は、我ならずして、我である」は「我は、我ならずして、我であると我思う」であり、また「我思う、ゆえに我思わず、我思わず、ゆえに我思う」は「我思う、ゆえに我思わず、我思わず、ゆえに我思うと我思う」であり、あるいはまた「熱が無熱、無熱が熱」は「熱が無熱、無熱が熱と我思う」等々であって、結局のところ決して「我思う」の外に超え出られないのではないかと。これは一見すると尤もらしいけれども、しかし実際にはこの反論は成り立たない。なぜならこの反論は、「自己否定に徹した自己肯定」をただイメージで追いかけようとするところから起こってくる反論であり、むしろそれこそ単なる知的遊戯、言葉のレトリックにすぎないからである。

第三節　無的相互限定

それゆえ無我の自覚においてあるとき、我は、我が「思う我」を超え出て、つねに我ならざる他の存在者と一つに合一していることを自覚する。ある時には合一しているが、ある時には合一していないというのではない。つねに合一しているのである。光と闇、天と地、空と海、風と火、山川草木、虫魚禽獣、すべてのものと合一しているのである。人間という他者とは言うまでもないことである。

たとえば私は道すがら通りで他者と出会う。もちろん出会うといっても、ほんどの場合、その出会いはただ出会って擦れ違うだけの出会いである。しかしそうであっても、私は私において他者を受け入れているのである。もとよりその他者はどこの誰だかまったく見知らぬ他者である。私とその他者とは何の関係もない。なにもわざわざ関係がないと言う必要がないほど何の関係もない。しかしそれでも私と他者は一つにつながっているのである。私は私において他者を受け入れているからである。あるいはそうではなくて、私が日頃からよく見知っている他者と出会うとする。しかもその他者は出会いたくない他者であり、挨拶ひとつせずに擦れ違ったとする。しかしそれでも私は私においてその他者を受け入れているのである。あるいはただ出会うだけではなく、その他者と口論になったとする。しかしその場合でもやはり私はその他者を受け入れているのである。なにを馬鹿なことをと言うかもしれない。たしかに無我の自覚なくしては、まったく馬鹿なことである。無我の自覚なき者に、見知らぬ他者や犬猿の仲の他者とのあいだにも合一力が働いていることを了解しろといっても、了解しようがない。それこそ、なにを馬鹿なことをである。

一般に我々は、分離は分離、合一は合一と、両者をそれぞれ別な事柄と見なしている。分離があるところ合一なく、合一があるところ分離はないと見ている。かりにそう見ない場合でも、その時はその時で、決まって両者が曖昧に混淆した状態を思い浮かべるのが関の山である。しかもただ思い浮かべるだけのことであって、それが実際にはどのような状態なのか、本当のところは了解できていない。ただ対象的にイメージしているだけのことだからである。そのため結局、「分離は分離、合一は合一」に拘束されざるをえないのである。

現に自他合一を強調する人間は自他分離に対して否定的であるし、逆に自他分離を強調する人間は自他合一に対して否定的である。無我の自覚なくしては、当然そうならざるをえないのである。後者の典型としては先のデカルトが挙げられるし、前者の典型としてはたとえば、自他分離の「第二の自我」(これはちょうどデカルトの「思う我」に当たる)と純粋持続する自他合一の直観的な「第一の自我」とを峻別したうえで、後者を支持し、前者に対して否定的な立場に立ったベルグソンが挙げられよう。あるいはまた、自他合一の「我—汝」(Ich-Du)の立場から、「我—それ」(Ich-Es)の自他分離関係を厳しく批判したブーバなどもその典型として挙げられるであろう。さらに最近では、自他分離のパーソナルな次元を否定したところに自他合一のトランスパーソナルな次元を求めようとする一群の心理学者がいるが、これも後者の典型として挙げられよう。

いずれにしろとにかく自他合一を強調する人々は一般的に見て、とかく自他分離が否定されたところに自他合一を探し求めようとする。自他合一を自他分離とは別などこか他所に探し求めようとする。いったいどうしてそういうことになるのか。

結論的に言えば、それは自他合一の力が浅いからである。そのため、どうしてもそうならざるをえないのである。たとえば、深刻な自他分離の分裂・矛盾・葛藤状態を表現した文学作品や芸術作品、あるいは哲学論文に出会ったとする。そのとき、もし自他合一力が深ければ、苦もなくその作品や論文に表現された分裂・矛盾・葛藤状態と合して一つになるであろう。しかし自他合一の力が浅ければ、どうしても一体化できず、ただ外から観察し、あれこれ講釈するほかなくなるのである。

ましてや我々が生きているこの現実の世界はいたるところ分裂・矛盾・葛藤状態に満ちている。それは文学作品や芸術作品や哲学論文の比ではない。しかも決してそこから出られない。そしてそのなかで互いに傷つけあい、苦しめあっている。たまさか感じられる喜びもたちどころに苦しみに変じる。それが我々人間の悲しい実相である。しかしそれにもかかわらず、合一力は働いている。どれほど悲しい実相にも、合一力は働いている。ごまかしようもなく働いているのである。

しかし一般に我々は、自他分離の分裂・矛盾・葛藤状態のなかに働いている合一力を自覚することができない。自他分離のなかにも歴々として働いている合一力を自覚できるほど我々の合一力は深くない。自他分離であって、それ以外のなにものでもない。そこに自他合一力を自覚せよと言われても、困ってしまう。ただ頭で知的に理解しようと試みるが、それでは何がなんだか、わけがわからなくなるのが落ちである。

そこで不可避的に我々は、分裂・矛盾・葛藤状態に満ちた自他分離の状態から切れたどこか別なところに自他合一の状態を探し求め、それをさまざまに思い浮かべる。しかもそれは、どう思い浮かべられるにしろ、至福の状態として思い浮かべられる。そしてたしかに時として我々は現にこの状態に入ることできる。それは次の言葉を読めば明らかである。いずれもウィリアム・ジェイムズの『宗教的経験の諸相』から引用したものである。

「こうしたすべての思いが私の上を流れて私を解放し和解させたとき、私はひとり海辺にいた。そしてかつて遠い昔の日にドーフィネの山中でそうしたように、私はいままた跪かずにはいられなかった。しかし今度は、無限の象徴である涯なき大洋の前に跪いたのであった。私は自分がいままでになかったほど熱心に祈っているのを感じた。そして祈りとはほんとうになんであるかを、そのときに知ったのであった。それは、個別化の孤独から、存在する一切のものとの合一の意識に立ち帰ること、過ぎゆくものとして跪き、不滅のものとして起ちあがることであった。地と天と海とが、まるで一つの広大な、世界を囲んでしまう協和音のように鳴り響いた。これまでにこの世に生きていたすべての偉大な人々の合唱が、私のまわりに響くようであった。私は私が彼らと一体であることを感じた。そしてまるで彼らが『君もまた勝てる者どもの仲間に属するのだ』と私に挨拶するのを聞いたかのように思われた。」（『宗教的経験の諸相』（下）、桝田啓三郎訳、岩波文庫、二〇八頁）

「このあとで、神的な事物に対する私の感じが徐々に増して行って、だんだんと活気を加え、そして内心の甘美さも増してきた。万物がその容相を一変した。ほとんどあらゆるもののなかに、いわば神の栄光の静かな、甘い色合い、あるいは相が見られるようであった。神の崇高さ、神の知恵、神の純潔さと愛が、万物のなかに現われているように思われた。日にも、月にも、星にも、雲のなかにも、青空にも。草にも、花にも、樹にも。水のなかにも、すべての自然のなかにも。それによって私の心はたいへん落ち着きを得るのが常であった。そして、自然のすべての働きのうち、雷鳴と電光ほど私にとって楽しいものはなかった。以前は、雷鳴や電光ほど私にとって恐ろしいものはなかったのである。以前には、私は雷鳴をきけば、異常に恐れ、雷雨が起こるのを見ると、恐怖に打たれるのが常であった。しかし、今では反対に、それが私には楽しみなのである。」（前掲書（上）、三七三頁）

しかしこの状態はあくまで自他分離の状態から浮いたところで成立する現実感覚喪失の状態であるので、長続きしない。あっと言う間に醒め、再び自他分離の状態に投げ返されてしまう。そしてこの自他分離の状態に満ちた世界こそが、我々が生きている現実の世界、我々がそこに生まれ、そこにおいて在り、そこから消えて行く世界、そこから逃げようとしても結局、逃げることのできない世界である。その世界にあっと言う間に連れ戻されてしまうのである。しかしこの世界は味気なく、苦しみに満ちている。いったん自他合一の至福の状態を味わっただけに、なお一層その思いは募る。そこで再び自他合一の状態に入ろうとする。いつまでも途絶えることなき合一状態に入ろうとする。しかしいつも決まって元の木阿弥に連れ戻されてしまう。こうしてたえまのない循環運動に絡めとられることになる。何と疲れ果てることであろうか。

しかし一般にそれほど合一力の深くない我々にあっては、「思う我」の外に出る仕方としては、それしか仕方がないのかもしれない。それによって、かろうじてこの苦しみに満ちた世界で生きて行けるのかもしれない。いやそれどころか、この循環運動があればこそ、豊かな美的世界・聖的世界が創造されもするのである。その意味でこの循環運動を無下に斥けることはできないであろう。しかしそれにしてもやはりこの循環運動はとかく現実遊離的になりがちである。厳しい見方であるけれども、そう言わざるをえない。なぜならとかくそれは自他分離の状態に満ちた現実の世界から離れたところに自他合一を求めがちだからである。

しかしこれでは自他分離の状態に満ちた世界は何も変わらないままである。相変わらず現実の世界では互いに傷つけあい、苦しめあうほかはない。これではどうしようもないのである。

それゆえどうしても合一力を深めなければならない。どこまでもどこまでも深めて行かなければならない。そしてそれにより、自他分離においてある、まさにそこのところで自他合一を自覚するようにならなければならない。他者は他者、私は私でありながら、しかも同時に私のなかに他者が生き、他者のなかに私が生きていることが自覚できるようにならなければならない。しかもそのことが他者が他者として、私が私として生きることの助けとならねばならない。自他合一の力を深めることにより、どれほど苦しくとも、あくまで自他分離の世界に踏みとどまり、この世界においてこそ可能なかぎり充実した人生を生きるように努めねばならないのである。なぜなら「自他分離即自他合一、自他合一即自他分離」、それこそが我々が現に生きている世界の在り方だからである。これを先のベルグソンやブーバーの用語を借りて言えば、「第二の自我」が「第二の自我」であって、そのまま同時に「第一の自我」であり、「第一の自我」も「第一の自我」であって、そのまま同時に「第二の自我」であり、また「我—それ」が「我—それ」であって、そのまま同時に「我—汝」であり、「我—汝」も「我—汝」であって、そのまま同時に「我—それ」である、そうした在り方こそが我々が現に生きている世界の在り方だということである。自覚すると否とにかかわらず、現にそうした在り方をしているのである。そこでいま仮にこれを無的相互限定と呼ぶことにしよう。それは論理学的には排中律の転倒を意味している。

もちろんこの無的相互限定は先にも言及したように、「自他分離から自他合一へ、自他合一から自他分離へ」という循環運動を無下に斥けはしない。いや斥けようがない。なぜならこの循環運動もあくまで無的相互限定内のことであり、決してその範囲外に出られないからである。さらにまた先の「思う我」も斥けはしない。斥けようがない。これもまたあくまで無的相互限定の範囲内のことだからである。

たしかにこの「思う我」は広大な知識の領野とそこから得られる豊かな財の限界を知らない拡大再生産の可能性を切り開いた。だがそれとともに、この「思う我」は限界を知らない利己心の拡大再生産の可能性をも切り開いてしまった。支配欲と所有欲のあくなき追求、それがとどまることなく自然を破壊し続け、我々を利己的快楽の奴隷にしてしまったのである。それゆえどうしても無的相互限定に徹しなければならない。そして徹することにより、なしうるかぎり利己心の解消に努めなければならないのである。

しかしそれでは、どうすれば無的相互限定に徹することができるのか。

これについては、無我の自覚に徹すること、合一力すらも突き抜けて無我の自覚に徹すること、そう応答しよう。あるいは、無我の自覚もまた無我であるから、これを端的に無我に徹することと言ってもよい。要するに先にも言及したように、我をはじめとして、すべての存在者が非実体化され、底無き底としての絶対の無に徹すること、そして絶対の無に徹しつつ、しかも同時にそこから我に出てくることである。さもないと、この世のみならず、あの世までも苦しみ続けるほかないであろう。そしてこの絶対の無に徹するとき必然的に我は、我自身をも含めて、すべての存在者が無的相互限定においてあることを自覚する。どのような在り方においてあろうとも、つねに無的相互限定においてあるということを自覚するのである。そしてこの無的相互限定においてあることの自覚、絶対の無に徹しつつ、この無的相互限定においてあることの自覚、これこそ筆者が無の愛と呼ぶところのものであり、また真に愛と呼ぶに値するところのものなのである。

第十七章　大らかな心

第一節　大らかな心の基本構造

京都建仁寺の開祖栄西禅師に「大哉心乎（大いなるかな心や）」という言葉がある。今風に言えば、大らかな心とでも言うことができよう。たしかにこの大らかな心という言葉は普段必ずしもそれほど頻繁に使われるわけではないが、それでもごく普通の日常語として通っている。そこでまず始めに心とは何かと単に漠然と問うのではなく、大らかな心とは何かと問うことにしよう。そしてその問いに対して次のように応答しよう。

まず何よりも大らかな心は無の自覚においてある。あるいはこれを空の自覚においてあると言っても同じことであるが、一応ここでは無の自覚と言っておく。それゆえ大らかな心とは、我々が限りなく深い底無き底に開かれてあるということの自覚である。我々の知情意の届かないところ、我々の知情意では如何ともなしがたいところにおいて我々はあるのだということ、いや単に我々のみならず、自然も宇宙も、神も仏も、およそ存在するすべてのものが底無き底としての絶対の無においてあるのだということの自覚である。「我心深き底あり喜びも憂の波もとゞかじと思ふ」（『日記』西田幾多郎全集第十七巻、岩波書店、三九八頁）であり、「尽日《じんじつ》相対して刹那も対せず」（京都大徳寺の開祖大燈国師の言葉）である。仏教的に言えば、無自性、一切皆空、本来無一物である。

それゆえ大らかな心においては自己同一性（アイデンティティ）が転倒される。一般に「私は私である」として定式化される自己同一性が転倒される。自己同一性が転倒され、「私は私ではない、ゆえに私は私である」として定式化される。換言すれば、私はいったん私から離脱し、絶対の無に滅しつつ、そこからあらためて私に還ってきて私ということである。徹底した自己否定を通った自己肯定である。しかもこの「自己否定を通った自己肯定」は時間的な間を置くことなく、同時相即的に遂行される。否定即肯定である。大らかな心はこのいわば「無的自己限定」とでも言うべきあり方においてあるのである。

そしてそうであるがゆえに、大らかな心は、その根底において、すべてをあるがままに受け入れる。「水自ずから茫茫、花自ずから紅」（『禅宗四部録』中の『十牛図』の第九図「返本還源《へんぽんげんげん》」に付せられた頌《じゅ》の一節）であり、「古池や蛙《かわづ》飛《とび》こむ水のをと《お》」（『芭蕉俳句集』中村俊定校注、岩波文庫、八九頁）である。仏教の「如」である。それゆえ我々が何を感じ、考え、為していようと、あるがままに受け入れる。たとえどれほど我々が互いに傷つけあい、苦しめあっていようと、そうしたことにかかわりなく、あるがままに受け入れるのである。要するに我々人間のどうしようもなく醜悪な利己心を直視しつつ、あるがままに受け入れるということである。

しかしそれにしても、では、あるがままに受け入れたうえで、そのうえでいったいどうすればよいのか。これについては「無的相互限定」においてあることと答えよう。では無的相互限定においてあるとはどういうことか。それは我々が何を感じ、考え、為していようと、つねに合一しながら分離し、分離しながら合一しているあり方においてあるということである。つまり一方では、自他一元、自他合一、他者のなかに私が生き、私のなかに他者が生きること、天地同根万物一体、物我一如、「億劫《おくごう》相別れて須臾《しゅゆ》も離れず」（これも大燈国師の言葉、先の言葉とワンセットの言葉）でありながら、しかも同時にまた他方では、自他二元、自他分離、他者が他者として生き、私が私として生きること、各人が各人なりに生きること、それぞれが「私の世界」と言いうる世界を形成すること、「人は人我は我也とにかくに我がゆく道を我はゆくなり」（『日記』西田幾多郎全集第十七巻、岩波書店、四九六頁)ということである。あるいは別な言い方をすれば、汝は汝であって私ではなく、私もまた私であって汝ではなく、しかも同時に汝は私を通して汝であり、私もまた汝を通して私である、要するに「一人」であって「共に」、「共に」であって「一人」だということである。明らかにこれは排中律の乗りこえを意味している。

フランスの哲学者エマニュエル・レヴィナスは深い存在論的孤独のなかで次のように問う、「いかにして私は、汝の他性において、この汝に呑み込まれ、自己を失うことなく、依然として私であり続けることができるのか。いかにして私は、汝において私であり続けることができるのか。いかにして私の現存在においてそうであるような私、つまり不可避的に自己回帰してしまうところの私であることなく、汝において私であり続けることができるのか。いかにして私は自己にあって他者となることができるのか」(Emmanuel Lévinas, Le temps et l'autre, QUADRIGE/PUF, p. 85.)と。そしてレヴィナスはその唯一の可能性をエロス(性愛)を媒介とした父子関係に見る。もちろんここで言うエロスとは単なる生物学的次元のものではなく、その次元をも包摂した存在論的次元におけるエロスである。そのエロスの存在論的帰結としての父子関係に見る。そこでレヴィナスは言う、「父性とは異邦人との関係である。他者でありながら、しかも私であるような異邦人との関係である。………息子は私ではない。にもかかわらず私は私の息子である。………自分の息子であるということはその息子において私であるということを意味するのである」(Emmanuel Lévinas, Totalité et Infini, Martinus Nijhoff, Livre de Poche, p. 310-311.)と。レヴィナスにとって、父子関係は単なる自他分離でもなければ、単なる自他合一としての「融合(fusion)」や「内属(participation)」でもなく、むしろ「自他分離にして自他合一、自他合一にして自他分離」においてあらねばならないのである。つまり要するに父としての私は子としての汝でなくて子としての汝であり、子としての汝であって子としての汝でないということである。明らかにこれは排中律の乗りこえをめざすものである。

しかしレヴィナスの場合、それは徹底した自己否定に裏づけられていない。私の私性がどこまでも否定されるという自己否定の動きに裏づけられていない。たしかに自己否定の動きがないわけではない。しかしそれも所詮は中途半端なものでしかない。その結果、彼はあくまで「私は私」という自己同一化（これを彼は「基体化（hypostase）」や「自なるもの（le même）」と呼ぶ、あるいは「個性化（individuation）」や「主体化（subjectivation）」とも呼ぶ）に固執する。そしてそのうえで排中律の乗りこえを企図するのである。しかしそれでは絵に画いた餅でしかない。不断の自己否定の動きを通らないままに排中律を乗りこえようとしても無理である。排中律の乗りこえには不断の自己否定の動きが不可欠なのである。そしてもしこの不断の自己否定に裏づけられているならば、そのときには、単に父子関係のみならず、すべての自他関係が排中律に拘束されないということが自覚されるであろう。排中律を乗りこえようとするまでもなく、つねにすでに排中律を乗りこえていることが自覚されるであろう。すべての自他関係がつねにすでに「自は自であって他ではなく、他は他であって自ではない、しかも自は他であり、他は自である」という関係においてあるということが自覚されるであろう。レヴィナスは先の問いに続けて、「それは父性というただ一つの仕方でしか可能ではない」（Emmanuel Lévinas, Le temps et l'autre, QUADRIGE/PUF, p. 85.）と言うが、まさにそのように「ただ一つ」と言ってしまうところに自己否定が通っていないことの何よりの証があるのである。そして通っていないかぎり、そのただ一つの父子関係すら排中律を乗りこえられないであろう。絵に画いた餅に堕するほかないのである。しかしそれにしても、どうしてそういうことになってしまうのか。

レヴィナスの存在論の根底には恐怖（horreur）がある。彼の用語を使って言えば、「存在者なき存在（existence sans existant）」、つまり絶対有としての「イリア（il y a＝ある）」への恐怖がある。自己否定が中途半端なために、彼にとって、「イリア」の世界は闇の世界、夜の世界、死の世界でしかない。その世界にふるえおののき、深い恐怖、激しい拒否反応のなかで、必死でそこから脱出逃亡しようと企てる。その必死の企てが「生殖性・繁殖性（fécondité）」としての「父性（paternité）」による排中律の乗りこえだったのである。しかし残念ながら、そのような単なる「イリア」への恐怖から出た排中律の乗りこえは机上の空論でしかない。「イリア（ある）」が「イルニアパ（il n'y a pas＝ない）」に同時相即的に裏づけられていないかぎり、排中律の乗りこえはできない。「il y a」

が「il n'y a pas」であり、「il n'y a pas」が「il y a」となること、つまり「ある」が「ない」、「ない」が「ある」、絶対有が絶対無、絶対無が絶対有となること、そしてそこに深く安らぐことがないかぎり、排中律の乗りこえはできないのである。レヴィナスのように、ただ闇雲に「イリア」に恐怖していたのでは、父子関係においてすら排中律の乗りこえはできないであろう。要するに不断の自己否定としての無の自覚に徹しないかぎり、排中律の乗りこえはできないということである。

レヴィナスは、「対面（face à face）」の関係を通して、「自なるもの」としての私の内に取り込まれ呑み込まれることのない「絶対に他なるもの（l'absolument autre）」に達しようとする。「自」対「他」の「他」ではない。そのような相対的な「他」はすでにもう「自」に取り込まれ呑み込まれた「他」でしかない。「自」対「他」を超えた「絶対の他」に達しようとする。しかも自の自性、つまり私の私性をあくまで保持したままで。

しかしそれでは絶対の他に達することはできない。はじめから私の私性を保持したままでは絶対の他に達することはできない。何にもましてまず私の私性、自の自性が否定される動きがなければならない。どこまでもどこまでも否定される動きがなければならない。そのときはじめて絶対の他に達することができるであろう。絶対の他が絶対の他のままでそのまま絶対の自ということになるからである。決して絶対の他が絶対の他でなくなるのではない。あくまで絶対の他は絶対の他である。しかも絶対の他であってそのまま同時に絶対の自だということである。徹底した自己否定としての無の自覚、それなくして絶対の他に達することはできないのである。さもなければ、何をどうしようと絶対の他はよそよそしく見知らぬものであり続けるほかはなく、排中律の乗りこえはできないであろう。

それに反して先に言及した、この排中律の乗りこえとしての無的相互限定においては、限りなく自他合一が弱まって限りなく自他分離が強まる方向と、逆に限りなく自他分離が弱まって限りなく自他合一が強まる方向がある、つまり「共に」が弱まって「一人」が強まる方向と、逆に「一人」が弱まって「共に」が強まる方向があり、無的相互限定はこの両方向の全振幅を揺れ動くのである。それゆえこの無的相互限定は決してスタティック（静態的）なものではなく、本質的にダイナミック（力動的）で、無的相互限定から無的相互限定へ、不断の自己運動においてある。不断に自らを否定しつつ不断に自らを作って行く不断の自己運動においてあるのである。しかもその不断の自己運動のなかで、できうるかぎり利己心を解消しなければならない。深く広く無的相互限定の自己運動においてありつつ、何とかして利己心を解消しなければならない。利己心の解消に努めることによって他も生かし我も生かそうとするのでなければならない。実際には他者を生かそうとすると私を殺すことになり、私を生かそうとすると他者を殺すことになるのが現実であることを十分承知のうえで、他も生かし我も生かそうとするのである。仏教の「自利利他」である。果てしのない道だけれども、それが無的相互限定の歩むべき道である。さもなければ我々はいつまでも傷つき、苦しみ続けるほかないであろう。

以上が大らかな心の基本構造であり、これを簡潔に要約すれば、「無の自覚に徹し、利己的ならずして我も生かし他も生かすこと」となる。結局言うべきことはこれに尽きている。しかしそう言ってしまうと、話が前に進まないので、いったいここから何が言えるのか、筆者の思うところを少し論じてみたいと思う。

第二節　無の自覚

大らかな心は何よりもまず無の自覚においてある。すべてのものには実体がないという無の自覚においてある。外界のさまざまなものを始め、身体も心も、またその心という場合に、知的な心（mind）も情的な心（heart）も魂（soul）も霊的な心（spirit）も、およそいかなる心にも実体がないという無の自覚、この実体がないという無の自覚自体にすら実体がないという無の自覚においてある。しかもこの無の自覚それ自体が無であるから、端的に大らかな心は無においてあると言っても同じことである。大らかな心は無に裏づけられ、貫かれているのである。

それゆえこの大らかな心を鈴木大拙の用語を借りて、無心と呼ぶこともできよう。

では、いったいどうすれば無の自覚に落着することができるのか。これについては、坐る省察、坐る瞑想、坐るメディテーションとしての坐禅が一番いい。もちろん坐禅でなくとも一向にかまわないけれども、それでもやはり坐禅が最も自然で最適である。立ちのぼってくる「もの」を追いかけない、グロス（粗大）な「もの」であろうと、サトル（微細）な「もの」であろうと、いかなる「もの」をも追いかけない意識訓練法としての坐禅、もちろん追いかけるなと言っても追いかけてしまうけれども、それでも追いかけない意識訓練法としての坐禅、それが最も自然で最適である。ただし、ここで言う「もの」を「イマージュ」と言い換えてもよい。所詮「もの」は「イマージュ」であり、「イマージュ」は「もの」だからである。

しかもこの無の自覚には一気に落着しなければならない。もたもたしていたのでは落着できない。いや、もたもたしてもかまわない。かまわないどころか、あらんかぎり、もたもたしたほうがいい。しかし落着するときには一気に落着しなければならない。紆余曲折、もたもたしながらも、そこから一気に無の自覚に落着するのである。しかもこの落着は落着しようとして落着するのではない。落着しようとして落着できるものではない。自ずからに落着するのである。

そしていったん落着するや、大らかな心はおよそ存在するすべてのものが無的自己限定においてあるということを自覚する。私は私ならずして私であり、汝は汝ならずして汝であり、意識は意識ならずして意識であり、無意識は無意識ならずして無意識であり、霊魂は霊魂ならずして霊魂であり、山川草木は山川草木ならずして山川草木であり、この世はこの世ならずしてこの世であり、あの世はあの世ならずしてあの世であり、神は神ならずして神である、いやそもそも大らかな心自体、大らかな心ならずして大らかな心である等々、およそ存在するすべてのものが無的自己限定においてあることを自覚するのである。それゆえにまた、たとえば私が何を感じ、考え、為そうとも、何も感じ、考え、為してはおらず、そしてそうであるがゆえに何かを感じ、考え、為しているということになるのである。そこでいま仮にこの無的自己限定を西田幾多郎の用語を借りて言えば、「見るものなくして見るもの、限定するものなくして限定するもの」と表することができよう。

それゆえこの無的自己限定においてあるということは時間的に見れば無の現在においてあるということである。つまり現在という時間しか存在しない現在においてあるということである。もちろん過去・現在・未来の時系列は存在する。厳然として存在するが、しかしあくまでそれは無の現在の派生物として存在するのである。たとえこの時系列を過去から現在へ、現在から未来へと直線的に移り行くものと見ようと、あるいは反対に未来から過去へと逆直線的に逆流するものと見ようと、あるいは過去・現在・未来が円環運動を繰り返しながら動き行くと見ようと、あるいはこの時系列を始まりもなければ終わりもないものと見ようと、あるいは逆に始まりもあれば終わりもあるものと見ようと、あるいはこの時系列を完全に等質化し、等質な瞬間の連続として見ようと、あるいはこの時系列を超えたところに永遠なるものを見ようと、その他どのように見ようと、この時系列は無の現在の派生物なのである。つまり過去は現在の過去であり、現在は現在の現在であり、未来は現在の未来だということである。しかもそれでいてこの無の現在は無の現在ではない。あくまで無の現在は無の現在でないがゆえに無の現在なのである。これこそが大らかな心の根源的な時間意識である。

そしてこの時間意識においてあるがゆえに、大らかな心はすべてをあるがままに受け入れる。たとえ我々がどのような分裂状態に置かれていようと、その分裂を分裂したままであるがままに受け入れる。これをトランスパーソナル心理学者ケン・ウィルバーの用語を借りて言えば、心の内部分裂としての「仮面対影」の分裂や、心と身体の分裂としての「自我対身体」の分裂や、あるいは心と身体の結合体である個体としての自己とそれを取り巻く世界の分裂としての「有機体対環境」の分裂、そうした分裂をあるがままに受け入れるのである。あるいはさらに自他合一レベルの超個的帯域（transpersonal bands）における「見るものと見られるもの」とのきわめてサトル（微細）な分裂すらあるがままに受け入れるのである。それゆえ当然それは、この分裂がもたらす苦しみを苦しみのままに受け入れるということでもある。

いまさら言うまでもないことだが、我々はどうしようもなく分裂状態においてある。嬉しいのに悲しい顔をしたり、悲しいのに嬉しい顔をしたり、本当は評価していないのに評価しているような素振りをしたり、本当は評価しているのに、辛辣な批判をしたり、一見親しそうに見えながら、実は互いにひそかに憎みあっていたり、逆に普段は疎遠なのにいざという時にはなにかと相談しあう仲であったりする。人の不幸に涙しながらも、その涙の裏面では「ざまあみろ」とほくそ笑んでいたり、あるいは人の幸せを共に喜びながらも、それでもなお羨望まじりの嫉妬を感じる自分がいたり、実際は嫌な奴だと思いながらも、会えばいかにも親しげな応対をしたり、逆に人に厳しく当たりながらも、実はその人を深く思いやっていたりする。愛想の悪い人ほど単純で、愛想の良い人ほど陰険だったり、神秘主義者にかぎって、実際は打算的な実利主義者であり、打算的な実利主義者がかえってその裏面では神秘主義的な思いを抱いていたり、つねに分裂状態においてある。しかしこうした逆説的な分裂状態をいくら枚挙しても切りがなく、またこの枚挙自体にたいした意味はない。肝心なことはこうした分裂状態を分裂状態のままにあるがままに受け入れることである。

ではどうすれば受け入れることができるのか。ただ単に分裂状態を直視し客観的に認識するだけでは、あるがままに受け入れることはできない。それではどこまでも分裂状態を外から見ているだけのことである。さりとて分裂状態とただ単に合一しても駄目である。それでは分裂状態に取り憑かれ振り回されることになるのが落ちである。真にあるがままに受け入れるためにはまず何よりも分裂状態にはいかなる実体もないと見切ることである。無の自覚に徹し、その底無き底から立ち現われてくる大らかな心においてあることである。それ以外に道はないのである。

しかし大らかな心など戯言と見なす人も少なくないであろう。いやむしろそう見なす人のほうが大半かもしれない。しかしそう見なすかぎり、いつまでも傷つき、苦しみ続けるほかないであろう。たしかに心理療法やカウンセリングにおいてしばしば「あるがまま」が語られ、要請される。しかしその場合でも、もし無の自覚としての大らかな心においてあるのでなければ、あるがまま、あるがままといくら言ってみても、それこそ戯言で、所詮はその場しのぎの対症療法の域を出ないであろう。それゆえ是非とも大らかな心の根底にある無の自覚に徹しなければならないのである。

そして徹しつつ、一方では分裂状態と一つに合して内からこれを見、しかも同時にその分裂状態の構造と機能を客観的に外から見ること、分裂状態に対して自他一元的であって自他二元的であること、つまり無的相互限定においてあることである。そして無的相互限定においてありつつ、可能なかぎり利己心の解消に努め、我も生かし他も生かすことである。それこそが真にあるがままに分裂状態を受け入れることなのである。

そして受け入れたうえで、大らかな心は我々一人ひとりが自己否定的に生きるように促す。それは現状の自己に満足することなく、たえず自己を変革して行くことである。それゆえそこには必ず自己否定が入っている。いちいち自己否定、自己否定と言わなくとも、自己否定が入っている。

しかもこの自己否定は普通は自己否定などと大袈裟な言い方ではなく、単に努力するとかガンバルとか言っているところものである。こんな作品ではダメだ、もっと自分で納得の行くものを書かないといけないとか、こんな記録ではどうしようもない、もっと身心ともに鍛練して記録を上げないといけないとか、この程度の学習段階にとどまっていてはならない、もっと深く広く勉強しなければならない等々、日常この種の物言いに始終出くわすが、そこには明らかにこの努力が入っている。つまり自己否定が入っているのである。

人はしばしば自己肯定とか自信とかを口にするが、しかし自己否定なくして自己肯定も自信も出てこない。たえず努力するなかから、つまりたえず自己を否定するなかから、本物の自己肯定や自信が生まれるのである。これだけ努力してきたのだから、自分を信じろ、というわけである。努力もせずに、いくら口先で自信、自信と言ってみても、ムダである。化けの皮はすぐに剥がれる。本物の自己肯定は、たゆまざる自己否定の果実なのである。

自己否定なき自己肯定は自己停滞である。自己成長なき自己停滞である。この自己停滞にはほとんどの場合、深い劣等感が伴っている。劣等感は自己否定ではない。むしろそれは自己停滞した自己への甘えであり、他者への嫉妬である。これにハマルと容易には抜け出せない。とかく自己停滞にハマッタ人間は他には厳しく、しかもそのくせ他から自己否定を迫られると、深く落ち込んだり、時には自己防衛の現われとしての暴力を振るったりすることになる。始末におえないのである。

それゆえどうしても自己否定を学ぶ必要がある。もちろん自己否定といっても、そこには無限の深浅があり、いきなり徹底した自己否定といっても無理であるけれども、とにかく自己否定を学ぶ必要がある。自己否定なくして地に足のついた自信、確固たる自己成長はないからである。

しかもこの自己否定の努力は一過性のものであってはならない。持続すること、たとえ断続的であってもよいから粘り強く持続的でなければならない。そしてそうであるかぎり必ずや自ずからにこの自己否定の努力が底無き底としての絶対の無から立ち現われて来るものであることが自覚されるとともに、自己自身が、いやおよそ存在するすべてのものが限りなく深く広い大らかな心に包まれてあることが自覚されるであろう。もちろん先に述べたように、この自覚には坐禅という自己否定の努力が一番自然で適当ではあるが、しかし必ずしも坐禅でなくともよく、自己否定の努力が突きつめて遂行されるかぎり、それが学問芸術的なものであろうと政治経済的なものであろうと、その他どのようなものであろうと一向にかまわない。必ずや自ずからに自覚されるであろう。そしてひとたび自覚されるや、我々は種々の分裂状態に晒され苦しみながらも、安んじて終わりなき自己否定の道を歩み続けることができるであろう。道無窮、しかし自分を信じて。

だがそれにしても我々がそこに生まれ、そこにおいて生き、そこから消えて行く世界はいたるところ分裂状態に満ちている。しかもこの分裂状態は絶対に消去できない。消去しようとする矢先から生まれてくるし、消去しようとすること自体がまた新たな分裂状態を生んでしまう、そのような分裂状態だからである。しかもそれでいて分裂状態は分裂状態であって分裂状態ではない。自己分裂していて自己分裂しておらず、自他分裂していて自他分裂していないのである。なぜなら大らかな心から見れば、いかなる分裂状態も限りなく深く広い大らかな心に包まれてあるからである。そしてそう自覚したうえで、この大らかな心はあくまで我々に対して可能なかぎり分裂状態に染みついた利己心を解消することによって我も生かし他も生かすよう促し続けるのである。

第三節　国際化私論

以上これまで大らかな心の基本構造を哲学的に見てきたが、これによって確認できたことは大らかな心こそが我々の存在根拠であり、また我々が互いに連帯して生きるための根拠でもあるということである。しかしこれまでの哲学的省察だけではあまりに抽象的で現実離れしているように思われるかもしれないので、次に視点を変えて、いわゆる「国際化」という現代日本が抱える重要課題を取り上げるなかで、大らかな心の占める位置を見ておきたいと思う。

そこでまず次のように問おう、日本は国際化しているか、と。これについては、国際化しているといえば国際化しているし、国際化していないといえば国際化していない、と答えよう。その意味するところは、物の国際化は世界でもトップクラス、いささか見境がないぐらいだが、こと人の国際化に関しては、まだまだであるということである。横文字の氾濫、テレビ・コマーシャルでの外国人や外国の風物の高い頻度の登場は、「物の国際化」を意味してはいても、決して「人の国際化」を意味してはいない。事態は逆である。そもそも国際化という言葉が頻繁に使われること自体、人の国際化が進んでいないことのなによりの証拠である。

我々日本人は、はたして「人の国際化」を本気で望んでいるのだろうか。ベトナム戦争終結前後に発生した大量のベトナム難民受け入れに対する、あの消極的な態度、ハイレベルの労働者だけ受け入れようとする移民労働者受け入れ問題における虫のよさ、欧米にくらべて質量ともにお粗末な留学生受け入れ問題、あくまで内地帰還を前提にした在外邦人の腰の浮いた生活条件、帰国子女を異分子扱いし、なんとか「日本人化」しようとする排他性等々、ちょっと思い起こしただけでも、はなはだ疑問であり、むしろ本当のところは、日本人は「人の国際化」を恐れている、不安を抱いているのではなかろうか。

そこには日本人の民族的均質性を守ろうとする強い意識が働いているように思われる。俗に言う「単一民族国家」である。もちろん日本にも、アイヌ人問題、在日朝鮮人問題、沖縄問題等々があり、日本は単一民族国家ではないという反論があることは承知している。

だがこれはあくまで相対的な問題である。アメリカ、ヨーロッパ、中近東、インド、東南アジア、東アジア、ロシア、中南米、アフリカ等々、世界のどこの地域の国をとっても、日本よりもはるかに民族、言語、宗教、習慣が複雑に入りまじった複合民族国家である。ひとつの国のなかに、さまざまな地域出身の人々が混在しており、数種類の言語が話され、さまざまな宗教が確執しあい、血はまじり合っている。たとえばフランスでは、父はスペイン系フランス人、母はイタリア系フランス人、本人はマグレブの女性と結婚しているとか、ベトナム難民だが、国籍はフランスだとか、ブラック・アフリカ出身で国籍はフランスだが、フランス語はあまりうまく話せないとか、フランス語はペラペラでフランスに長く滞在しているが、国籍はアルジェリアだといった具合に、種々に混淆したケースがめずらしくなく、ごく普通のこととして通っている。そこでは、好むと好まざるとにかかわらず、現に「人の国際化」が行なわれているのである。

これにくらべて、日本人はおどろくほど均質な社会を作っている。かつて文芸評論家の加藤周一が「日本文化の雑種性」を云々したことがあった。これを今の文脈と関連させて言えば、この指摘は「物の国際化」にはたしかにあてはまるが、「人の国際化」にはあてはまらない。日本は「物」のレベルでは雑種だが、「人」のレベルでは純粋種である。西洋伝来の文化と、いわゆる日本固有の文化の混在も所詮は「物としての文化の混在」にすぎず、「人の混在」を伴っていない。担い手はほとんどすべて日本人である。そしてこの日本人は、身体的特徴はもちろんのこと、その「メンタリティと行動様式」の点でも、おどろくほど均質的なのである。

またほぼ同時期に政治思想史家の丸山真男が、西洋精神と日本精神の混在としての「精神的雑居性」を指摘しているが、これについても同じことが言えるだろう。この指摘はピントがハズレている。全然、混在などしていない。あるのは、もともと日本精神だけである。日本社会にあると思われている「西洋精神」なるものはただ「物としての西洋精神」だけである。生きて働いているのはもっぱら「日本精神」だけであり、それが、いわゆる「西洋精神」なるものを衣装のごとくまとっているだけのことであり、日本における西洋精神の希薄性を論じた丸山の見解は、だから言わずもがなの当然の理なのである。

今日でもなお時として、西洋の物質文明、日本の精神文明という、お粗末な二項論理がもち出されることがあるが、こういう二項論理がもち出されること自体、日本人が西洋文化を物としてしか受けとってこなかったことの何よりの証拠である。

現在、日本人には、人の国際化をめぐって、取りうる道として、二つの道がある。一つは人の国際化の積極的な推進であり、もう一つは人の国際化を最小限に押さえようとする消極的な道である。まず前者から見て行こう。

人の国際化を推進しようとする場合に、それにたちはだかる最大の障害は日本人の民族的均質性である。これを弱体化しないかぎり、人の国際化はむつかしい。では、いったいどうすればよいのだろうか。

おそらくこれには相互移住の促進しかないであろう。つまり海外移住の促進と移民の積極的導入である。前者については、おそらく反論はないであろうが、しかし後者については強い反論が予想される。

日本人の失業率の増大、在日外国人の政治参加の要求の高まり、日本が国際紛争に巻き込まれる可能性の増大といった政治的・経済的混乱、外国人スラム街の出現や外国人子女教育といった住環境問題・教育問題における諸困難の増大、言語・宗教・習慣をめぐる文化摩擦の増大、治安の悪化、人種差別・民族差別の昂揚など、移民の積極的導入を容認した場合には、種々のトラブルは目に見えている。それに、日本の場合は、西洋と違って、その産業化は移民労働者の労働力をフルに利用して行なわれたものではなく、自力で達成したものであり、なにも移民を国内に受け入れなければならない義理はない。しかも現在のヨーロッパの悩みの種である大量の移民の存在は、植民地支配・新植民地支配の当然の帰結であり、ある意味で自業自得であり、なにも日本がそのまねをし、同じ悩みをかかえこむ必要はないという反論が出るであろう。

だが身勝手な反論をしてはならない。日本の経済繁栄は他国の犠牲の上に成り立っている。だから経済的にも道義的にも、日本は痛みを分け合う責任がある。そのためには、豊かな国・日本への他国の人々の移住にできるかぎり寛容でなければならないのである。

では、いったい受け入れ規模はどの程度がよいのか。それは何とも言えない。言えないけれども、今すでに居る在日外国人を除いて、少なくとも一千万人ぐらいは受け入れるべきではないか。もちろんこの数値には何の理論的根拠もないし、また短期間には無理なので、四十〜五十年の長期のスパンで受け入れて行くのがよいだろう。とにかく民族的均質性の弱体化には、一種の革命に近い、相当ドラスティックな移民導入が必要なのである。

もしこれが本気で実施されたなら、日本および日本人は大きく変わるであろう。従来の没個性的な集団主義の体質は弱まり、異質な人と真向から向き合うことで、真の多様性が生まれるであろう。そしてそれと連動して、まず何よりも大らかな心が育成される可能性が高まるであろう。それは、限りなく深い底無き底としての絶対の無に開かれつつ、一方では私が他者に対して自らの主体性を完全に保持しながら、したがって時には他者と厳しく対立しながらも、しかも同時に他者と深く合一している、そのような心である。あるいは別な言い方をすれば、この大らかな心とは、他者もなければ私もない底無き底としての絶対の無に開かれつつ、一方では他者のなかに私が生き、私のなかに他者が生きる自他合一においてありながら、しかも同時に他者が他者として、私が私として自主独立、主体的に生きることの助けとなる、そのような心である。そしてそれとともに、基本的に以下のような変化が生じる可能性が高まるであろう。

第一に、人種差別・民族差別に対する本物の抵抗力が身につく可能性が高まるであろう。

第二に、自由で平等な民主主義社会の建設に向かう可能性が高まるであろう。

第三に、普遍的な文化を作り出しうる可能性が高まるであろう。

しかしこれは間違いなく日本人に過酷な試練を課すことになろう。しかもそれでいて、本当に右記の可能性が得られる保証があるのだろうか。それはあまりに楽観にすぎるのではないか。そうかもしれない。しかしそれでもなお、やってみるだけの値打ちはある。少なくとも現状よりは得られる可能性が高い以上は、やってみるだけの値打ちはある。ただこの弱体化の道は、広汎な人々の支持がないかぎり、とても実現できるはずもなく、しかもこの支持を醸成するうえで、教育の果たすべき役割にはきわめて大きなものがあると言わねばならない。

しかしそれでもやはり大量の移民導入というかたちでの人の国際化には、強い批判があるだろう。それをやって、もし万一、現状よりもっと酷い状態になったらどうするのか。そうなっても、もはや簡単に後戻りはできない。そんな危険を犯すぐらいなら、現状のままで結構である。多少の移民導入はやむをえないが、しかし基本的には現状のままで、何とかうまくやって行く道を模索したほうがよい。おそらく実際には、このほうがむしろ大多数の国民の声であろう。

しかしこの場合には、没個性的集団主義は根強く生き続け、欧化主義と日本主義のアンビヴァレントなジレンマは解消されないままであろう。

その結果、集団に依拠した、目先の利害得失に狂奔する、場当たり的な通俗的功利主義が群を抜いて有力な人生観であり続けるであろう。

そのうえ、「西洋文化」は基本的に、いつまでも「物としての文化」にとどまるだろう。いや、そもそも「外来文化」そのものが「物としての文化」の域を出ることはないだろう。それゆえ理念のレベルでも、事実のレベルでも、結局のところ、いわゆる「和魂洋才」になるほかはなく、しかもその底には極端な「排外主義」が残存し続けるであろう。つまり「人種主義」は解消されないであろう。

それゆえ当然、普遍的な文化を作り出す可能性もまた低くなるだろう。日本人、日本社会、日本文化の特殊性は大きく、特殊日本的なものが強調され、幅をきかすであろう。しかもときには、この特殊性が普遍性にすりかえられ、盲目的な優越感を植えつけるかもしれない。そしてそれは「人種主義」を煽り立てるであろう。

かつて日本では、天皇制の特殊性が普遍化され、その世界史的意義が強調されたことがある。それを正当化するため、あれこれ屁理屈が並べ立てられたことがある。たぶんもう二度と同じパターンの普遍化は通用しないであろう。しかし別種の普遍化が現われない保証はどこにもないのである。

さらに現状のままでは、いつまでも自立性は脆弱なままであろう。いきおい日本の世界認識は、その時々の勢力をもった主要国の世界認識に追随するほかはない。ついこの前までは米ソ二大国に振り回され、今は極端なアメリカ一辺倒である。では、次はどうするのか。それは、その時の主要勢力に追随するまでのことである。もちろん口先では、さまざまな地域（アジア諸国や中近東諸国といった第三世界をも含めて）の世界認識をも取り入れ、バランスをとる必要があるとか、あるいは日本独自の世界認識をもつ必要があるとか主張されるが、しかし実際には、それは無理だし、それどころか特に後者に関しては、人の国際化の促進と連動するかたちでならともかく、あくまで現状のままで変に独自の世界認識などというと、またぞろ偏狭で独断的な世界認識の形成に陥りかねず、かえって危険であり、それならいっそ他国に追随しておいたほうがまだましであろう。

以上これまで私は「人の国際化」の是非に関して、どちらかというと、「是」の立場から語ってきた。

たしかに国際化は現代を読み解くキー・ワードのひとつである。物も人も金もサービスも今日、地球全体をめまぐるしく移動している。「インターネット」は、その象徴的産物である。しかし日本では、国際化について、あまりにも安直で楽観的にすぎる。そのプラスイメージだけが蔓延している嫌いがある。しかし国際化、特に人の国際化には大変な困難が伴う。想像を絶する困難が伴う。そのことを認識しないままに、安易に人の国際化をやると、かえって一層、困難を増幅することになる。人の国際化には十分な覚悟が必要なのである。

しかも単なる覚悟だけではどうしようもない。この覚悟は深く広く大らかな心に裏づけられ、貫かれていなければならない。さもなければ、いくら国際化しても何も変わらず、相も変わらず我々は互いに傷つけあい、苦しめあい続けるほかないであろう。

第四節　他愛の実践

ここで再び視点を元に戻し、哲学的省察に立ち返り、まず次のように問おう、人は何のために生まれてきたのか、と。そしてそれに対して次のように応答しよう、人は人を愛するために生まれてきた、と。それが筆者の基本的立場である。

だがこれに対してはすぐさま反問が出されるであろう。人は人を本当に愛することができるのか、本当に他愛は可能なのか、と。それに対して、たとえばあの有名なフランスの思想家パスカルは次のように言う。

「いったい、一人の人間のたましいの実体を、抽象的に、そこにどんな性質があろうとかまわずに、愛することができるのだろうか。そんなことはできもしないし、不当なことであろう。してみると、愛するといっても、その人自身を愛することは決してなく、ただその人の美点を愛しているだけのことなのだ。

だから、官職や職権をかさに着て威張っている連中を、いまさら軽蔑するにあたらない。人がだれかを愛するのは、ただ、とってつけられたその性質だけのためにすぎないからである。」（『パンセ』、田辺保訳、角川文庫、一九九―二〇〇頁）

ここには人が人を愛することへの不信、つまり他愛への不信があからさまに吐露されている。それは逆に言えば、人は決して利己心の外に出られないということである。そのことをパスカルよりももっとあからさまにアメリカの作家マーク・トウェインはその対話体の作品『人間とは何か』のなかで次のように吐露している。

「**青年**　つまり、高潔無比の衝動も、低劣無類の衝動も、すべて根源は一つだとおっしゃるんですか？

老人　そう、その通り。

青年　じゃ、その法則とやらを、言葉で言ってみて下さいませんか？

老人　結構、これがその法則だよ、よく憶えとくんだな。つまり、揺籃から墓場まで、人間って奴の行動ってのは、終始一貫、絶対にこの唯一最大の動機―すなわち、まず自分自身の安心感、心の慰めを求めるという以外には、絶対にありえんのだな。

青年　驚きましたね、これは！　それじゃ、人間、物心ともにですよ、他人のために何かするなんてことは、絶対にないとおっしゃるんですか？

老人　そう、絶対にない。ただそれが、何よりもまず自分自身の精神的慰めになるという、絶対はっきりした条件でもあれば別だがね。そうでもなければ、絶対にしないな。」（『人間とは何か』、中野好夫訳、岩波文庫、二二九―二三〇頁）

もちろんこうした見方を自意識過剰の産物と批判することは容易いが、しかしたしかに我々には利己心の外に出られないところがある。たとえどんなに人のためのように見えようと、結局自分のためであって、自分が一番かわいいのであり、自分のことしか考えていないのだと指摘されるとなかなか反論しにくいところがある。内心では心根の卑しい見方だとは思いつつも、である。誰しも皆、思い当たるところがあるからである。

しかしこうした見方に対して、深い確信をもって真っ向から反論する者がいる。たとえば西田幾多郎は名著『善の研究』のなかで次のように言う。

「曩《さき》にいったように、我々の欲望は大なる統一を求むるより起るので、この統一が達せられた時が喜悦である。いわゆる個人の自愛というも畢竟《ひっきょう》此の如き統一的要求にすぎないのである。然るに元来無限なる我々の精神は決して個人的自己の統一を以て満足するものではない。更に進んで一層大なる統一を求めねばならぬ。我々の大なる自己は他人と自己とを包含したものであるから、他人に同情を表わし他人と自己との一致統一を求むるようになる。我々の他愛とはかくの如くして起ってくる超個人的統一の要求である。故に我々は他愛において、自愛におけるよりも一層大なる平安と喜悦とを感ずるのである。」（『善の研究』、岩波文庫、一二五―一二六頁）

これによると、小さな個人的自己から大なる自己、大なる超個人的自己へと進み行くとき、他愛が可能となるということである。言い換えれば、小我から大我へと進み行くとき、他愛が可能となるということである。いやもっと言えば、そもそもこの進み行き自体がすでに他愛だということである。だがそれにしてもなおやはり見ようによれば、この他愛も結局のところ利己的な他愛にすぎないとも言える。別な言い方をすれば、この他愛は単なる肥大化した自己の産物であり、他者を大なる自己としての大我に呑み込んでしまおうとする大我的自愛にすぎないということである。

もちろん言うまでもなく、そのような見方は誤解である。西田の言うところの大我とは、小我大我を問わず、利己心の染みついた偽我をどこまでも否定したところにおいて立ち現われてくる大我である。この大我は、自他一致、自己において他者を見、他者において自己を見つつ、しかも自己は自己、他者は他者、互いに相独立し相尊重しあいながら、他者を生かし自己を生かそうとする、そのような大我である。それゆえこの大我においてこそ真に他愛が可能となるのである。もとより自愛なくして他愛なく、他愛なくして自愛はない。しかしこの同時相即の起点は他愛にある。自己否定を通った他愛があってこそ自愛もある。さもないと、自愛は不可避的に利己的自愛に転じ、それとともに他愛もまたこの利己的自愛に呑み込まれた他愛、つまり利己的他愛にすぎないものに転じてしまい、こうして他愛としての他愛は圧殺されてしまうであろう。

それゆえそうならないためには、大我は無の自覚に裏づけられ、貫かれていなければならない。大我は大我ならずして大我でなければならない。つまり無的自己限定においてあらねばならないということである。そしてそうであるならば、この大我は大らかな心の別名だということになる。ということは要するに、大我と呼ぼうと大らかな心と呼ぼうと、そうしたことにかかわりなく、他愛は無の自覚から立ち現われてくるということである。

そこで西田はたとえば後期の最も美しい論文「私と汝」のなかで次のように言う。

「真の愛というのは何らかの価値のために人を愛するのでなく、人のために人を愛するということでなければならぬ。如何に貴き目的であっても、そのために人を愛すると考えられるならば、それは真の愛ではない。真の愛とは絶対の他において私を見るということでなければならぬ。そこには私が私自身に死することによって汝において生きるという意味がなければならぬ。自己自身の底に絶対の他を見ることによって、即ち汝を見ることによって、私が私であるという私のいわゆる絶対無の自覚と考えられるものは、その根柢において愛の意味がなければならぬ。」（『場所・私と汝』西田幾多郎哲学論集I、上田閑照編、岩波文庫、三四八—三四九頁）

ここで西田が「愛」と呼んでいるものは明らかに「他愛」と読み換えることができる。そしてこの他愛は一方では徹底した自己否定としての絶対無の自覚、あるいは単に無の自覚の根底から立ち現われてくるものであるとともに、その自己否定を通して絶対の他としての汝において私を見ること、つまり私に死して汝に生きることと見なされている。しかもそれは決して私が消えてしまうことではない。なぜなら他方ではそれは同時に、私自身において絶対の他としての汝を見ることによって、真に私が私だと言いうる、そのような他愛だからである。そこでは、「人は人我は我也とにかくに我がゆく道を我はゆくなり」という確固たる自愛が力強く働いているのである。

しかしそれでもなお反論が予想される。他愛などと甘いことを言っていたのでは、利己心の塊である他者からいいように利用され、弄ばれるだけである、と。

たしかに現実の人間関係を見るとき、この反論には一理ある。否定しがたい面がある。人は人を利用する生きもの、時には人は人を裏切り、その抹殺すら厭わない生きものだからである。しかしだからこそ他愛が大事なのである。どれほど甘いと言われようと、他愛が大事なのである。利己心に染まった自己自身を否定し他者を愛するとき、そのとき他者もまた他者を愛する道に踏み出すであろう。

他愛、それのみが他愛を生む。他愛から他愛へ、その無限の循環運動を信じ実践すること、それこそが大らかな心の求めるところのものであり、また人がこの世に生まれてきたことの真の証なのである。

あとがき

今日、我々は文字通り、単に知識を受けとるだけの受動的存在者になり下がり、しかもその知識を十分に自分のものとして血肉化するだけの時間的余裕もなく、次から次へと送り込まれてくる新しい知識に追い立てられている。じっくりと腰を落ち着けて知識を受けとることなど及びもつかない。知識はただ我々の意識の表層を流れて行くだけのことであり、そしてそれは不可避的に、受けとった知識を媒介として、本当に心から「自分の知識」と言えるに値する知識を形成することをきわめて困難にする。「自分の知識」と言えるものだけが、また真の意味で「他者の知識」ともなりえるにもかかわらず、現代の知識のあり方では、容易なことではない。今日、我々は大量の知識に取り囲まれながら、しかも何ひとつ「自分の知識」と言えるものをもちえないという、皮肉な状況に投げ出されているのである。

真に「自分の知識」と言える知識だけが、また「他者の知識」ともなりえるのだが、しかしそれは裏返せば、真に「他者の知識」と言えるものだけが、また「自分の知識」ともなりえるということを意味している。他者が、その全存在をかけて表現した知識のみが、私の存在に奥深く浸透し、私の血とも肉ともなるのである。他者の個性的知性の息吹きの感じとられる知識だけが、真の一般的な知識として、また「私の知識」ともなるのである。

だが今日、知識と呼ばれているもののほとんどが、単なる情報の域を出ていないものばかりである。そこには、じっくりと考え抜かれた知識ではなく、ただ無味乾燥な知識の集積があるだけである。知識にはもはや、その担い手である人間の独自な知的格闘の軌跡が見られず、したがってまた、それが知識であるということ、そのことにおいて尊重されることはなく、ただある事象を表面的に伝達するための、単なる道具にすぎないものと化してしまっている。知識から、それを生み出した、当の人間の個性的知性の息吹きが感じられず、そこにあるのは、情報という名のひからび、化石化した知識だけである。

こうして現代においては、深い反省を要することもなく、誰にでもわかりやすい、紋切り型の規格化された知識が、情報として大量にばらまかれることになる。しかし、そのような平均化された知識からは、本当に「自分の知識」だと言える知識を形成することなどできるはずもなく、我々はただ何の知的深まりもなく、与えられるがままに受け入れては、次々と忘れ去って行くのである。

なるほど今日、情報機器の驚くべき発達により、世界中の政治的・経済的・文化的諸事象に関して、時間的・空間的障壁を打ち破って、居ながらにして大量の情報を獲得することができる。行ったことも、聞いたこともない地域の珍しい出来事や、個人的交際はおろか、ただの一度も言葉をかわしたことのない人間の面白い話題が労せずして提供される。しかし残念ながら、この種の知識には、大事なものが欠けている。それは、送り手自身の個性的知性の息吹きである。

送り手自身は、ある限定された期間内に大量の知識を伝達しなければならない以上、それが人であれ、物であれ、ある事象との親密な関わりを通して、それを十分に考え抜かれた知識にまで深めて行く時間的余裕などもっていない。そのため、いきおいどうしても、送り手側としては、簡単に人々の関心を引きやすい、一見目新しいが、実はきわめて陳腐な知識をくだくだしく並べ立てるほかないことになる。たまたま注目すべき事象に出会ったとしても、結局、時間的制約のために、ただざらっと表面をなぞった程度の知識で満足せざるをえない。こうして、送り手の生き生きとした個性的知性の息吹きが微塵も感じられない、型にはまった知識が大量に生み出されることになる。

しかしこのことは、受け手側の人間からすれば、提供される知識の大半が、真剣な知的活動の素材となるに値しない、軽く受け流しておけばよい程度のものだということである。個性的知性なき知識は、受け手側に強い衝撃を与え、その知的活動を喚起することなどありえようはずもないからである。

そこで我々は、こうした状況を打破するために、媒介された送り手の知識を飛び越えて、直接、当の事象そのものに触れようとする。事実、交通機関の長足の進歩がそのことを可能にする。金と暇さえあれば、どれほど遠い地域にも短時間で行くことができる。しかし実は、そのこと自体が皮肉にも、我々に真に「自分の知識」と言いうる知識を得せしめるのを困難にしている。なぜなら、交通機関の発達による時・空間の技術的革新がかえって、真に「自分の知識」と言いうるものを獲得するには、困難な道のりを一歩一歩、着実に歩んで行かねばならないことを忘れさせ、何か安易に獲得できるかのような錯覚を与えるからである。しかしこの錯覚にあるかぎり、たとえ直接、当の事象に触れてみたところで、所詮は、ただぼんやりとした表層的知識を獲得するにとどまらざるをえないであろう。

真の意味で知るとは、自己の全存在をかけて、親しくある事象と関わり、関わることを通して、その事象を生きた知識にまで深めて行くことである。全身全霊をかたむけて、ある事象にぶつかって行き、そのなかで一定の知識を形成し、そして形成された知識を慎重に吟味しつつ、それを他者に伝達して行くことである。それは、我々一人ひとりが代替不可能な知的活動の主体であることの証である。知識の一般性には、この個性的知性の息吹きがなければならない。さもなければ、知識は、真に「自分の知識」とはなりえないばかりか、ましてや「他者の知識」となることなどありえないであろう。

と、ここまで書いてきて、では、私は、真に「自分の知識」と言いうる知識をもちあわせているだろうか。人のことはともかくとして、この私自身は、「自分の知識」をもちあわせているのか。もっと大げさに言えば、「自分の思想」をもちあわせているだろうか。「他者の知識」、「他者の思想」ともなりうるような知識を、思想をもちあわせているだろうか。結局、なんのかのと言っても、問題はそれに行き着くのである。

本書はこの問題に対する、ひとつの応答の試みである。私なりに納得の行く仕方で答えようとしたものであり、私の言いうるぎりぎりのところを語ったつもりである。これが、「自分の知識」、「自分の思想」である。突拍子もないものかもしれないが、それでも、本書のなかに、ごくささやかなりとも、「他者の知識」、「他者の思想」になりうるものがあるとすれば、筆者にとって、この上もない喜びである。

なお本書は先に出版した『超実存的意識』（法律文化社）と『意識の弁証法』（晃洋書房）という二冊の著書と密接に連関しており、いわば意識研究三部作とでも言うべきものなので、併せお読みいただければ幸いである。

最後に本書出版にあたり、筆者の学生時代からの恩師であり、これまで深甚なる教えを受けてきた、世界的に著名な宗教哲学者・上田閑照先生に深い感謝を捧げずにはおられない。先生の直接間接の教えなくして、本書は書きえなかったものである。また先生の御紹介ということもあり、心よく本書の出版を引き受けてくださった人文書院の谷誠二氏、並びに本書の校正段階から出版にいたるまで格別のお世話をいただいた編集部の井上裕美さんに心からのお礼を申し上げる。

二〇〇七年四月

著　者

本書は立命館大学文学部人文学会の二〇〇七年度の出版助成（A）の補助を受けて出版の運びとなったものであり、ここに付記し、人文学会の諸氏に心より謝意を表させていただく。

初出一覧

第一章「非実体性の意識」は、『行の人間学』（斎藤稔正編著、高菅出版、二〇〇五年）の第一章として掲載した論文「坐禅から」に若干の加筆・修正を加えたものである。

第二章「非実体化療法」、第四章「心の直立歩行」中の第四節「待つこと」、第六章「自立論」は、元来一つの論文「非実体化療法」として、筆者の勤務する立命館大学の研究誌『立命館人間科学研究』（第一号、二〇〇一年）に掲載したものに若干の加筆・修正を加えたものである。

第七章「意識改革論」は、『教育人間学の挑戦』（斎藤稔正・林信弘編著、高菅出版、二〇〇三年）の第一章として掲載した同タイトルの論文に若干の加筆・修正を加えたものである。

第十四章「自己変革論」は、『人間であること』（上田閑照監修、燈影舎、二〇〇六年）に掲載した同タイトルの論文に若干の加筆・修正を加えたものである。

第十五章「西田幾多郎の純粋経験」は、『我心深き底あり』（池田善昭・加國尚志編著、晃洋書房、二〇〇五年）の第四章として掲載した同タイトルの論文に若干の加筆・修正を加えたものである。

その他はすべて本書初出である。

著者紹介

林　信弘（はやし・のぶひろ）

1947年神戸生まれ。1976年京都大学大学院教育学研究科博士課程修了。現在、立命館大学文学部教授、同大学大学院応用人間科学研究科教授。著書に『「エミール」を読む――ルソー教育思想入門』（法律文化社、1987年）、『新版　教育の哲学的探求――アイデンティティを求めて』（法律文化社、1992年）、『超実存的意識』（法律文化社、1993年）、『意識の弁証法――人間形成論入門』（晃洋書房、1999年）、『愛の人間学』（編著、高菅出版、2007年）、『無の人間学』（晃洋書房、2013年）、『いかに生きるか』（晃洋書房、2013年）、『信じ愛すること』（晃洋書房、2014年）、訳書に『外国人労働者のフランス――排除と参加』（監訳、法律文化社、1989年）など。

© 2007 Nobuhiro HAYASHI Printed in Japan

ISBN978-4-409-04088-1　C3010

意識《いしき》の人間学《にんげんがく》

二〇〇七年七月二五日　初版第一刷発行
二〇一五年三月三〇日　初版第三刷発行

著　者　林　信弘
発行者　渡辺博史
発行所　人文書院
〒六一二-八四四七
京都市伏見区竹田西内畑町九
電話〇七五（六〇三）一三四四
振替〇一〇〇〇-八-一一〇三
印刷　亜細亜印刷株式会社
製本　坂井製本所

落丁・乱丁本は小社送料負担にてお取り替えいたします

JCOPY 〈（社）出版者著作権管理機構委託出版物〉
本書の無断複写は著作権法上での例外を除き禁じられています。複写される場合は、そのつど事前に、（社）出版者著作権管理機構（電話 03-3513-6969、FAX 03-3513-6979、e-mail: info@jcopy.or.jp）の許諾を得てください。